本书获得以下项目资助：
广东省普通高等特色创新类项目（2021WTSCX206）
广东省自然科学基金项目（2023A1515012333）
广东省哲学社会科学规划课题（GD21CYJ31）
广州市哲学社会科学规划课题（2022GZYB12）

建设统一开放、竞争有序的农产品市场体系研究

刘 皇 叶祥松 著

中国财经出版传媒集团
中国财政经济出版社
·北京·

图书在版编目（CIP）数据

建设统一开放、竞争有序的农产品市场体系研究 / 刘皇，叶祥松著. -- 北京：中国财政经济出版社，2025. 3. -- ISBN 978 - 7 - 5223 - 3539 - 1

Ⅰ. F323. 7

中国国家版本馆 CIP 数据核字第 2024596AF0 号

责任编辑：张　军　　　　责任校对：张　凡
封面设计：卜建辰　　　　责任印制：张　健

建设统一开放、竞争有序的农产品市场体系研究
JIANSHE TONGYI KAIFANG、JINGZHENG YOUXU DE NONGCHANPIN SHICHANG TIXI YANJIU

中国财政经济出版社 出版

URL：http：//www. cfeph. cn
E - mail：cfeph@ cfeph. cn

社址：北京市海淀区阜成路甲 28 号　邮政编码：100142
营销中心电话：010 - 88191522
天猫网店：中国财政经济出版社旗舰店
网址：https：//zgczjjcbs. tmall. com
涿州汇美亿浓印刷有限公司印刷　各地新华书店经销
成品尺寸：170mm × 240mm　16 开　16. 75 印张　250 000 字
2025 年 3 月第 1 版　2025 年 3 月河北第 1 次印刷
定价：98. 00 元
ISBN 978 - 7 - 5223 - 3539 - 1
（图书出现印装问题，本社负责调换，电话：010 - 88190548）
本社图书质量投诉电话：010 - 88190744
打击盗版举报热线：010 - 88191661　QQ：2242791300

序

我国农业生产一直存在着“小生产”与“大市场”的矛盾，随着我国现代化建设的不断推进，这一矛盾越来越成为制约我国实现农业现代化的桎梏。建设统一开放、竞争有序的农产品市场体系，有利于实现农业生产产业化、农产品经营规模化、农产品流通市场化，这既是推动农业供给侧结构性改革的重要内容，也是从根本上解决农业“小生产”与“大市场”矛盾的客观要求，在战略层面上对我国更好地实施乡村振兴和加快实现农业农村现代化，以及构建高质量农业开放型经济，具有重要的理论和实践意义。

本书共9章。第1章导论，主要对研究的现实背景、目的与意义、主要内容与技术路线、研究方法等进行了阐述。第2章国内外研究述评，从建设统一开放及竞争有序的农产品市场体系的研究演进过程、我国农产品市场体系的演变、存在的问题、模式选择与机制创新、支持体系五个方面，综述、评价相关有代表性的观点，揭示需要进一步探讨和深入研究的问题。第3章农产品市场体系的基本理论，遵循从一般到特殊、从特殊到抽象的研究方法，运用市场体系的基本理论，具体研究统一开放、竞争有序农产品市场体系的一般理论。第4章我国农产品市场体系的演变与发展，遵循历史与逻辑相统一的研究方法，从历史视角系统回顾农产品市场演变历程，归纳农产品市场体系演变的特征以及剖析农产品市场体系演变的原因；从现实视角指出我国农产品市场体系存在的问题；从未来视角探讨我国农产品市场体系的发展趋势。第5章，农产品不同市场模式及运行机制的比较分析，主要对以信息技术、第三方物流、供应链、渠道关系和“农超对接”为基础构建的五种类型的农产品市场模式，围绕其各自的定义和内涵、运行机制、形成条件、优点和不足等方面展开比较分析，为创新我国农产品市场模式及运行机制奠定基础。第6章农产品市场体系运作模式创新案例，分析了“布吉模式”“沃尔玛模式”“中粮模式”“新发地模式”“寿光模式”五个市场模式典型案例，为农产品流通模式和创新提供借鉴。第7章农产品市场体系的目标模式选择，在吸取已有模式优点和典型案例研究的基础上，提出统一开放、竞争有序农产品市场体系的目标模式是联动模式，并全面阐述了农产品市场体系联动模式的基本原则、基本框架、运行机制及其运行功能，实现农产品市场的体制机制创新。第8章中国农产品流通效率的测度及评价，通过构建农产品流通效率的指标体系，采用两阶段的以产出为导向的BCC－DEA模型测算中国农产品流通不同区域不同环节的静态流通效率，并进一步利用DEA窗口分析查看不同区域不同环节农产品流通的动态变化特征。第9章，农产品市场体系支撑系统设计与优化，从外部政策保障的角度，提出建立和完善统一开放、竞争有序农产品市场体系的制度与体制、法律法规和政策的具体建议，从而构建一套相对稳定又不断完善的支撑系统。

本书主要采用了文献研究法、比较研究法、案例研究、系统研究、定性分析与定量分析相结合的研究方法。本书主要创新点有：一是观点创新。构建了农产品市场体系的目标模式，即把农产品的生产服务层、流通服务层、消费服务层有机联动的农产品市场的联动模式，设计出该模式灵活高效的运行体制机制，丰富了农产品市场体系的研究理论。二是方法创新。通过综合考虑农产品流通的典型特征，选择批发环节和零售环节的投入产出指标，不仅测算了中国农产品流通的整体效率，而且测算和比较不同流通环节的效率，同时利用DEA窗口分析查看不同区域不同环节农产品流通的动态变化特征，完善了农产品市场模式绩效评估系统。三是政策创新。从制度与体制、法律和法规、政策支持三个维度，构建了一套相对稳定又不断完善的统一开放、竞争有序的农产品市场体系的支撑系统。

作　者

2025年3月

目　录

第1章　导　论

改革开放以来，我国农业生产一直存在着“小生产”与“大市场”的矛盾，随着我国现代化建设的不断推进，这一矛盾越来越成为制约我国实现农业现代化的桎梏。党的十九大提出了“两个一百年”的奋斗目标，明确了现代化的时间表，使得化解这一矛盾、实现农业现代化变得更加迫切，而建设统一开放、竞争有序的农产品市场体系，是化解农业“小生产”与“大市场”矛盾的一项重要举措，是从根本上解决“三农”问题、推动农业供给侧结构性改革、实现农业现代化和全面建成小康社会的根本途径之一，对于落实党的十九大所提出的振兴乡村发展战略和建设美丽中国具有重要的理论价值和现实意义。

1.1　研究背景

1.1.1　我国社会主要矛盾阶段性转化对建设农产品市场体系提出了新的要求

党的十九大报告指出，中国特色社会主义进入新时代，我国社会主要矛盾已经转化为人民日益增长的美好生活需要和不平衡不充分的发展之间的矛盾①。从根本上来说，社会主要矛盾主要在于需求和供给之间的矛盾，联系“三农”实际，人们对农产品的需求发生了从追求数量到追求品质的深刻变化。随着人民生活水平的日益提高，绿色、优质、安全的农产品才

① 习近平：“决胜全面建成小康社会 夺取新时代中国特色社会主义伟大胜利——在中国共产党第十九次全国代表大会上的报告”。

能更好地满足人民群众的需要。2018 年中央一号文件明确指出：“当前，我国发展不平衡不充分问题在乡村最为突出，主要表现在：农产品阶段性供过于求和供给不足并存，农业供给质量亟待提高”①。我国社会主要矛盾的这一阶段性转化，为建设农产品市场体系，推进农业现代化指明了方向，提出了新要求。

第一，建设农产品市场体系必须注重优化农业供给结构，不断增加有效供给，持续拓展高端供给。从人口规模、城镇化水平和人均收入这几个驱动食物需求增长的关键因素来看，我国居民食品消费还没有达到稳定状态水平，农产品需求还处于上升区间。目前，中国总人口规模尚未达到峰值，而这一峰值将于 2028 年前后出现，达到 14.5 亿人（翟振武，2016）；2022 年中国城镇化率达 65.22%，距离 75% 的峰值还有 10 个百分点的增长空间；日本、韩国和中国台湾地区的经验显示，居民食物消费结构升级只有在人均 GDP 达到 2 万美元以后才实现基本稳定，而我国现在人均 GDP 才刚过 1.2 万美元②。2013—2021 年，我国全国居民人均主要食品消费量中，粮食（原粮）从 148.7 千克减少到 144.6 千克，蔬菜及食用菌从 97.5 千克增加到 109.8 千克，牛羊肉分别从 1.5 千克、0.9 千克增加到 2.5 千克、1.4 千克，蛋类和奶类分别从 8.2 千克、11.7 千克增加到 13.2 千克、14.4 千克③。人均粮食（原粮）消费基本稳定，其他主要食品消费不断增加，我国处于食品消费结构转型升级中，未来一段时期，这种转型升级仍将延续。为此，建设农产品市场体系，必须能够对市场需求进行快速识别，并做出及时、正确的反应来实现农产品生产与需求的更精准匹配，切实增加有效供给、提升农业绩效。

第二，建设农产品市场体系必须能够提升农产品品质，保障食物安全。人民群众对食品安全的关注度更高、对食品安全问题的容忍度越来越低；同时，对品质的要求也越来越高，对营养健康农产品需求增加，对低

① 《中共中央、国务院关于实施乡村振兴战略的意见》。
② 韩俊．农业供给侧结构性改革是乡村振兴战略的重要内容［J］．中国经济报告，2017（12）．
③ 数据来源：《中国统计年鉴 2021》。

质的农产品需求减少。然而，我国稻米优质率在36%左右[①]，绿色优质农产品生产规模占食用农产品比重仅为12%，远不能满足人民群众对农产品安全和高品质的需求。农产品市场体系的建设，涉及农业生产、流通、销售的方方面面，必须保证各个环节主体之间的有效合作，形成真正意义上的利益共同体，从源头上保证农产品生产、流通、消费环节的安全与质量。

1.1.2 全面实施乡村振兴战略对建设农产品市场体系提出了更高的目标

党的十九大明确提出了乡村振兴战略，指出："按照产业兴旺、生态宜居、乡风文明、治理有效、生活富裕的总要求……加快推进农业农村现代化"，并提出"构建现代农业产业体系、生产体系、经营体系，完善农业支持保护制度，发展多种形式适度规模经营，培育新型农业经营主体，健全农业社会化服务体系，实现小农户和现代农业发展有机衔接，促进农村一二三产业融合发展，支持和鼓励农民就业创业，拓宽增收渠道"[②]。2018年中央一号文件也明确提出："大力开发农业多种功能，延长产业链、提升价值链、完善利益链，通过保底分红、股份合作、利润返还等多种形式，让农民合理分享全产业链增值收益"，"发展多样化的联合与合作，提升小农户组织化程度"[③]。

根据乡村振兴战略，产业兴旺是振兴乡村的物质基础和前提，然而，乡村产业兴旺并不必然导致农民生活富裕，两者必须以完善的农产品市场体系为枢纽，否则即使实现了乡村产业兴旺，如果农产品市场体系不健全，农产品产销难以实现有机衔接，导致农民增产不增收，生活富裕也就无从谈起。可见，一个完善的农产品市场体系在实施乡村振兴战略中起着

① 王柏瑞，陈鸣辉．农产品质量提升路径选择与改革效果评价——以稻米产品为例［J］．中国林业经济，2023（02）．

② 习近平：决胜全面建成小康社会 夺取新时代中国特色社会主义伟大胜利——在中国共产党第十九次全国代表大会上的报告。

③ 《中共中央、国务院关于实施乡村振兴战略的意见》。

不可或缺的作用，乡村振兴战略要求我国农产品市场体系的建设具有更高的目标。我国现行的农产品市场体系是在不断推进的农业市场化改革进程中逐步形成的，从统购统销到买卖自由阶段，虽然农产品市场体系现代化水平得到日益提升，但仍然存在许多缺陷，其中最突出的是，过度地注重农产品市场本身的建设，而忽视了农民增收问题，这也是城乡收入差距过大的原因之一。中国社会科学院发布的《社会蓝皮书》显示，城乡居民人均收入倍差在2019年仍然高达2.64①，而世界上大多数国家的城乡居民收入分配差距为1.5倍。农产品市场体系不完善、不健全，导致农产品市场体系中的利益分配不合理，尤其是中间环节利润偏高，农民得到的收入份额较低。为此，在全面实施乡村振兴战略，实现全面小康社会的新时代背景下，农产品市场体系的建设，必须能够构筑起从田间到餐桌的全过程，立足于解决小农户和现代农业之间存在的时间、空间、信息等方面的分离问题，进而有效解决农业生产产业化、农产品经营规模化、农产品流通市场化，从而实现小农户和现代农业发展有机衔接，使农产品市场体系成为农产品转化为农民收入的渠道。

1.1.3　经济全球化、一体化、自由化给建设农产品市场体系提出了新的挑战

党的十八届三中全会提出构建开放型经济新体制，党的十九大报告明确提出要推动形成全方位开放的新格局，农产品市场面临真正全面、全方位对外开放。随着我国农业对外开放的全面深入推进，我国农产品已经与世界农产品同处一个竞争平台，经济全球化、一体化、自由化给农产品市场体系建设带来严峻挑战，主要体现在以下三个方面：

第一，越来越多的海外农产品进入国内市场，缩小了国内农产品市场的发展空间。我国是全球第一大农产品进口国和第二大农产品贸易国，进口已成为我国农产品供给的重要来源之一。2006—2022年我国农产品进出口总额从630.2亿美元增至3343.2亿美元，农产品贸易由逆差9.6亿美元

---

① 数据来源：根据《社会蓝皮书：2021年中国社会形势分析与预测》整理而得。

增至1378亿美元[①]。此外，2012—2021年，我国进口食品总额年均复合增长率达13%，2021年进口食品总额同比增长高达24.5%，创下近十年新高[②]。多项预测研究都表明，未来10年我国难以改变粮棉油糖肉奶进口逐渐增长的格局，有学者预测我国在未来15年，食物自给率将从现在的95%下降到2030年的90%~91%[③]。

第二，国外跨国公司渗透到我国农业产业链，可能使我国农业产业组织在产业链利益分配中被边缘化。随着经济全球化、自由化的快速发展，农业生产率较高的农产品生产和出口大国，其跨国公司在全球进行涉农投资，通过并购整合使得农药、种子、化肥和农机领域的产业集中度越来越高，加速了世界农业集中。例如，2018年由德国海因里希·伯尔基金会发布的《农产品地图集》称，ADM、帮吉、嘉吉、路易达孚四大跨国粮商在全球农产品市场上占有70%的份额；陶氏+杜邦、中国化工+先正达、拜耳+孟山都这三大超级巨头分别控制了全球79%的农药市场份额和46%的种子市场份额[④]。近年来，国外跨国公司利用其资本优势、管理优势和市场渠道方面的优势，不断渗透到我国的农业产业链，不仅增加了我国农业产业链被国外跨国公司控制的风险，还可能使我国农业产业组织在产业链利益分配中被边缘化。同时，还可能对国际农产品市场的公平竞争和农业产业链效率的提高带来负面影响。

第三，跨国公司垄断转基因作物的知识产权体系，并对我国的粮食生产、加工和流通各领域进行投资，对我国粮食安全产生威胁。一方面，随着经济实力的进一步增强，我国粮食安全强调的重点已经从供需平衡的数量安全转移到粮食的品质安全上。在转基因农产品的安全性存在争论的情形下，我国大部分种植地已经被非法转基因农作物占据；另外，我国转基因作物专利水平不高，转基因作物专利申请缺少原创性和核心专利。这些都成为影响我国粮食安全的新因素。另一方面，未来粮食不

---

① 数据来源：根据商务部网站 www.mofcom.gov.cn 发布的《中国进出口月度统计报告》整理而得。

② 数据来源：《2022年中国进口食品行业报告》。

③ 黄季焜．四十年中国农业发展改革和未来政策选择［J］．农业技术经济，2018（03）．

④ 数据来源：http：//www.360doc.com/content/18/0414/11/77611_745538000.shtml.

安全更多表现为粮食流通与贸易问题（毛学峰等，2015）。因此，从粮食安全的角度来看，农产品市场体系的建设应当更加关注粮食流通与贸易能力建设，尤其是要高度重视转基因粮食的商业化种植和转基因粮食的贸易等。

因此，在构建农业对外开放新格局的新时代背景下，建设农产品市场体系，需要统筹利用国内国外两种资源和两个市场，加强我国农产品对外开放的承受力和竞争力。一方面，要把提升高质高效农业的生产力、食品安全和培育这些产品的市场作为农产品市场体系建设的重点，并扩大这些优势农产品的出口，带动农民增收；另一方面，注重培养农产品市场体系中具有国际竞争力的农业集团，支持其开展跨国经营，以建设性的姿态，推动国际农产品市场的公平竞争和农业产业链效率的提高。

1.2 研究目的与意义

1.2.1 研究目的

第一，以贯彻落实党的十九大精神为宗旨，以党的十八届三中全会的《决定》为指导，以全面深化改革，发挥市场在资源配置中起决定作用为主旨，从一般意义对统一开放、竞争有序的市场体系的基础理论进行研究。按照党的十九大作出的战略部署，深刻把握在全面深化改革的新阶段，统一开放、竞争有序的市场体系的科学内涵和特点，并进一步具体分析统一开放、竞争有序的农产品市场体系的内涵及其特点。在此基础上，结合管理学、经济学、博弈论和信息经济学相关理论，构建统一开放、竞争有序的农产品市场体系的理论分析框架，丰富农产品市场体系理论。通过建设统一开放、竞争有序的农产品市场体系，发挥市场在农业资源配置中的决定作用，丰富社会主义市场经济理论。

第二，从农产品市场体系的历史演变出发，更为深刻和全面地剖析我国农产品市场体系演变的原因，指出农产品市场体系中存在的主要问题，并进一步对农产品市场体系演变的发展趋势作出科学的预测。本书致力于解决农产品流通中存在的信息不对称、流通环节过多、流通成本过高所导致的农产品价格上涨过快及价格波动过大问题，为党中央国务院保障我国粮食安全，确保农产品价格稳定和均衡供给，解决好人民群众的“米袋子”和“菜篮子”问题提供理论支持和决策服务。

第三，梳理和总结我国现行的农产品流通的五种经验模式，在比较和评价各类农产品市场模式适应性及案例研究的基础上，对五种模式及运行机制进行改造和优化，以农产品市场体制和机制创新为突破口，构建结构合理、机制灵活、运行高效、可操作性强，符合我国农产品流通实际的新型农产品市场模式，为推进我国农产品市场体系的完善提供发展思路。以期实现农业生产产业化，农业经营集约化、组织化、规模化、社会化，农产品流通市场化，从而实现小农户和现代农业发展的有机衔接，提升农业综合生产能力，增强农业综合竞争能力，加快推进我国农业的现代化进程。

第四，建立和完善农产品市场模式的绩效评估系统，并对当前我国农产品市场体系的技术绩效、交易绩效和规模绩效进行分析，并在此基础上论证本书提出的新型农产品市场模式的可行性。

第五，综合上述研究，从制度和体制、法律法规、政策支持系统三个层面，提出建设统一开放、竞争有序的农产品市场体系的具体对策和政策建议，为建设统一开放、竞争有序的农产品市场体系提供政策支持，为相关部门和行业机构提供决策参考。

1.2.2 研究意义

党的十九大报告指出：“构建现代农业产业体系、生产体系、经营体系，完善农业支持保护制度，发展多种形式适度规模经营，培育新型农业经营主体，健全农业社会化服务体系，实现小农户和现代农业发展有机衔接”[①]。党的十八届三中全会的《决定》指出：“经济体制改革是全面深化

① 习近平：“决胜全面建成小康社会 夺取新时代中国特色社会主义伟大胜利——在中国共产党第十九次全国代表大会上的报告”。

改革的重点，核心问题是处理好政府和市场的关系，使市场在资源配置中起决定性作用和更好地发挥政府的作用。市场决定资源配置是市场经济的一般规律，健全社会主义市场经济体制必须遵循这条规律，着力解决市场体系不完善、政府干预过多和监管不到位问题。”“建立统一开放、竞争有序的市场体系，是使市场在资源配置中起决定性作用的基础。”① 2014 年中共中央一号文件强调：“加强农产品市场体系建设”；2015 年中央一号文件提出：“加快全国农产品市场体系转型升级”；2016 年中央一号文件再次强调：“健全统一开放、布局合理、竞争有序的现代农产品市场体系，在搞活流通中促进农民增收”②；2017 年中央一号文件提出：“完善全国农产品流通骨干网络，加快构建公益性农产品市场体系，加强农产品产地预冷等冷链物流基础设施网络建设，完善鲜活农产品直供直销体系”③；2018 年中央一号文件明确提出要实现“农业综合生产能力稳步提升，农业供给体系质量明显提高，农村一二三产业融合发展水平进一步提升，农民增收渠道进一步拓宽”的目标④。2014 年商务部会同农业部⑤等 13 个部门印发了《关于进一步加强农产品市场体系建设的指导意见》；2015 年商务部等 10 部门联合编制并发布了《全国农产品市场体系发展规划》；2016 年商务部等 12 部门联合印发《关于加强公益性农产品市场体系建设的指导意见》；2017 年农发行与商务部联合印发了《关于共同推进农产品和农村市场体系建设的通知》。

从以上我们引用的党的十九大政治报告、党的十八届三中全会的决定、近年来的中共中央一号文件有关精神来看，稳步发展农产品供给，建立统一开放、竞争有序的农产品市场体系在我国具有特殊的战略意义，党中央对这一问题的高度重视是基于我国的基本国情。作为农产品生产大国，2004 年至 2015 年我国粮食产量实现十二连增，水稻、小麦、大豆等主要农产品产量在世界上处于领先地位。除此之外，许多大宗农产品产量

---

① 党的十八届三中全会《中共中央关于全面深化改革若干重大问题的决定》（2013）。

② 《中共中央、国务院关于落实发展新理念加快农业现代化 实现全面小康目标的若干意见》。

③ 《中共中央、国务院关于深入推进农业供给侧结构性改革加快培育农业农村发展新动能的若干意见》。

④ 《中共中央、国务院关于实施乡村振兴战略的意见》。

⑤ 2018 年农业部更名为农业农村部。

得到持续增长。同时，农产品的流通，特别是大宗农产品的流通，在我国产品流通的领域占有重要的地位。作为农产品消费大国，我国拥有14亿人口，农产品的消费量占世界总消费量的1/5，是巨大的消费市场。我国每年还有大量的农产品出口。由此可见，本书具有重要的理论意义，学术价值和实践价值。

第一，本书对于贯彻落实党的十九大关于贯彻新发展理念，建设现代化经济体系具有重要的理论意义。首先，建设现代化经济体系，充分发挥市场机制的有效性，不断激发微观主体活力，必须有与之相适应、相匹配的现代市场体系，实现市场对资源配置的决定性作用。而建设统一开放、竞争有序的市场体系，是使市场在资源配置中起决定性作用的基础。其次，经济体制是现代化经济体系的重要保障条件，建设统一开放、竞争有序的市场体系是社会主义市场经济体制的主要组成部分，没有统一开放、竞争有序的市场体系，就没有社会主义市场经济体制，更谈不上建设现代化经济体系。本书建立统一开放、竞争有序的农产品市场体系是现代化经济体系的重要组成部分，对全面深化改革，完善社会主义市场经济体制及运行机制具有很重要的理论意义。

第二，本书对于深化社会主义市场体系的认识，尤其是深化统一开放、竞争有序的农产品市场体系的认识，丰富社会主义市场经济理论都具有一定的理论意义。本书以党的十八届三中全会《决定》有关全面深化改革为指导，在全面深化改革的新起点上，研究通过对统一开放、竞争有序市场体系及农产品市场体系新内涵、新特点的界定和深入探讨，构建统一开放、竞争有序的农产品市场体系的框架和运行机制，研究在理论上有创新价值，在学术上可以把学术界对这一问题研究向前推进一步。

第三，本书着力研究的问题是深化农产品市场体制改革，提高农产品市场效率，对于确保农产品稳定均衡供给和有效供给，特别是确保粮棉油等大宗农产品的供给，保障国家粮食安全，保持物价稳定，解决我国农产品流通中的现实问题提供重要的理论支持。党中央、国务院近年来反复强调要确保农产品的有效均衡供给，切实提高农产品流通效率。本书的主要内容及要研究的关键问题就是要创新农产品流通的体制和机制，提高农产品流通效率。由于农业生产的特殊性，农产品价格更容易在供求关系的失衡中出现大幅度波动。农产品供大于求时，导致价格低迷，且较难出售，出现谷贱伤农的情况，直接降低农户收益，挫伤农业生产的积极性，进而导致下一时期农产品产出下降，价格上涨；农产品供不应求时，产品价格上涨，但农户并不能从中获得相应的收益，反而可能助长中间商炒作和囤货行为，进而导致价格出现不合理的大幅上涨，严重影响居民生活，扰乱市场经济秩序。本书要解决农产品流通中存在的信息不对称、流通环节过多、流通成本过高所导致的农产品价格上涨过快及价格波动过大问题，确保农产品价格稳定和均衡供给，解决好人民群众的“米袋子”和“菜篮子”问题。可见，课题要研究的问题既是理论问题，又是现实问题，还具有重大的政治意义。

第四，本书对于加快推进农业现代化，实现农业生产的产业化，农业生产和经营的规模化，农产品的市场化，打造和延伸农产品产业链，增加农产品附加值，提高农民的组织化程度和农业的抗风险能力具有很强的针对性和实用性。目前，我国农业生产和流通中存在的主要问题是：首先，农户小生产与大市场的脱节是影响我国农业现代化进程的根本性约束。我国农业生产实行家庭联产承包责任制，基本上是家庭作坊式的生产方式，难以形成规模经济，不利于农业机械化的普及以及先进农业技术的推广；同时，处于产业链最低端环节的小农户的力量最薄弱，组织化程度低，不能有效地直接对接消费者。其次，农业生产的特点、农产品自身的特征与农产品的需求特征之间存在固有矛盾。农业生产具有季节性、地域性和非连续性，农产品具有易腐蚀性，这些特征与群众对农产品需求的即时性、连续性、普遍性存在固有矛盾，随着市场化程度的不断提高，这一固有矛盾使农产品从生产到消费各个环节的即时联系变得越来越重要。然而，我国农产品流通过程中存在的环节多、效率低、标准化缺失、运输条件落后等问题，拉大了农业生产与消费市场的距离，延长了农产品从田间到餐桌的时间。最后，农户在农产品市场上处于最弱势的地位，不能分享应有的利益。农户的风险承受力、市场应变能力、信息甄别和分享能力非常薄弱，在全产业链上处于最弱势的地位，不能分享到农业全产业链上的经济租金。要想让农户真正走向大市场，提高农民收益，实现共同富裕，离不开一个有效的农产品市场体系及其运行机制。研究深化农产品市场体制和机制的改革，构建统一开放、竞争有序的农产品市场体系，可以有效促进农业生产产业化、农产品经营规模化、农产品流通市场化，从而从根本上解决农户小生产和大市场的矛盾，加快推进我国农业的现代化进程。

第五，本书对拓展交易费用理论在农产品市场领域的运用，丰富农业产业理论，创新农业经济组织都具有一定的学术价值。本书以交易费用理论、组织创新理论、厂商中间层理论为基础，交叉融合经济学、管理学相关理论。在对已有农产品市场体系存在的问题进行深入分析的基础上，借鉴国内外农产品市场的不同模式，构建新型农产品市场模式及其治理机制，创新我国农产品市场体制和机制，探索我国农产品市场组织新形式，构建适应农产品市场体系建设需要，反映广大消费者意愿，结构合理、机制灵活、运行高效，具有很强的可操作性和推广应用价值的新型农产品市场模式及运行机制，创新农业经济组织具有重要实践意义和应用价值。

1.3　研究框架、主要内容与技术路线

1.3.1　研究框架

首先，通过系统梳理国内外相关文献，总结已经取得的进展以及需要进一步探讨的问题，并以此提炼出本书的研究意义和价值。其次，本书以党的十九大精神为指导，以全面深化改革、贯彻新发展理念，发挥市场在资源配置中起决定作用为主旨，从一般意义对统一开放、竞争有序的市场体系的基础理论进行研究，并具体分析统一开放、竞争有序的农产品市场体系的内涵及其特点，为本书的研究界定范围。再次，以农产品市场体系创新作为研究的突破口，系统回顾不同类型农产品市场的演变过程，分析农产品市场体系中存在的主要问题，通过深入探究农产品市场体系演变的原因，进一步预测产品市场体系未来发展趋势。复次，通过对农产品特性与农业生产特点的分析，以农产品市场体制和机制创新为突破口，在比较和评价各类

农产品市场模式适应性及案例研究的基础上，创新农产品市场体制机制，构建统一开放、竞争有序的农产品市场体系。最后，建立和完善统一开放、竞争有序农产品市场体系的支持系统（具体研究框架见图1-1）。

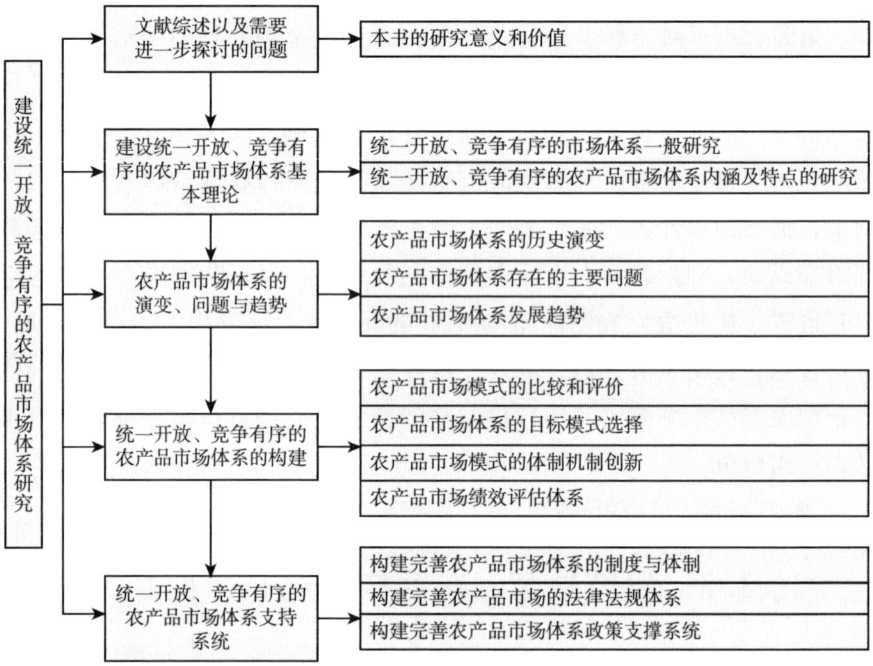

图1-1　研究总体框架

1.3.2　研究内容

本书共分9章，主要内容如下：

第1章，导论。本章主要报告本书的背景、研究目的以及研究理论意义、学术价值和实践价值；本书的主要内容与技术路线、采用的研究方法；可能的创新点与不足等。

第2章，国内外研究述评。本章主要系统梳理建设统一开放、竞争有序的农产品市场体系的国内外研究动态，并进行简要述评。

第3章，建设统一开放、竞争有序的农产品市场体系的基本理论。本章系统介绍了市场体系的一般理论和统一开放、竞争有序的农产品市场体系的一般理论，以及统一开放、竞争有序的农产品市场体系的理论基础，如交易费用理论、组织创新理论和厂商中间层理论。

第4章，我国农产品市场体系的演变与发展。本章系统梳理了农产品市场体系的历史演进过程，并系统论述了我国农产品市场体系演变的特征、动因与动力机制、存在的主要问题及根本原因，以及未来发展趋势。

第5章，农产品不同市场模式及运行机制的比较分析。本章系统分析了以信息技术、第三方物流、供应链、渠道关系和“农超对接”为基础构建的五种类型的农产品市场模式。针对各种类型的农产品市场模式，围绕其各自的定义和内涵、运行机制、形成条件、优点和不足等方面展开比较分析。

第6章，农产品市场体系运作模式创新案例。本章选择了五个典型农产品流通模式案例：“布吉模式”“沃尔玛模式”“中粮模式”“新发地模式”“寿光模式”。在对每个模式进行简单介绍的基础上，归纳和总结其特点，最后从案例构建过程中总结实践经验，为创新农产品市场模式及运行机制提供有益的经验和借鉴。

第7章，农产品市场体系的目标模式选择。本章首先阐述了农产品市场体系“联动模式”提出的理论意义与现实意义，接着在以遵循市场经济、降低农产品交易的费用、降低物流成本提高农产品流通效率、确保农产品质量安全的原则下，构建了农产品市场体系“联动模式”的理论模型，并提出该理论模型具体包含两个层次的内容：农村联合经营有限公司一体化协同和农产品市场体系要素链式优化联动，在此基础上，具体阐述了农产品市场体系“联动模式”的运行机制。

第8章，中国农产品流通效率的测度及评价。本章首先在已有研究的基础上，从农产品流通的投入、中间产品和最终产出三个方面选取评价我国农产品流通效率的指标，构建相应的评价指标体系。接着基于全国和东部、中部、西部的区域视角，利用以产出为导向的两阶段 BCC - DEA 模型对 2006—2015 年我国农产品整体、批发和零售环节的流通效率进行测算，同时运用 DEA 窗口分析了农产品流通效率的动态变化特征。最后对如何提高中国农产品流通效率提出了相关政策建议。

第9章，农产品市场体系支撑系统设计与优化。本章主要从农产品市场体系的制度与体制创新、相关法律法规体系的完善、相关政策支撑系统三个层面构建统一开放、竞争有序的农产品市场体系的支持系统。

1.3.3 技术路线

本书的技术路线如图1-2所示。

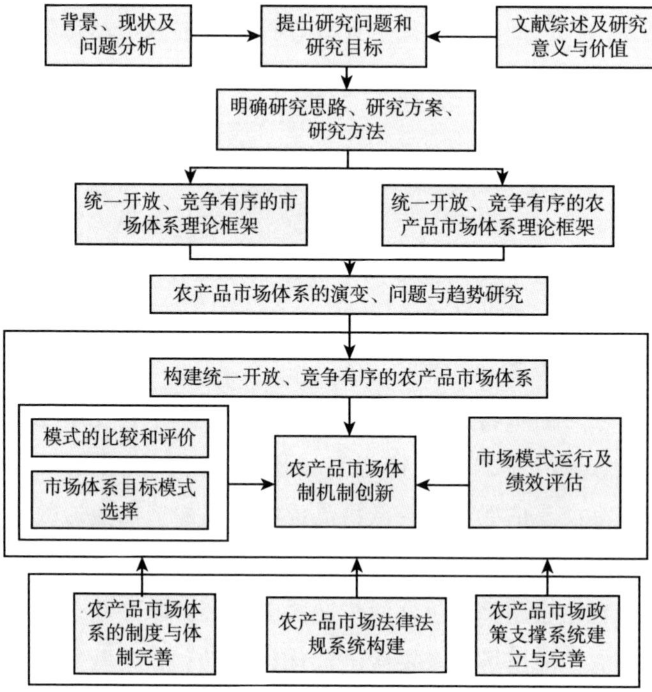

图1-2　本书技术路线

1.4 主要研究方法

本书基于农产品市场体系创新视角，在始终贯穿经济学实地研究的基础上，综合运用理论研究、实证分析、案例研究、定量分析、质性分析、系统研究等研究方法，探索构建统一开放、竞争有序的农产品市场体系，创新农产品市场的体制与机制，并构建相应的制度、法规和政策支撑系统。

1. 实地工作和质性分析技术应用相结合

本书对广东从化市[①]、黑龙江大庆市、湖南长沙市和娄底市、湖北咸宁市和赤壁市开展了大量调研，写出一批调研报告。在调研过程中，我们对这些地区的农户、农产品生产和流通中具有代表性的企业、流通中介组织和经纪人，综合运用深度访谈、问卷调查等方法，获取了第一手材料。研究数据分析阶段，本书通过扎根理论分析方法，对质性数据进行研究，同时运用 ATLAS. TI 质性分析软件，构建不同流通模式背后的运作机制。

2. 定性分析与定量分析相结合

定性分析主要应用于统一开放、竞争有序的农产品市场体系内涵和特征、我国农产品市场体系演变、问题以及未来趋势等研究中；定量分析主要采用计量分析以及超 DEA、SFA 等方法，构建计量模型实证检验农产品市场体系对资源配置效率的影响。具体来说，采用动态面板数据实证考察农产品市场体系对资源配置效率的作用，并进一步检验粮棉油等大宗农产品、鲜活农产品等不同类型农产品市场对资源配置效率的影响；采用平滑转移的阈值协整模型实证考察农产品市场的发展程度对市场配置资源效率的非线性效应；运用超 DEA、SFA 方法对现有农产品市场模式与新型农产品市场模式的市场绩效进行全面的比较分析。

3. 理论研究与实证分析相结合

本书通过阅读大量国内外相关文献，对国内外相关研究成果进行梳理和综述，并对具有代表性的观点做出了客观、切实的分析评价。通过理论演绎的方法，重点回答统一开放、竞争有序的市场体系的内涵与特点，再通过一般到特殊的研究方法，逐步完善统一开放、竞争有序的农产品市场体系的基本理论。在基础理论指导下，对我国农产品市场体系进行实证分析。更为重要的是，本书对农产品市场体系的历史演变、问题分析及趋势研究，并不只是停留在数据的计算分析、现象的描述解释层面上，而且还对此进行抽象概括得出一般性规律。理论研究与实证分析相结合，从理论假设到经验事实，再由经验事实上升至一般抽象的理论，在理论和经验事

① 现为广州市从化区。

实之间不断地循环。

4. 个案研究与系统研究相结合

关于农产品市场体系体制机制创新，选择了五个典型农产品流通模式案例——“布吉模式”“沃尔玛模式”“中粮模式”“新发地模式”“寿光模式”。在构建农产品市场体系政策支撑系统时，本书研究人员深入黑龙江农垦区、湖南娄底市和长沙市、湖北咸宁市和赤壁市、广东从化市、西北农业科技大学等地区的农产品批发市场、农民合作社、超市、农户和科研机构进行深入调研。综合运用实地考察、深度访谈、问卷调查等方法，获取第一手材料，深入了解农户真实的政策需求，农产品产销领域面临的问题，深入探究农业政策存在效率低下、滞后性等缺陷的具体原因。另外，本书在市场体系体制机制创新、农产品市场体系理论支撑与政策支持系统构建中，以战略思维统筹全局，加强顶层设计，充分考虑政治、经济、文化、社会、环境五方面因素，以全面、系统的视角分析各种因素相互作用的逻辑关系。

1.5 创新点与研究局限

1.5.1 研究的创新点

1. 问题选择独到、视角新颖，具有较强的针对性

本书拟解决以下三个关键问题：第一，在全面深化改革的历史背景下，以党的十八届三中全会的《决定》为指导，如何通过农产品市场体系创新，发挥市场在资源配置中的决定作用；第二，基于农业生产特点、农产品特性和农产品市场体系特征，如何构建统一开放、竞争有序的农产品市场体系；第三，如何从多维度去构建统一开放、竞争有序的农产品市场体系的支撑系统。已有的研究尚没有从以上角度提出问题，问题的选择不仅独到，还具有较强的针对性。从制度与体制、法律法规、政策支持三个维度来构建统一开放、竞争有序的农产品市场体系的支撑系统，在研究视角上具有新意。

2. 学术观点的创新与突破

（1）根据市场体系的一般理论，结合我国农业生产的特点、农产品自身的特性、农产品市场的特征以及现代农业的发展趋势，构建统一开放、竞争有序的农产品市场体系，并论述了统一开放、竞争有序的农产品市场体系的内涵和特点。

（2）构建了农产品市场体系的目标模式，即把农产品的生产服务层、流通服务层、消费服务层有机联动为农产品市场的“联动模式”，并对该模式运行体制机制进行创新。

（3）构建了农产品流通的技术绩效、交易绩效以及规模绩效三维度农产品市场模式及其运行绩效的评估系统。

（4）对粮棉油等大宗农产品市场机制进行了创新，提出了大宗农产品市场建设的重点是大型仓储设施的完善和大型批发市场建设，形成由市场决定价格的价格机制，尽可能发挥市场在大宗农产品价格形成中的决定性作用。

（5）构建了制度与体制、法律和法规、政策支持三维度的统一开放、竞争有序的农产品市场体系的支持系统。

3. 研究方法的创新

本书涉及理论研究、实证分析、案例研究、定量分析、质性研究、动态研究及模拟仿真等大量的理论、方法与技术，综合运用这些理论与技术来解决农产品市场体系中存在的问题。采用理论研究与实证分析相结合，其逻辑思路具较强的科学性——从理论假设到经验事实，再由经验事实上升至一般抽象的理论，在理论和经验事实之间不断地循环，利于构建出完善的理论体系；采用案例研究与实地调研相结合，将实地调研成果与案例研究成果进行比较分析，对已有的理论成果进行修正、补充与完善，这体现了理论从实践中来、到实践中去的原则，因而具有较好的适用性和可操作性；定性分析与定量分析相结合，本书基于多维的研究视角，运用超DEA、SFA方法对市场模式绩效进行评测，分析影响市场绩效的关键因素，找出不同市场模式在不同节点进行有效改进的方法；完善统一开放、竞争有序的农产品市场体系的支撑系统。运用系统研究方法，从制度和体制、法律法规、政策支持系统三维度构建农产品市场体系的支持系统。

1.5.2 研究局限

农产品市场体系是一项涉及农产品购销整个流程的系统性工程，不是简单的某种模式就可以解决产销过程中的问题。需要以战略性思维对农产品市场体系进行科学统筹规划，对市场体系实行顶层设计。由于所研究问题的复杂性和笔者研究能力所限，本书存在的主要不足是：

（1）本书虽然致力于在全面深化改革的背景下将建设统一开放、竞争有序的农产品市场体系的研究具体化、动态化、长期化，提出新型“联动”模式，但由于该模式的制度创新涉及面广、改革幅度大、牵涉的利益主体众多，针对新型“联动”模式的体制机制创新方面的内容具有一定的局限性。

（2）农产品流通的实践性强，研究对象涉及面广，必须认真考察全国各地涌现出的各种不同类型的农产品市场组织。然而我国农村地区相关的统计数据十分缺乏，专门性的统计资料几乎没有。本书虽然进行了大量的问卷调查，深入农村访谈，以保证资料的准确性，但仍然存在搜集相关信息的工作量大、困难多的问题，在一定程度上影响了农产品市场模式绩效评估研究结论的准确性。

第2章　国内外研究述评

农产品市场体系问题近年来一直是学术界讨论的热点问题之一，相关研究受到广泛重视，有关研究的主流观点和取得的理论成果大致可归纳为五个方面：一是从总体上对我国20年来建设统一开放、竞争有序的农产品市场体系研究的演进过程的研究；二是对我国农产品市场体系演变过程的研究；三是对我国建立统一开放、竞争有序的农产品市场体系过程中存在的问题的研究；四是对农产品市场体系模式选择和机制创新方面的研究；五是对建立统一开放、竞争有序的农产品市场体系的制度供给、法规体系及政策支持系统的研究。本章在对以上相关研究进行综述的基础上，作一个简要评论。

2.1　建设统一开放、竞争有序的农产品市场体系研究

2.1.1　建设统一开放、竞争有序的市场体系研究

江泽民同志在党的十五大报告中第一次提出了建设统一开放、竞争有序的市场体系的要求。胡锦涛同志在党的十七大报告中又进一步阐述了建设统一开放、竞争有序的市场体系的主要内容和基本要求，他指出：我国需要加快形成统一开放、竞争有序的现代市场体系，发展各类生产要素市场，完善反映市场供求关系、资源稀缺程度、环境损害成本的生产要素和资源价格形成机制，规范发展行业协会和市场中介组织，健全社会信用体系①。在党的

① 胡锦涛：《高举中国特色社会主义伟大旗帜 为夺取全面建设小康社会新胜利而奋斗》——在中国共产党第十七次全国代表大会上的报告。

十八届三中全会通过的《中共中央关于全面深化改革若干重大问题的决定》中，强调了建设统一开放、竞争有序的市场体系，是使市场在资源配置中起决定性作用的基础。

在学术界，早期刘松皓（1993）与张卓元（1993）对这一概念进行了详细的阐述。改革开放十五年后，我国的市场经济体系已经完成了市场组织由少到多、市场规模由小到大、市场结构逐步完善的变化，但现有的市场体系依然很不成熟。他认为必须建立全国统一开放的市场体系，同时通过培育优胜劣汰机制保证市场主体进行公平竞争，以及通过规范市场进入、市场交易等市场行为保证市场的有序运行，才能发挥市场机制在资源配置中的基础性作用。统一，要求用统一的法规、政策实现商品和生产要素在区域间的自由流动，形成全国统一的大市场格局；开放，要求同时形成对内开放和对外开放的格局，打破国内区域封锁，增强与国际市场的联系，没有国外商品和要素进入和流出障碍；竞争，要求公平、平等且充分，但又要避免过度，更是要反对垄断和不正当竞争；有序，要求规范市场秩序，使市场进入、市场竞争、市场交易等市场活动有法可依，有章可循。

李炳炎（1997，1998）从市场发育的角度，阐述了“统一开放、竞争有序”与“市场发育”之间的关系，同时提出我国经济体制改革的目标之一是培育具有“统一开放、竞争有序”特征的成熟的社会主义市场体系。为实现这一目标，需要采取以下具体措施：加大政府培育市场的力度、加强对市场的管理和监督、进一步发展非公有制企业、着重培育和发展生产要素市场、深化价格改革和加快发展市场中介组织。

郑新立（2007）指出，长期的历史发展进程表明，市场化改革使我国摆脱了商品匮乏、商品短缺的困境，提高了全社会的生产效率。因此，要不断提高市场体系的完善程度，进而增强市场作用的有效性。具体而言，需要进一步破除地方保护、撤出市场藩篱，继续完善全国统一的市场；通过优化进出口结构、提高利用外资水平来进一步提高开放型经济水平；深化垄断行业改革，健全优胜劣汰的竞争机制，优化公平竞争环境；建立规范有序的市场秩序。

汪红驹（2014）认为，当前我国市场体系尚不完善，主要存在市场运行透明度不够、部分基础产业和服务业的比价关系严重扭曲、创新体制机制滞后等问题。而进一步完善市场体系、不断提高市场体系运行效率，关键在于建立公平开放透明的市场规则。

王先庆（2017）指出，没有发达的商贸流通业，就没有高水平的现代市场体系。流通落后于市场，是我国市场体系不发达、不完善的不同方面。推进更高水平现代市场体系建设，需要重市场、重流通、重渠道，通过不断深化流通革命，实现内外市场一体化。

臧跃茹和郭丽岩（2017）认为，当前我国的现代市场体系建设仍然存在着诸如市场准入壁垒“虚低实高”、部分要素市场的垄断和扭曲、区域封锁等地方保护行为以及市场秩序混乱等一系列突出问题。并从有效制度供给的角度提出对策建议：一是提倡全面实施市场准入负面清单制度，确保市场主体平等进入；二是建设竞争性要素市场体系，理顺市场化价格形成机制；三是打破行政性垄断；四是强化竞争政策和市场监管法治体系建设。

王磊和梁俊（2021）通过测度我国现代市场体系成熟度指数，认为我国已初步建立统一开放、竞争有序的现代市场体系，进一步发现我国市场体系发展水平稳步提升，但建设速度呈下降趋势，商品市场体系对现代市场体系发展的边际贡献要高于劳动力市场体系和资本市场体系。

2.1.2 建设统一开放、竞争有序的农产品市场体系研究

二十多年来，我国学者从不同层面、不同角度对如何建设农产品市场体系展开了深入研究。这些研究引起了党中央、国务院的高度重视，推动了党中央、国务院一系列有关加强农产品市场体系建设的政策文件的颁布，极大推进和加快了我国农产品市场体系建设。

张桂林（1993）从开放统一这一角度研究了我国农产品市场体系建设，其基于我国当时正在恢复“关贸总协定”中席位谈判的背景进行分析，指出借此机会使得我国农产品市场走向国际化，是我国农业发展在20世纪90年代所面临的重大挑战。闵耀良（1995）从竞争有序这一角度研究了我国农产品市场体系建设，基于1993年下半年开始的新一轮农产品涨

价的状况，认为我国农产品市场改革虽然取得了一定的成功，但也存在较大的效率损失和改革成本，如价格扭曲、利益流失以及政策性亏损。因此，需要重视市场关系，建立主要由市场形成价格的机制和公平竞争的市场秩序，制定规范市场主体，保护公平交易，反对垄断行为。

李炳申（1999）第一次从宏观的角度对如何建立我国农产品市场体系提出了建议。从价格形成机制来看，他认为该阶段我国农产品市场体系常常面临着市场自发形成价格和国家制定价格的两难选择：市场自发形成的价格瞬息万变，面临着大幅上涨和下跌的风险；国家制定的价格又不具有灵活性，不能有效反映商品的价值量，也不能及时反映市场供求的变动情况。因此，他认为在农产品市场的统一开放方面，需要继续抓紧农产品市场体系建设，建立一批大型农产品批发市场；在竞争有序方面，一方面需要实行多家竞争经营，坚持搞活农产品流通；另一方面应健全市场交易规则，规范市场主体经营行为。叶兴庆（2000）基于我国转轨农业的实情详细论证了如何建立统一开放、竞争有序的农产品市场体系，指出需要搞好布局规划、加强有形市场建设，鼓励农民进入流通领域，彻底消除地区封锁，从而实现农产品市场的统一开放；积极培育市场主体，发挥龙头企业的作用，对传统的国营商业组织进行改造，同时加快建设农产品质量标准体系、完善交易规则、发布市场信息，从而实现农产品市场的竞争有序。

程国强（2007）根据新时期我国农产品市场发展的情况，进一步分析了这个问题。他在肯定我国农产品市场建设取得积极成效的同时，指出在建设发达的流通产业和完善的市场体系方面，我国的农产品市场还存在着许多的问题，与发达农业国依然有着一定的差距。进一步地，他针对构建统一开放、竞争有序的农村市场体系，提出了一系列的政策建议，包括加大农村流通设施建设支持力度，大力发展农村现代流通方式，积极培育农村流通主体，加强农村市场流通服务体系建设①。

宋则和依绍华（2013）、陈宇峰和叶志鹏（2014）从流通视角为统一开放、竞争有序的农产品市场体系的建立提出政策建议。在流通领域，尚

① 程国强．我国农村流通体系建设：现状、问题与政策建议［J］．农业经济问题，2007（04）．

未形成连接农村与城镇之间的双向流通体系，致使农产品“买难卖难”，无法有效匹配农产品的需求与供给。针对这些问题，宋则和依绍华（2013）认为，需要实施城乡双向流通畅通战略，以城乡统筹为出发点，大力发展农村现代流通方式，形成安全畅通、便捷高效、节省成本的城乡农产品物流体系，构建农副产品、农业生产资料、工业制品、再生资源在城乡之间的双向流通平台。陈宇峰和叶志鹏（2014）认为我国农产品流通的市场一体化进程并不乐观，并指出地方保护主义和区域行政壁垒提高了农产品市场分割程度，以高速公路收费为代表的行政事业性收费进一步阻碍了农产品流通市场整合[①]。因此，需要同时考虑自然因素和制度性因素，通过行政收费改革、现代商贸流通系统建设以及基础设施建设等，加速推动我国统一、开放的农产品市场体系的建设。

马述忠和屈艺（2017）从交易成本的角度考察了我国粮食市场的空间整合，认为我国粮食市场的整合程度不高，而市场环境、运输条件、信息和政策因素是产生空间分隔市场之间贸易成本的重要原因。为了建设统一的国内大市场，尤其是提高国内粮食市场的一体化程度，必须将交易成本控制在合理范围之内。具体而言，针对粮食交易中的运输成本，需要加强粮食运输的基础设施建设；针对其他交易成本，一是要正确处理政府与市场的关系，二是要进一步促进粮食市场经营主体的多元化发展，三是要提高粮食部门的信息化程度，四是要引导中介组织提供信息服务。

姚涛（2019）认为，我国农产品批发市场与互联网的融合发展保持了一定速度，但总体份额仍然较低，进而在全产业链视角下，提出互联网驱动下我国农产品批发市场体系的优化路径，具体而言，上游以农产品供给侧为导向，搭建综合信息中心；中游对农产品批发市场的价值链进行重构优化；下游优化传统农批市场与电商融合的方式。

近年来，国务院以及各部门也针对农产品市场体系建设，颁布了一系列的指导意见，在 2006 年 5 月颁布的《国务院关于完善粮食流通体制改革政策措施的意见》中明确提出，需要进一步加大改革力度，完善政策措

① 陈宇峰，叶志鹏．区域行政壁垒、基础设施与农产品流通市场分割——基于相对价格法的分析［J］．国际贸易问题，2014（06）．

施，健全体制机制，确保粮食流通体制改革的顺利推进，积极培育和规范粮食市场，加快建立全国统一开放、竞争有序的粮食市场体系[①]。具体而言，需要继续培育、发展和规范多种粮食市场主体，健全粮食收购市场准入制度，加强粮食市场监管执法，完善粮食市场体系建设，加强粮食现代物流体系建设[②]。相对粮食类农产品，针对鲜活农产品的产品特征，国务院于2011年12月颁布的《国务院关于加强鲜活农产品流通体系建设的意见》指出：需要在全国范围内，各地区各部门加强流通规划指导，促进市场合理布局；加快培育流通主体，提高流通组织化程度；加强流通基础设施建设，提升流通现代化水平；大力推进产销衔接，减少流通环节；强化信息体系建设，引导生产和消费；完善储备调运制度等任务，提高应急调控能力；加强质量监管，严把市场准入关口。最终形成流通成本低、环节少，具有完善流通链条的鲜活农产品统一市场布局，以及建立高效畅通、安全有序的鲜活农产品流通体系，从而保障鲜活农产品市场供应和价格稳定[③]。为加快构建与新型工业化、信息化、城镇化和农业现代化相适应的农产品市场体系，商务部等10部门于2015年联合发布《全国农产品市场体系发展规划》，明确指出建设我国农产品市场体系的重点任务是需要加强农产品流通基础设施建设、培育壮大农产品市场主体、完善农产品产销衔接体系、推进农产品流通信息化建设、维护农产品市场安全稳定运行和建立农产品市场公益性实现机制[④]。

学术界对农产品市场体系建设的研究引起了中央的高度重视，从“三农”问题的相关文件来看，2012—2016年的中共中央一号文件中，均强调了关于农产品市场体系建设方面的问题。2012年的中共中央一号文件《关于加快推进农业科技创新，持续增强农产品供给保障能力的若干意见》，在第六部分针对物流体系建设提出了农产品市场体系建设意见。2013年的中共中央一号文件《关于加快发展现代农业进一步增强农村发展活力的若干意见》强调了农产品的流通效率，从农产品交易平台以及流通渠道两个角度指出如何提高农产品流通效率；2014年的中共中央一号文件《关于全

①② 《国务院关于完善粮食流通体制改革政策措施的意见》（国发〔2006〕16号）。

③ 《国务院办公厅关于加强鲜活农产品流通体系建设的意见》（国办发〔2011〕59号）。

④ 《全国农产品市场体系发展规划》。

面深化农村改革加快推进农业现代化的若干意见》，侧重于强调促进农产品公平交易和提高流通效率的制度建设；2015 年的中共中央一号文件《关于加大改革创新力度加快农业现代化建设的若干意见》，侧重于强调创新农产品流通方式和健全农业市场规范运行法律制度；2016 年的中共中央一号文件《关于落实发展新理念加快农业现代化实现全面小康目标的若干意见》，则强调农产品流通设施和市场建设。

2.1.3　简要评价

宏观层面的市场体系建设，自党的十五大第一次正式提出这一概念之后，我国学者就基于我国市场体系发展的基本情况，根据我国市场体系建设的基本特点，展开了详细且严密的分析与研究。大部分学者认为我国宏观层面的市场体系建设，随着改革开放与入世已经取得了很大的进步，初级市场体系建设已经完成。但该市场体系并不完善，在未来的发展中，需要重点发展要素市场，完善市场组织结构，规范市场运行秩序，从而实现建设统一开放、竞争有序的市场体系的目标。具体针对农产品市场体系建设的研究，学者们认为随着改革开放的深化，我国农产品市场得到了长足的发展，已形成全国农产品大市场、大流通的基本格局，市场服务功能得到不断提升，农产品流通呈现多层次多元化发展趋势。但我国现有的农产品市场体制是从计划经济体制向市场经济体制渐进改革而来的，因而存在着较大的效率损失与改革成本，同时由于受到路径依赖的影响，该市场体系往往无法从市场自发形成价格以及国家制定价格两个模式中进行选择。针对这些问题，学者们进一步地提出了加快促进市场经营主体的多元化、完善交易规则、加大农村基础设施和物流设施建设、提升农户以及农业合作社的规模、构建完善的农业信息平台等相关的政策建议。

总体来说，现有研究取得了一定的进展，也有一定的深度，但需要进一步深化和完善。统一开放、竞争有序的农产品市场体系的构建是一项复杂的系统工程，如何以党的十八届三中全会的《决定》为指导，将统一开放、竞争有序的农产品市场体系建设融入社会主义市场经济体制中，发挥市场在农业资源配置中的决定作用；如何做到各项法规和政策相互协调、全面推进，形成较为完善的支撑体系；如何从根本上解决我国农产品小生产与大市场的矛盾，这些都是在全面深化改革新阶段亟待解决的问题，需要学术界深化这方面的研究。

2.2 我国农产品市场体系演变研究

2.2.1 我国农产品市场体系演变的总体情况

农产品市场体系的建设主要是解决农产品流通体系的构建问题。从新中国成立到20世纪80年代末期，一直都是由国有商业部门对农产品实行垄断经营，农产品价格偏离其价值，农产品供求关系矛盾突出，严重制约了我国农产品流通的发展。随着农村经济体制改革的深入，迫切需要构建新型农产品流通体系。

1978年以来，随着市场化改革力度的不断加大，在政府部门的主导下，我国农产品流通体制的改革具有明显的阶段性特征。祁春节、蔡荣（2008）通过梳理农产品流通体制的政策变迁与市场制度演进进程，将我国农产品流通体制的演进划分为统一计划购销时期（1953—1977年）、过渡时期（1978—1984年）、双轨制时期（1985—1997年）、深化改革时期（1998年至今）①；曾欣龙、圣海忠等（2011）通过归纳与梳理涉及农产品流通体制问题的相关重要政策变革，将我国农产品流通体制划分为农产品自由购销阶段（1949—1953年）、农产品统购统销阶段（1954—1980年）、农产品放开搞活阶段（1981—1992年）和农产品流通深化改革阶段（1993年至今）②；宋瑛（2014）进一步将我国农产品流通体制的演进细分为农产品自由购销阶段（1949—1953年）、农产品统购统销阶段（1954—1978年）、统购统销逐步放开阶段（1979—1984年）、市场经济自由购销体制基

---

① 祁春节，蔡荣．我国农产品流通体制演进回顾及思考［J］．经济纵横，2008（10）．

② 曾欣龙，圣海忠等．中国农产品流通体制改革六十年回顾与展望［J］．农林经济管理学报，2011（01）．

本建立阶段（1985—1997 年）、攻克粮食流通难题并全面进入市场化阶段（1998—2004 年）、多元化农产品流通体系基本形成阶段（2004 年至今）①。从统购统销发展到多元化农产品流通体系，自上而下的政府管制放松和自下而上的市场经济力量起着决定性作用。曾寅初（2008）基于新制度经济学的视角，认为我国农产品流通制度变迁的影响因素有资源禀赋条件、经济发展过程、农产品的供求关系、社会基本制度的发展方向、生产者和消费者等的组织化程度以及市场基础条件。李崇光、赵晓飞等（2016）指出，经济、社会、法律环境的变化、新技术的应用、消费者购买模式的创新，以及流通权力变迁和价值链利益调整，是推动农产品流通体系变革的主要动因。他们进一步提出应从“流通渠道体系、流通组织体系、流通服务体系和流通质量安全体系”四个方面②，重塑现有农产品流通体系。韩喜艳等（2019）利用经济模型对比分析发现，与传统农产品流通模型相比，全产业链农产品流通模式具有更高的利润、更低的农产品流通费以及更低的农产品最终零售价格，进而提出利用农业全产业链模式对我国农产品流通体系重构和优化，是破解农产品流通系统组织低效、流通成本过高的“流通困局”之道。

2.2.2　我国粮食流通体制演变

从产品的属性来看，粮食属于与国民经济发展和人民生活关系重大的商品之一，同时兼具政治属性和商品属性。因此，政府高度重视粮食流通，并对其进行必要的宏观调控。改革开放以来，为确保粮食安全，我国粮食流通体制的演变过程比较复杂。1949—1953 年，我国实行的是自由购销的粮食流通制度。新生政权和资本持有者对粮食市场经济利益的争夺，使这一时期的粮食流通制度处于明显的僵滞状态（杨乙丹、樊志民、王庆峰，2006）。在计划经济体制下，1953—1984 年我国实行统购统销的粮食流通制度，先后经历了粮食“三定”（定产、定购、定销）政策，粮食票

---

① 宋瑛．我国农产品流通体制演进回顾及思考［J］．商业经济研究，2014（07）．

② 李崇光等．中国农产品流通现代化研究［M］．学习出版社，2016．

证制度，粮食征购、销售、调拨包干一定三年等制度完善过程。关于粮食经营，也经历了无补贴阶段（1953—1960 年）、粮食经营费用补贴阶段（1961—1984 年）、粮食经营费用及购销价格倒挂补贴（1979—1984 年）（邓大才，2002）。其间，1979 年开始的农村改革调动了农民从事粮食生产的积极性，粮食丰收导致出现卖粮难的局面。为进一步促进粮食生产发展和增加农民收入，自 1985 年起，粮食流通体制朝着市场化方向转变。在这一转变过程中，经历了"双轨制"（1985—1991 年）、"放开经营"（1992—1993 年）、"回归双轨制"（1994 年）、"粮食省长负责制"（1995 年）、"保护性收购"（1996—1997 年）、"三项政策、一项改革"（1998—2000 年）、"放开销区、保护产区、省长负责、加强调控"（2000—2004 年）、"粮食购销市场化（2004 年至今）"（王双正，2008）的过程。这些制度变迁，具有显著的路径依赖性（丁振京，2003）。不同阶段粮食流通的制度安排取决于粮食供求关系的变化，在粮食短缺时期，政府对粮食流通进行直接管制和调控，国家粮食流通政策作用非常明显；随着粮食产品的丰富，政府把粮食流通和供应交给市场（帅传敏、张琦，2005；马凤才、赵连阁，2007）。谭砚文等（2014）梳理并探讨了 2004 年以来我国粮食市场主要调控政策及其实施效果，在肯定我国粮食宏观调控政策的积极作用的同时，认为粮食调控的两个基本目标（防止"谷贱伤农"、促进农民增收和避免"米贵伤民"、维持粮食市场稳定）之间存在矛盾，加大了政府对粮食市场的调控难度。现阶段，我国仍然存在粮食流通体不健全的问题，导致粮食在储藏环节、流通环节和加工环节损失比较严重。赵红雷（2016）指出，为促进粮食产后减损，需要基础设施建设和制度建设双管齐下，尤其是要建立现代化的粮食流通管理体制。随着公共事件频发现象加剧，为提高粮食流通体系应对突发公共事件的能力，钱煜昊等（2020）提出需要通过提高粮食物流设施跨区域衔接度以及完善粮食物流顶层设计来不断优化粮食流通体系。

2.2.3 我国生鲜农产品流通体系的演变

我国农产品流通体系创新具有显著的路径依赖特征，现有的农产品流通体系主要是受市场诱致性、渐进式制度变迁政策的引导逐步演变而成的（陈姗姗，2012；赵晓飞、李崇光，2012）。张赞、张亚军（2011）指出，新中国成立以来我国农产品流通经历了从计划控制到自由流通的变革，相应地，农产品终端销售渠道经历了国营商业公司和供销合作社、农贸市场、普通超市和大卖场、生鲜超市四个阶段的演进①。陈姗姗（2012）将我国农产品流通体系模式的变革过程归纳为：政府主导型流通模式、自组织型流通模式、中介型流通模式、资本型流通模式。赵晓飞、李崇光（2012）通过对比我国和美国、日本等发达国家的农产品流通渠道系统变革过程，从渠道模式、渠道结构、渠道关系、渠道关系、渠道主体、终端业态、交易方式六个方面归纳我国农产品流通渠道变革规律，并进一步提出我国农产品流通渠道变革的发展趋势。卢奇等（2017）则将我国农产品流通体系的发展和演化划分为以下三个阶段：20 世纪 80 年代以来逐步形成的以批发市场为核心，以农贸市场、零售企业、机关、餐饮为基础零售端的多层级、直线型农产品流通体系体系；20 世纪 90 年代兴起的以超市为核心的“农超对接”流通渠道体系；2012 年以来逐步兴起的农产品电商平台流通体系②。目前，尽管我国农产品流通市场已初步形成流通渠道传统模式和现代模式并存、多元化主体竞争的基本格局，但绝大部分农产品流通市场仍然是传统型市场（王晓红，2011），现代流通体系建立处于初级阶段。随着生活方式和消费习惯的变化，农产品流通渠道将朝着扁平化方向发展，体系终端将朝着连锁化和超市化方向发展。石岿然、孙玉玲（2017）通过对“互联网 +”背景下我国鲜活农产品供应链的案例研究，认为基于“互联网 +”的农产品创新型流通模式最适合现阶段我国国情③。基于电子商务的农产品流通打破了鲜活农产品地域、时间上的限制，随着移动互联网的发展和移动互联时代的到来，“互联网 + 农产品流通”引领的新型流通模式的变革将成为大势所趋（郑琛誉、李先国、张新圣，2018）。总体来看，农产品流通体系演变主要受内外因素、

---

① 张赞，张亚军．我国农产品流通渠道终端变革路径分析［J］．现代经济探讨，2011（05）．

② 卢奇，洪涛，张建设．我国特色农产品现代流通渠道特征及优化［J］．中国流通经济，2017（09）．

③ 石岿然，孙玉玲．生鲜农产品供应链流通模式［J］．中国流通经济，2017（01）．

宏观、微观因素的多重影响。内部因素主要有农产品流通渠道权利的变迁、交易成本的变化、价值链的调整（赵晓飞、李崇光，2012）。宏观上而言，外部因素包括经济发展、法律政策、文化环境的变化；微观层面而言，外部因素包括消费者购买模式、技术创新、企业战略变迁等（陆芝青、王方华，2004；陈耀庭等，2013；刘刚，2014）。本质上，对潜在利润的追求和适应市场环境变化是我国农产品流通体系变革的根本动因（梁佳、刘东英，2010；王秀杰，2015）。突发的疫情暴露出生鲜农产品流通存在产销对接不匹配、流通信息服务较为薄弱、电商渠道生鲜农产品质量安全问题突出等问题，为了提高抗风险能力，需要通过向数字业务转移，不断创新农产品流通新模式（肖文金，2020）。

2.2.4 简要评价

现有对于我国农产品市场体系演变的研究，主要是从时间序列的角度、以宏观经济制度变迁为参照，并结合农产品及其流通的特点，对粮棉油大宗农产品和鲜活农产品两类农产品的流通体系和演变进行系统的分析。大多数人认为，农产品流通体系的演变具有明显的阶段性和路径依赖特性，是一个渐进的过程。从流通模式的变革角度，学者们认为我国农产品流通模式从在计划经济体制下由行政命令计划分配模式，渐进式地演变为市场供求双方决定交易模式。就流通体系而言，我国的农产品流通体系经历了计划经济阶段的统一运输、统一销售到市场经济体制的农贸市场、普通超市和大卖场、生鲜超市的演变，从单一业态发展到多种业态并存。随着经济的进一步发展与技术的不断进步，流通体系长度表现为先变长再变短的“倒U形”演变趋势，体系终端将朝着连锁化和超市化方向发展。

然而，现有研究还存在以下不足：一是对农产品流通体系演变原因的解释还不够全面，应该把经济学和管理学结合起来，把交易费用理论、组织创新理论和厂商中间层理论结合起来，从多视角来诠释农产品流通体系的演变会更全面、更能自圆其说；二是规范分析较多，实证分析较少，停留在对农产品流通体系演变阶段的描述上，尤其是在流通体系的演变对流通效率的提高的作用论证不够，对流通效率实证分析不多。

2.3 建设统一开放、竞争有序的农产品市场体系存在的问题研究

2.3.1 相关研究综述

随着流通体制改革的推进，我国农产品市场体系经过多年的培育，不断发育并得到了长足发展，但总体发展水平不高，无法满足日益增长的消费需求和产业升级要求。我国农产品市场体系在市场结构、农产品产销衔接方式等方面存在的缺陷，造成农产品供需失衡、农产品流通效率低、个别品种市场价格起伏大、利润在各环节分配不尽合理等一系列问题。

在宏观层面上，存在“管理体制、市场体系建设、市场客体结构”等方面的障碍。从管理体制来看，政府对农产品市场的宏观干预不到位（朱品文，2015），农产品流通监管不力（陈薇，2010），农产品流通体系建设的政策体系不健全、制度保障乏力（刘天军等，2013；韩丽娜，2018）。从市场体系建设来看，王德章、周丹（2013）指出，农产品市场体系建设主要解决以下三个问题：价高伤民、谷贱伤农、中间环节利润偏高，而现有的体系建设存在两个误区，一是奉行市场经济从而忽视与弱化了政府对市场的调控，特别是忽视了对农民增收以及消费者权益的保护；二是对农产品市场结构认识存在误区，认为其接近于完全竞争市场，实际上在农产品收购与销售的上下游市场上，都存在着一定的垄断势力。因此我国应该一方面加强市场调控和监管，调控好重点环节与完善流通体系基础建设；另一方面需要加强对城乡低收入群体的保护。长期以来城乡二元经济结构的存在，更是严重制约了城乡统一农产品市场体系的形成（何爱平，2011）。从市场客体结构来看，缺乏统一规划、市场布局不合理（汪腾，2011），期货市场发展滞后，新型流通业态发育迟滞（张兴旺，2009）。在微观层面上，从市场主体来看，农产品市场主体发育程度低、规模偏小、主体间合作程度不够（邓若鸿等，2006；郑琛誉、李先国、张新圣，2018），农民缺少话语权及组织性差（徐丽艳等，2010）。从交易方式来

看，农产品交易方式落后、现代衍生金融工具交易方式和采用电子商务技术的先进交易方式并不普遍（李连英等，2012）。从信息服务来看，获取信息的渠道狭窄（杨文选、尹浩，2005），信息化硬件建设落后、信息资源不能共享（韩丽娜，2018）。

对外开放方面，杨少文、熊启泉（2016）指出我国存在谷物市场开放不足、广义粮食市场开放影响安全、食物市场开放比较过度和非食用农产品市场开放严重不足等问题①。总体上，我国FTA中农产品对外开放相对保守，对政治敏感性产品的保护几乎不考虑对方国家的生产和贸易情况（吕建兴、胡历芳、曾寅初，2017）。

刘倩、高倩倩（2018）指出，我国农产品市场体系存在供需调控不足，营销渠道不完备，农产品质量追溯体系不健全，物流配送不发达等问题。为有效解决上述问题，进一步提出“互联网+农产品市场”的体系建设框架。

农产品市场体系存在的一系列问题是现有农产品流通体系发展滞后的典型表现。张长厚（2012）指出，现阶段我国农产品流通体系存在着流通成本高、环节多、效率低，流通主体组织化程度不高，农产品流通信息服务滞后，农产品流通领域的法律法规不完善等问题②。郑伟（2017）指出，我国农产品流通体制存在着农产品市场化程度低，功能不完善；农民市场流通意识薄弱，农产品流通渠道不畅通；流通主体单一化，且功能定位不清晰；农产品流通市场信息服务水平有限；政府对农产品流通的宏观调控缺乏力度和耐力等问题。肖文金、张贵华（2015）基于农产品终端流通的视角，认为我国农产品渠道终端流通存在主体规模小、技术含量低、功能不完善、营销水平落后、市场信息化管理水平低的问题③。孙伟仁等（2018）认为，我国农产品流通体系面临信息传递渠道不畅、流通模式单一、流通产业链组织化程度低、流通基础设施建设滞后、流通环节食品安全监控不到位的主要困境④。

---

① 杨少文，熊启泉．中国农产品市场对外开放的适度性研究［J］．华南农业大学学报（社会科学版），2016（02）．

② 张长厚．发展农产品流通的瓶颈与思考［J］．中国流通经济，2012（04）．

③ 肖文金，张贵华．经济新常态下农产品终端流通模式选择及其策略［J］．财经论丛（浙江财经大学学报），2015（12）．

④ 孙伟仁，张平，赵德海．农产品流通产业供给侧结构性改革困境及对策［J］．经济纵横，2018（06）．

郑琛誉等（2018）认为，我国现代流通体系尚处于初级阶段，农产品现代流通体系构建过程中存在农产品流通成本高、农产品流通主体缺乏合作深度、农产品批发市场功能不健全这三个主要问题①。李超凡（2021）认为，流通基础设施的不足是限制我国农产品流通现代化的一个关键因素，除此之外，我国流通渠道整体环节多、层级多、分散性强，并缺乏强有力的渠道主体协调流通上下游，限制了流通效率的提高。

2.3.2　简要评价

现有研究从不同角度对农产品流通体系演变的不同阶段存在的问题进行了较为全面和系统的描述，也形成了一定的共识。学者们也普遍认为，这些问题导致了我国农产品市场体系中的利益分配不合理、技术运用缺乏、农产品附加值低、农产品交易方式落后，造成了我国农产品市场中的根本矛盾，即小生产与大市场的矛盾，制约了我国农业经济的进一步发展。然而，关于农产品市场体系存在问题的原因的论著并不丰富，对原因的剖析既不深入也不全面。研究的进一步深化要运用管理学、经济学、博弈论和信息经济学多个视角，深入剖析现阶段我国农产品流通市场存在问题的原因，并致力于丰富这一领域的研究。

2.4　建设统一开放、竞争有序的农产品市场体系的模式选择与机制创新研究

2.4.1　国外学者对农产品市场体系的发展研究

国外学者并没有具体研究农产品市场体系的构建等问题，但是他们关于农产品市场问题的研究已比较深入和成功。他们从市场组织、市场渠

① 郑琛誉，李先国，张新圣．我国农产品现代流通体系构建存在的问题及对策［J］．经济纵横，2018（04）．

道、供应链的优化、质量安全管理、信息服务等方面的探讨有效地指导了农产品流通体系的发展。大多数文献从供应链的角度研究如何提高农产品流通效率。农产品流通体系各主体之间的合作与联盟有效地解决了农产品供应链过长的问题，成为提高农产品流通效率的关键（Kliebenstein et al.，1995；Palmer，1996；Andrew Fearne，1999）。Den Ouded 等（1996）指出，信息代理这一中介组织在供应链合作机制运行中发挥着重要的作用。Myers et al.（2010）进一步指出了农产品供应链运行中利益分配机制的重要性。为了实现供应链成本的最小化，Gigler（2002）从农产品外观和质量特征出发，运用动态规划方法，指出了供应链的优化路径。为保证农产品的质量以及食物安全，需要积极构建农产品供应链信息技术平台（Eameron，2006；Procopie et al.，2008）。在生鲜供应链中，传统批发市场的核心作用逐步在减弱，超市的作用在不断加强，并日益成本生鲜产品流通的主流通渠道（Thomas Reardon & Graeiela Ghezan，2002）。因此，需要进一步对传统批发市场进行改革（小暮宣文，2007）。Ahumada et al.（2011）通过建立鲜活农产品生产和销售综合技术规划模型，提高鲜活农产品的生产利润，从而提高农产品流通参与主体的收益。DanTan（2012）认为，中国传统农产品物流存在渠道复杂且不稳定的缺陷，其同时立足于绿色供应链管理视角，提出供应链主体利益分配原则以及建立质量控制体系，来促进中国农产品物流业发展。Alvarez et al.（2013）对巴拿马城市农产品的流通体系进行实证分析，发现80%的农产品消费市场在大都市区，而生产区域位于大都市500公里的西部，生产市场和消费市场分隔两地。Alvarez et al. 建立了以低运输成本农产品跨区域运输模型，从而满足大都市的需求。基于市场组织的角度，Dias 和 Franco（2018）通过对葡萄牙黑豆生产进行的案例研究，认为农业企业家组织间的合作在农产品的生产和销售活动中发挥了重要的作用。在所有的合作关系中，都存在横向合作网络和与第三方的合作，当涉及新产品，与客户的垂直合作网络作用尤为突出。

2.4.2 国内构建新型农产品市场（流通）体系的思路

1. 构建生鲜农产品市场流通体系的思路

许多学者在充分研究各类农产品市场组织基础上，通过对农产品进行分类并对各类农产品的流通渠道、流通成本、流通费用、流通方式构成进行分析。综合来看，构建新型农产品市场体系（鲜活农产品）的思路大体有五种：

（1）基于信息技术的农产品流通模式。以互联网为基础的信息交流技术（ICT）的使用，不仅为农产品流通拓展了新渠道，更是极大地促进了农产品流通效率的提高（何小洲、刘丹，2018）。学者们基于互联网思维，主要从农产品物流信息系统和电子商务平台两个方面研究信息技术在农产品流通中的应用。相关学者认为，构建以云计算技术、RFID、GPS、EDI等技术为基础的农产品物流和安全监控信息系统，通过采集农产品的生产、流通、销售全过程的基础信息、特征信息、业务操作等信息（周树华、张正洋，2011），实现鲜活农产品运输、仓储、配送、交易等物流环节的可视化（张小蓉、赵敏，2015），进而实现农产品智能溯源（杨敏、周耀烈，2011）。因此，在云计算技术发展迅猛的背景下，非常有必要发展农产品物流云服务（蒋明琳等，2015）。部分学者认为农产品电商正在以较快的速度发展，农产品电子交易将成为主要发展趋势（周毅等，2009；段成明，2015），应当积极探索农产品+电商平台的新型农产品流通模式。黄强（2018）认为我国农产品电子商务的经营模式可以分为三类：网络直销交易模式、网络第三方平台交易模式和基于社交网络平台的交易模式①。网上平台成为当前农产品营销的最佳选择（张莉，2016），然而，网购鲜活水产品流通模式需要以完备的物流网络和健全的网上信息交换平台为基础（杨辉鹏，2012）。因此，需要建立电子商务信息平台，促进信息技术在农业生产的产前、产中、产后阶段的有效运用，实现农产品信息共享和促进农产品信息交流，不断提高农产品信息的透明度。推进农产品电子商务流通模式发展，必须提高农村互联网普及率以及推进信息技术下乡（邹小梅，2013）。在产业互联网背景下，更是需要推进物联网、大数据、区块链、人工智能、第五代移动通信网络、智慧气象等现代信息技术在农业领域中的应用，实现农产品流通数字化变革（李超凡，2021）。

① 黄强，郭锦墉，肖剑．农产品电子商务的绩效研究——一个文献综述［J］．农村经济与科技，2018（13）．

（2）基于第三方物流的农产品流通模式。为有效解决我国农产品流通中存在的流通环节多、流通手段陈旧、信息渠道不畅通、产品的附加值低，以及由批发市场自身弱点造成的流通障碍，陈善晓、王卫华（2005）首次提出了基于第三方物流的农产品流通模式，与传统的批发市场模式相比，该流通模式具有信息优势、品质优势、成本优势、速度优势、竞争优势（李华豪，2014），在运行效率方面也更具规模有效性和技术有效性（李创，2012），成为我国农产品物流由传统模式向现代物流发展模式转变的关键（向丽，2011；高艳、刘芳，2016）。从农产品品质、农产品零售终端、农产品经营模式等角度来看，基于第三方物流的农产品流通模式主要包括：基于第三方认证的农产品流通模式（邵贵平，2010）、“第三方物流企业 + 批发商 + 零售商”的农产品流通模式（刘小艳，2010）、基于第三方物流的农产品连锁经营模式（张希颖、祃海霞，2007）、第三方物流企业或第三方物流联盟主导的农产品流通模式（何明珂、贾衍慧，2013）等。发展农产品第三方物流，既需要政府给予利好的制度政策环境，也需要企业拥有先进的管理经营理念。钟诚、罗小凤（2017）通过分析农产品物流模式的演化要素，认为发展第三方农产品物流运行模式需要从以下五个方面着手：一是完善物流信息平台，保障基础性物流运作要素；二是发挥第三方物流企业的龙头作用，组织带领其他物流活动主体；三是组建虚拟农产品物流协作体系；四是培育拥有现代化物流技术的实用人才；五是依托农产品物流园区规划，辐射农村物流服务①。高艳和刘芳（2016）运用 PEST 分析法剖析了环京津冀地区现代物流发展现状及存在的问题，提出构建第三方物流平台的发展对策，从健全国家政策法律法规、完善农产品市场准入、加快第三方物流理论研究和实现供应链管理四个方面来完成与完善环京津冀地区的第三方物流。叶俊等（2021）认为，在生鲜农产品跨境贸易中 DAP 贸易模式将更受欢迎，第三方物流商愿意付出更大的冷链物流努力去减少运输过程的产品损耗，因此提出可以通过赋予第三方物流商更自主的定价权，促进生鲜农产品供应链各节点企业在跨境贸易中实现共赢。

---

① 钟诚，罗小凤．农产品物流模式的演化要素及其选择研究［J］．海峡科学，2017（05）．

（3）基于供应链角度的农产品流通模式。在我国农产品流通体系建设过程中，中央出台的支持政策具有明显强化农产品供应链管理的导向。基于供应链角度农产品流通模式都是以某一供应链成员为核心企业，核心企业根据自身所处市场特点与农产品流通链条上的各个企业进行联系，最终形成最为紧密的关系模型结构。从供应链成员的角度来看，学者们提出了以终端市场（如批发市场、连锁超市、零售企业）、农产品生产和加工企业、物流配送中心、产销一体化企业、农民合作组织为供应链核心企业的流通模式（谭涛、朱毅华，2004；邓俊森、戴蓬军，2006；梁连玉，2009；张学志，2011；刘刚，2013；石岿然、孙玉玲，2017；等等）。部分学者也提出了要发展基于供应链管理的“超市 + 农产品加工企业 + 农户”“公司 + 基地 + 农户”的新型农产品流通模式（胡定寰等，2010；喻闻则，2011）。邓宁等（2013）在实地调研的基础上，提出要发展农民专业合作社 + 超市的“二元直供”供应链模式、农民专业合作社 + 专业物流中介 + 超市的“三元协作”供应链模式以及多流向的供应链模式。不同的阶段农业具有不同的特性，应该从实用性出发来结合实际情况优先发展某一类型供应链的农产品流通模式。尤其是在“一带一路”战略背景下，单一的纵向或横向一体化模式难以促进农产品贸易的发展，而是应该基于信息共享与物流整合，综合考虑采购环节、物流环节、销售环节的相关因素，灵活选择一体化方式，从企业发展、通关便利性、农产品检验、物流优化、文化交流等方面着手，保障农产品供应链一体化运作①。以龙头企业、连锁超市、产销一体化企业、农民合作组织为核心的供应链仅能解决市场上约 30% 的农产品流通（龚梦、祁春节，2012），为有效提高供应链的辐射能力，关键在于突出批发市场的公益性质、加强供应链主体间的信息沟通，以及设计合理的农产品流通主体利益分享机制。当前，我国农产品供应链存在抗御外部冲击的韧性不足、农产品质量保障体系脆弱、农资供销渠道存在信息传导梗阻这三个方面的短板，因此有必要引入区块链技术，构建农产品供应链“双 H”型架构（张益丰、刘纪荣，2021）。

---

① 李武强，孙荣庭，刘德智．丝绸之路经济带背景下的农产品供应链一体化模式［J］．中国流通经济，2017（11）．

（4）基于渠道关系的农产品流通模式。李杨（2013）认为，我国农产品流通过程中存在四种流通渠道模式：农户直接进入市场进行销售、代理商向农户收购后进入市场进行销售、依托现代物流业和现代集约化市场进行流通的渠道模式，以及依托农产品加工企业实现农产品异地销售的流通渠道模式①。一方面，契约稳定在渠道关系中起着至关重要的作用（罗必良，2009），而我国农产品流通模式的关系相对不稳定，渠道权力过度向龙头企业倾斜（张闯、夏春玉，2005；孟波、吴方、范磊，2008）；另一方面，我国现阶段农产品流通渠道存在着收费项目多、设施不齐备、组织化程度低、专业经纪人不足、信息服务薄弱等突出问题。因此，需要进一步对我国农产品流通模式进行优化和创新。从渠道关系的形态来看，建立农产品渠道联盟模式是农产品流通模式创新的重要方向。不同流通主体间可以形成以某一核心成员为主导的横向联盟或纵向联盟，前者主要有生产联盟、加工联盟、流通联盟、营销联盟、农业合作组织间形成组织联盟等，后者主要有超市（卖场）主导下的纵向直销联盟（孟波、吴方、范磊，2008；梁海红，2011）。袁华（2005）提出了构建以合作组织为纽带的农产品流通渠道。叶祥松、罗海平（2008）在构建农联模式的过程中分析了该模式的农产品流通方式。为实现供给与需求的完美对接，王伟（2018）提出以典型优质农产品为突破口，在上游流通渠道建立以农户为主体、以产品经理为代表的农产品产地直供模式，下游流通渠道中建立以订单为依托、以基层网络实体店为体验的销售模式②。流通渠道的选择受内因和外因的共同影响，外因主要包括消费需求拉动、竞争推动、效率驱动和环境刺激（杨慧，2003），最重要的内因在于渠道权力变迁（赵晓飞、李崇光，2012）。根本上而言，推动农产品流通渠道变革的因素是交易成本（侯建均、霍学喜，2013；孙琛、邢华林，2013）。麦影（2013）进一步以伙伴关系为视角，通过实证分析表明渠道权力和交易成本通过伙伴关系及重构能力促进农产品渠道创新。随着大数据技术的发展，推动了以大数据平台为载体的渠道模式的发展，也推动了以数字

① 李杨．基于关系视角下农产品流通渠道创新路径的选择［J］．农业经济，2013（11）．
② 王伟．基于“供需对接”的农产品现代流通渠道优化［J］．湖北农业科学，2018（16）．

化管理为核心的农产品安全流通渠道系统的发展，赵晓飞等（2020）提出我国农产品流通渠道变革的实现路径为：打造基于大数据技术的农产品流通一体化链条，推动农产品全渠道流通的发展，构建模块化的供需对接新链路流通模式。

（5）基于“农超对接”的农产品流通模式。“农超对接”是农产品流通方式的一次重大变革，是对农产品流通供应链的优化（李政，2013），近年来还衍生为“农餐对接”（杨再春，2012；王鹏飞等，2013）、“农居对接”（彭磊，2010）等具体形式。“农超对接”通过无缝对接城乡市场，减少了流通环节，可以使农产品流通成本降低20%～30%，使农产品销售价格提高10%～20%，使超市采购成本降低15%左右（张立华，2010），实现了商家、农民、消费者的三方共赢。尽管农超对接面临着农产品标准化低、生产缺乏技术支持、农民专业合作社“软肋”、农产品冷链物流发展滞后、资金结算手段和方式滞后、农业资金回流慢等方面的挑战（张爽、徐正，2010；黄彬红、李晓，2013；姚晶晶，2013），但它仍然是我国农产品流通渠道今后发展的理想模式。王鹏飞等（2013）认为，“农餐对接”是农产品流通未来发展的趋势，并认为提高农产品流通市场主体的集中度至关重要。可见，“农超对接”运行应该具备两个条件：“农”和“超”必须具有一定的规模，以及具备高效的物流和信息系统（李凤荣，2012）。王晨依、郭冬冬（2012）基于APH分析技术，对北京的四种农产品流通模式进行分析，研究发现“农超对接”的流通效率最高，认为“农超对接”是农产品流通未来发展趋势。渠道关系对于提高“农超对接”模式的效率起着至关重要的作用（陈金波、陈向军、张彩，2017）。李新剑（2014）进一步从供应链合作关系的角度，将“农超对接”模式细分为一体化对接模式、契约式对接模式和企业联盟模式①。“农超对接”“农居对接”是一项浩大的系统工程，不仅需要各地区地方政府的通力合作和制度政策的支持（杨再春，2012；齐力、于明霞，2012），更应该根据不同的地域环境选择不同的实施模式（张永喆，2016）。石岿然、孙玉玲（2017）针对鲜活农产品流通，通过综合比较美国所代表的生产者＋零

① 李新剑．农超对接供应链合作模式研究［J］．西部经济管理论坛，2014（02）．

售商+消费者模式、日本所代表的批发模式、荷兰所代表拍卖模式以及我国现存的农产品流通模式，认为我国鲜活农产品流通模式应朝着“农超对接”的方向发展。同时，通过案例研究发现，“农超对接”模式在互联网+环境下更具生命力。王磊（2021）提出新零售驱动的互联网+“农超对接”模式，并进一步提出为促进该模式的可持续发展，网络平台必须不断设计合理的合作机制，同时还必须更加优化农产品新零售企业对线下门店的设置。

2. 构建大宗农产品市场流通体系的思路

上述五种典型流通模式研究主要是围绕鲜活农产品展开，对具有战略意义的大宗农产品的流通模式，例如粮棉油，学术界是从两大维度探讨其流通体系发展，一是从微观市场要素视角，如市场主体、市场载体、流通渠道以及市场价格竞价方式等；二是从宏观系统论的视角，例如区域性物流体系、一体化农产品市场体系构建等。

（1）微观流通要素视角的研究。粮食物流更注重导入供应链管理理念和先进的信息技术，实现对粮食储备、运输、装卸、加工等环节的有机结合，并对传统功能实施整合（陈燕，2008；李凤廷等，2016）。从市场主体来看，虽然我国粮食经营已实现市场化，基于粮食安全的考虑，仍需要国有企业在作为国家重要战略物资的粮食流通中发挥主渠道作用（丁俊声，2005）。大型核心企业在大宗农产品供应链中起主导作用，并促进了供应链结构的优化（韩松，2009）。陈彦丽（2007）认为，黑龙江大豆、玉米、水稻和小麦四种农产品基本进入自由贸易阶段，农民经纪人、运销商贩、中介组织、加工企业成为流通主体。粮食市场的市场化改革使流通主体呈现多元化发展趋势，进一步促进了粮食市场的竞争，提高了市场运行效率。在微观运行机制方面，不得不重视供应链上流通主体间利益分配机制的建设和完善。韩松（2009）认为，构建大宗农产品绿色物流与供应链系统，实现传统物流操作与管理全程的绿色化，可以更好地协调农产品产供销环节各主体之间的利益关系①。白世贞、毕玮、牟维哲（2016）分

① 韩松．河南省大宗农产品绿色物流与供应链系统构建研究［J］．中国流通经济，2009（08）．

析了粮食物流网络上下游企业之间的供求信息共享和利润获得之间的关系，指出为实现信息共享所产生的费用会部分削减企业的利润。因此，为实现上下游企业及整个网络的利益最大化，他提出除供求信息共享机制外，还需要通过粮食需求预测、订单分享、共同决策、激励等信息共享机制，增加企业的获利能力①。从市场载体来看，我国已形成以批发市场、集贸市场为载体的大宗农产品流通模式，批发市场仍是粮棉油等大宗农产品主要的市场载体（张洁丽，2012）。田颖（2006）认为，浙江省、河南省和东北地区根据各自的地区特点，分别采用了“粮食批发市场 + 粮食物流中心”需求链拉动型物流模式、“粮食交易物流市场”供应链推动型物流模式以及粮食产销“一体化”现代物流模式②。网购的兴起在一定程度上制约了传统粮食流通方式的发展，从长远来看，网上交易平台必然是未来的发展趋势。粮食物流体系的建设与长期发展，需要加强信息化建设，不断提高信息化程度。基于对我国粮食物流信息化现状分析，管华、廖明潮、蒋曹清（2011）提出需要构建包括粮食物流公共信息平台、粮食电子交易平台、粮食物流信息资源集成与数据采集平台的粮食物流服务信息集成平台③；刘金伟（2018）提出建立一个网上交易、网下物流配送并达到保值增值服务的平台。魏明侠等（2016）基于全产业链的视角，通过研究河南地区粮食贸易参与的核心主体——种粮农户、粮食加工企业和粮食经纪人的粮食网上交易行为，认为推动粮食现代流通的快速发展，必须充分发挥产业链主体的引领作用和互联网 + 的融合功能④。王帅、赵秀梅（2019）通过对我国粮食运输现状的梳理，以及对铁路、水路粮食运输进行风险识别，提出为保障粮食稳定供给，亟须优化运量基础设施、推动粮食物流方式变革、健全粮食物流应急机制。

（2）宏观系统论视角的研究。卫萍、王锋、齐志高（2004）通过分析以区域性流通为主的粮食流通现状，建议建立和完善以大型收储企业为核

---

① 白世贞，毕玮，牟维哲．基于供求信息共享机制的粮食物流网络［J］．江苏农业科学，2016（11）．

② 田颖．试析三种粮食现代物流模式［J］．中国粮食经济，2006（06）．

③ 管华，廖明潮，蒋曹清．粮食物流服务信息集成平台研究［J］．粮食流通技术，2011（03）．

④ 魏明侠，邵开丽，郑爽．基于全产业链的粮食网上交易意愿与行为研究［J］．商业研究，2016（04）．

心、涵盖粮食收购网点、农户及粮食加工企业的区域性粮食市场体系①。郭成、孙东升（2006）指出，我国粮食物流业存在原粮散装方式少、运输工具专业化程度较低、产销区之间的中转不能有效衔接、资源配置方面存在体制障碍、缺乏资源共享的机制等问题，在此基础上，提出中国粮食物流业发展的基本方向是实现粮食物流的系统化、网络化、散装化和信息化，建立起以若干物流通道和重要节点为支撑的、区域内外统筹协调的、网络化无缝对接粮食现代物流体系②。贺伟、刘满平（2010）指出，我国粮食收、储、加、运、销等流通环节发展明显滞后，建议构建以粮食产业化经营能力、市场流通能力、科技创新能力为主要内容的现代粮食流通能力体系③。曾艳华等（2012）基于粮食安全视角，提出加强以城乡集贸市场和超市等零售市场为基础、粮食批发市场为骨干、粮食期货市场为先导的开放统一、竞争有序的现代粮食市场体系建设。黄树卿（2014）认为，建立开放式粮食市场体系必须具有应对国际粮食市场波动的能力，并进一步建议从我国粮企的市场竞争力、丰富粮食国际供应链、增加中长期粮食贸易合同的比例、推动区域性国际粮食市场的衔接以及支持我国粮食企业的跨国经营战略这五个方面，积极采取措施来有效增强应对国际粮食价格波动带来的影响。谢高地等（2017）基于粮食供需平衡和粮食安全的视角，提出为确保国家粮食安全的有效供应，必须建立以国家批发市场为龙头、区域批发市场为骨干、众多分布在全国城乡的集贸市场为基础、粮食期货市场为先导的、完整的粮食市场体系④。蒋和平、蒋黎（2017）基于改革的视角，提出应该从“双创”体系、粮食市场体系、粮食价格体系、粮食质量安全体系、粮食储备体系、粮食物流系统、粮食工业体系、粮食安全保障体系这八个方面创新具有中国特点的粮食流通体系。

---

① 卫萍，王锋，齐志高．实现我国粮食“四散”流通的突破口——建立区域性散粮流通体系［J］．粮食储藏，2004（04）．

② 郭成，孙东升．新时期粮食物流业的现状、问题及发展方向［J］．中国农村经济，2006（02）．

③ 贺伟，刘满平．“十二五”时期我国发展现代粮食流通产业的思考与建议［J］．宏观经济管理，2010（07）．

④ 谢高地，成升魁等．新时期中国粮食供需平衡态势及粮食安全观的重构［J］．自然资源学报，2017（06）．

2.4.3　统一开放、竞争有序的农产品市场体系的运行机制创新研究

王维、林敏、齐秀辉（2011）建构了黑龙江省现代农产品市场体系，提出在建立市场体系过程中应建立信任机制、保障机制、利益协调机制、学习机制和预警机制，来保障市场体系的有效运行。其要点是：一是政府在保障机制和预警机制建设过程中发挥主导作用；二是供应链成员通过共同签订、执行交易合同，保障成员间的利益分配；三是通过学习型的流通组织，增强市场主体间的信息流动。田野、赵晓飞（2012）通过分析现阶段我国农产品流通体系存在的问题，认为需要创新农产品流通的体制、机制，进而提出构建我国农产品现代流通体系，需要建立包括产业融合驱动机制、城乡流通互动机制、流通主体利益协调机制、流通运行风险预警机制和流通政策内外支撑机制的具体的运行机制①。

刘天军等（2013）提出从以下五个方面进行农产品现代流通体系机制创新：第一，从贸易平衡、税费政策、储备调用、资金扶持等方面创新公共管理政策；第二，从批发市场升级、采购配送中心、发展冷链物流、现代化物联网等方面创新流通基础设施建设；第三，从小农户市场进入、产业链市场整合等方面创新市场组织对接模式；第四，从农产品期货、农产品拍卖、电子商务等方面创新现代流通方式；第五，从流通技术创新、流通质量追溯、食品标准协调、贸易技术壁垒等方面创新食品安全体系②。

赵建欣等（2014）基于流通领域农产品质量安全的角度，从理论上构建了安全农产品流通系统，该系统主要分为三个层次：由农产品生产、流通主体和消费者等要素构成的核心层次；由提供资源和服务支持的硬件、软件基础设施等要素构成的辅助层次；由正式制度规则、非正式制度安排和外部资源等要素构成的外围层次。提出为保证安全农产品流通功能的实现，需要健全核心要素层的价格机制、利益联结机制、监督机制，以及外

---

① 田野，赵晓飞．我国农产品现代流通体系构建［J］．中国流通经济，2012（10）．

② 刘天军，胡华平，朱玉春等．我国农产品现代流通体系机制创新研究［J］．农业经济问题，2013（08）．

围要素对核心要素的激励机制、约束机制、风险防范机制和预警机制[①]。

杨果（2017）基于农业供给侧结构性改革的视角，设计了农产品生产与流通协调机制，包括建立农产品生产与流通的利益平衡机制、价格诱导机制、全环节质量控制机制、全流程风险分摊机制。卢奇等（2017）针对特色农产品，倡导推行“农消对接”流通方式，同时认为应该建立利益分配机制、监督机制、收购机制、物流协调机制、销售机制和信息管理机制，确保“农消对接”流通方式的形成与顺利运行[②]。一方面，农产品流通效率表现为流通过程各流通主体的利益创造和利益分享程度（龚梦、祁春节，2012）；另一方面利益协调机制是农产品供应链管理机制的核心（邓彬，2015）。因此就具体的运行机制而言，学者们对利益分配机制做了大量的研究。农产品流通主体间的利益分配具有需求倒逼、自我强化、相对稳定的特点，因此需要明确利益分配的原则，通过大力发展以返利型和合作型为主的利益分配模式（朱峰、赵晓飞，2011），提高农产品流通各环节的横向组织化水平、纵向一体化水平以及农产品流通链条的信息化水平（李圣军，2010），建立“组织—合约——技术”的三位一体的动态协调机制（冯中越，2010），来优化农产品利益分配机制，最终解决农产品流通系统中各主体利益分配的问题。

严靖华（2010）提出通过二次分配来调节农民利益分配，并且通过研究发现时间因子是农产品利益分配的决定性因素。席恺媛等（2013）通过对武汉蔬菜市场的实地调研，发现蔬菜流通环节存在利益分配不均的问题，批零环节的利润远高于生产环节。继而提出需要采取以下具体措施来解决利益分配不均衡问题：加快农业组织化、信息化建设，加大支农力度；规范流通体系建设和批发环节利益分配；加快农产品流通环节垂直一体化水平。

邓彬（2015）从博弈论角度反思并重构了农产品供应链管理利益协调机制，提出从以下五个方面着手，实现各节点间利益共赢：一是建立节点

① 赵建欣，刘东英，赵永刚．我国安全农产品流通：一个总体框架［J］．中国流通经济，2014（11）．

② 卢奇，洪涛，张建设．我国特色农产品现代流通渠道特征及优化［J］．中国流通经济，2017（09）．

间长期战略合作伙伴关系；二是不断完善农产品质量管理体系；三是提高农产品流通的组织化程度；四是引入“卖权”机制，实施契约化管理，同时重视政府保护弱契约方竞争能力的重要作用；五是实现各节点之间信息充分共享。

林德萍（2017）基于博弈的视角，深入分析了农产品流通各参与主体的利益关系以及相互影响，构建了农产品流通的利益博弈协调机制，具体而言：通过产品质量追溯体系保障农产品的质量信息；通过农产品信息收集和公开系统，保障市场供求信息和农产品质量信息披露；政府主导产品追溯体系和信息公开系统；政府实现对农产品流通的全程化管理。

李季芳等（2019）认为，关系和信任是农产品供应链价值增值的基本来源，提出可以从以下两个方面建构农产品供应链信任培育机制：一是基于防御和创新双重视角建构供应链多主体间的信任培育机制，首先增加农产品供应链群体社会压力，包括道德压力、名誉压力、契约制度压力和防护压力；其次是提升农产品供应链整体竞争能力。二是基于政府支持和监管双重视角建构供应链有序运营环境的信任培育机制。

2.4.4　简要评价

国外学者主要基于宏观层面，从农产品流通组织、流通渠道、供应链的优化等来构建农产品流通体系。国内学者提出了构建新型农产品流通体系的五种模式，并且对创新农产品流通模式和运行机制展开了多方面的深入探讨。国内外对此的研究是比较全面和系统的，也有相当的深度。国内对大宗农产品流通体系的研究从微观和宏观两个层面进行了较为系统的研究。关于农产品市场体系的运行机制，国内学者主要集中于整个市场体系的不同环节或者市场体系的不同部分，有针对性地提出其运行机制，无法形成一致认识，因此有待进一步进行深入研究。

完善农产品市场体系构建是一个涉及农产品购销方方面面改革的系统工程。在市场经济条件下，稳定农产品市场价格必须结合完善农产品市场体系来进行，借鉴国际成熟的农产品市场体系的思路，去设计和构建适应竞争需要的新型农产品市场体系是必然趋势。因此，新型市场体系的构建，既不是单一地创造出某种新市场组织模式，也不是一味单纯缩减中间层级数，“直采”“农超对接”都需要极高的满足条件，关键是要充分吸收农产品流通五种模式的长处、对五种模式进行改造和优化，设计出一种新的市场流通模式及交易机制，为建设统一开放、竞争有序的农产品市场体系提供灵活高效的运行模式和实现机制，本研究将致力于着重解决这一关键问题。

2.5 建设统一开放、竞争有序的农产品市场体系支持系统研究

2.5.1 农产品市场支持体系的制度与体制研究

农产品市场体系相关的支持系统研究是同农产品市场改革以及宏观市场经济的改革同步进行的。安希伋（1986）指出，农产品市场体系处在过渡阶段，存在着“微观放得不够活，宏观却也管不起来”的问题，因此，其支持系统变革乃至构建是一场革命性的大变化，是一个长期的曲折的过程，同时需要坚持改革来克服上述问题。林伯勤、陈共炎（1992）就早期农产品市场体系法规进行了研究，指出这些法规应该包括市场自律法规和国家管理法规，前者由市场自己制定，后者由政府有关部门制定，它至少包括农产品市场的性质和组建程序、农产品市场上的交易方式、交易者的权利与义务、管理系统的设置及管理者的行为准则、处罚和仲裁制度、收费项目设置在内的六方面内容。金彦平（1996）基于制度视角认为，一方面大宗农产品依然以合同收购为主，收购价格并不由供求关系来决定，而是由国家制定，导致大宗农产品的价值无法得到正确反映；另一方面，其他农产品的生产与销售面临行政干预过多、市场法规制度不健全的状况。乔娟、索志林（1997）较早地就我国农产品统一市场的支持体系进行了研究，指出我国不仅尚未出台一些必要的法规，尤其是没有针对农产品批发市场的全国统一的法规，而且已出台的法规也存在着不科学、不配套的情况。

近年来，学者们对该领域的研究高度重视。陈佳贵（2008）指出，就经济体制改革而言，农村主要是集体经济，计划经济体制相对薄弱，相对比较容易实现改革新突破。而农村经济改革突出表现在农产品市场体系的建设方面，后者高度依赖相关的支持体系。现阶段，该领域的研究则主要围绕制度与体制、法律与规章、相关政策支持三个层次进行。

戴强（2007）认为，现行农产品市场中存在的制度性缺陷，导致了我国缺乏全国性的统一、开放、竞争、有序的农产品大市场。具体而言，我国农产品市场中主要存在两种制度性缺陷，其一是竞争制度缺陷，表现为基于行政区域的市场分割对农产品流通的影响，地区垄断与行政垄断严重阻碍了农产品合理流通；其二是价格机制缺陷，表现为国家收购价格对市场价格形成的影响①。李富忠、张云华（2007）根据以上问题，提出推进构建全国统一、功能明确、层次分明的市场体系的一系列的政策建议，主要包括打破地区垄断格局、逐步发展农产品拍卖制来完善农产品价格显示机制、充分发挥农产品批发市场的公益性职能、提升农产品零售市场档次、规范完善农产品期货市场、对包括农户以及农业专业合作社在内的小型农业主体提供政策支持等具体措施②。杜华民（2012）重点从与农业生产要素相关制度方面进行研究，认为农户的户籍制度、农业土地的产权制度以及农业资本的流动制度等，限制了农业生产要素的流动，制约了我国农产品市场的进一步发展。兰录平（2013）重点就粮食购销制度的改革提出了意见，认为在不断推进市场经济体制建设进程中，也要相应地调整并完善粮食购销政策。进一步从完善粮食市场体系、规范粮食市场秩序、健全粮价形成机制、改善宏观调控四个方面指出了未来粮食市场的改革方向，以最终构建统一开放、竞争有序的粮食市场体系③。孔繁涛等（2016）就鲜活农产品调控目录制度的建设提出了建议，认为构建具有中国特色的鲜活农产品调控目录制度能实现生产由无序向有序转变。具体而言，他们从目录品种选择、价格合理波动区间确定、政策工具设计和触发响应机制四个方面指出了鲜活农产品调控目录制度的建设内容，同时，从层设计、

① 戴强．我国的农产品市场体系建设［J］．农业展望，2007（06）．

② 李富忠，张云华．我国农产品市场体系建设研究［J］．中国流通经济，2007（05）．

③ 兰录平．从粮食购销政策演变看我国粮食购销市场化［J］．农业经济，2013（01）．

投入保障、监测预警、市场建设、组织管理等方面提出制度保障，以最终确保我国鲜活农产品供需总体均衡，进一步完善我国农产品市场体系。曾伟（2020）从稳定价格的目标出发，提出需要完善农产品市场体系，并持续完善托市收购政策体系托底农产品价格。

2.5.2 农产品市场支持体系的法规研究

宋洪远等（2008）提出了通过相关法规政策解决现有农产品市场中存在的制度缺陷问题。具体而言，未来的农产品市场支持体系建设应该强调：第一，在完善农产品市场法律法规体系方面，需要加快出台《农产品批发市场法》，对市场体系各主体的权利和义务作出明确规定，制定农产品分级分类标准，加强农产品包装标识制度、农产品质量安全市场准入和责任追溯制度建设；第二，在农产品市场管理方面，改革农产品生产与管理分割管理的体制，规范市场秩序，推行电子统一结算制度等；第三，在农产品市场调控机制方面，按照农产品对生产者（农民生计）和消费者的重要性程度，结合其供求状况，采取不同的调控方式和步骤①。

樊端成（2011）针对我国农产品市场特征，重点分析了相应的法律建设问题。其基于2010年我国部分农产品价格波动过大的情况探讨了我国农产品市场体系中存在的问题，认为建设公平竞争、规范有序的小宗农产品市场可以有效解决以上的问题，而相关法律法规的完善与否，又决定着这类市场的发展和完善。然而，我国当前实施的《城乡集市贸易管理办法》《农产品质量安全法》等法律法规比较落后，难以最大程度地发挥其应有的作用，尤其是无法有效约束批发市场中各利益主体的市场行为。因此，为了给农副产品流通创造良好的市场环境，可以借鉴日本、中国台湾等地关于农产品市场建设、农产品市场管理、农产品市场运行等方面的经验，出台《农产品公平交易法》等与农产品交易、流通有关的法律法规，逐步健全和完善农产品市场流通法律法规体系②。

---

① 农业部农村经济研究中心课题组，宋洪远，赵长保等．深化中国农村改革的思考与建议[J]．农业经济问题，2008（12）．

② 樊端成．对我国小宗农产品市场建设问题的探讨[J]．农业现代化研究，2011（02）．

李菊蕾（2017）分析了现阶段我国农产品生产流通环节存在的法律层面的问题，认为我国没有建立完善的农产品生产预警法律体系，农产品流通环节行政垄断现象比较突出，农产品定价法律制度不完善，农产品市场规制方面的法律缺位，农产品批发市场监管立法滞后，行政在反对不正当竞争执法方面存在不足。为有效解决上述问题，需要从以下几个方面加强农产品生产流通环节法律规制：一是颁布并实施《农业保险法》；二是完善国内行政垄断规制；三是完善农产品价格监管法律体系；四是制定《农产品批发市场法》；五是明确市场法律主体的权利与义务，规制不正当市场竞争行为。

另外，我国现行农产品流通的法律法规还存在引导和风险预防、垄断生产和恶意囤积、成本攀高和地方保护、管理缺失和随意摊派的法律缺位四个明显问题（时燕君，2017），政府急需尽快从我国农产品的市场准入体系、质量安全监管体系、市场竞争秩序监管体系（白世贞，2016；李崇光，2016）方面立法，以便有效抑制和消除市场垄断，促进农产品市场体系健康有序发展。段宏磊（2029）认为，农产品流通市场是一个被反垄断执法忽略的领域，导致农产品流通竞争环境的恶化，进一步提出依托于对《反垄断法》农业适用除外条款的主体范畴、行为范畴层面的再解释来改进我国农产品市场竞争环境。

2.5.3　农产品市场支持体系政策研究

针对农产品市场体系建设相关政策的支持研究是近年来才兴起的。金辉（2012）通过分析我国农业补贴政策的历史指出，一方面，我国的农业补贴从无到有，补贴金额不断增加，补贴范围逐步扩大，激励了农民生产的积极性，促进了农业发展；另一方面，农业补贴实施过程中存在着诸如增加的量不够、补贴不及时、补贴政策不规范等问题，因此我国应该采取一种高补贴、中价格的组合模式来应对。姜长云、赵佳（2012）从流通视角分析了我国农产品相关政策体系存在以下几个方面的问题：政策支持倾向“重生产、轻流通”，突出表现为对农产品流通机制和能力建设的支持力度不够，对批发市场等发挥供应链核心企业作用的激励不足，对培育多元化的市场主体缺乏系统性的支持政策，对行业协会等非营利组织和流通服务组织的发展缺乏明确的政策支持措施[①]。

田维明（2013）首先实证比较了我国地区间的惠农政策，发现惠农政策支持水平呈现出非农业经济发达地区高、农业大省低的格局。因此，他十分担忧未来全国范围内的惠农政策是否可以持续，原因在于：首先，经济总量提高是财政支出增加的基础，入世后国民经济快速持续增长，成为财政支农资金总量稳步增加的主因，一旦经济增速放缓，将对财政支农支出产生不利的影响，使得惠农政策在经济上不具有可持续性；其次，从国际经验来看，城镇居民对惠农政策的理解和支持，源于自身与农村的情感联系。随着从农村出来的城镇居民脱离农村的时间越来越长，这种情感将越来越弱，使得惠农政策在政治上也不具有可持续性；最后，农业弱质性决定了农业惠农政策的必要性，农业和农村劳动力持续老龄化的事实表明农业支持政策不能有效激发农户从事农业生产的积极性，财政补贴只是使低效率的农业和农村生活在一定时期得到维持，不能解决社会可持续性问题[②]。

王向阳（2013）对我国财政支农补贴政策进行了全面评价，指出现有最主要的财政支农补贴分为粮食直补、良种补贴、农机补贴和农综补贴四个方面。财政支农补贴政策对促进我国粮食增产、提高农民收入发挥了积极的作用，但仍然存在许多不足之处，因而需要加快出台《财政支农补贴条例》，加强财政支持力度与农户收入水平的联系，对补贴对象、补贴范围、补贴标准等进行明确规定。同时，为有效避免补贴政策的随意性和滞后性，应结合实际情况对法律规定作出及时修改[③]。秦中春（2015）基于市场与政府的作用边界的角度，认为深化我国农业支持保护政策的总体思路是让市场在资源配置中起决定性作用和更好地发挥政府的作用，提出需要积极探索建立“三位一体”的新型农业支持保护政策框架[④]。在

---

① 姜长云，赵佳．我国农产品流通政策的回顾与评论［J］．经济研究参考，2012（33）．

② 田维明，高颖，张宁宁．入世以来我国农业和农产品贸易发展情况及存在的突出问题分析［J］．农业经济问题，2013（11）．

③ 王向阳．防控我国农业负外部性影响的路径与对策［J］．中国财经信息资料，2013．

④ 中央“一号文件”背景的国家粮食安全［J］．改革，2015（02）．

制度设计上，要实行市场的归市场，价格由市场主体决定；政府的归政府，补贴由政府依法决定。张雯丽等（2016）通过分析“十三五”时期我国重要农产品的消费趋势，认为在保留已有补贴对象和水平的前提下，把农业补贴增量资金向重点农产品（小麦、玉米、水稻）、重点区域（粮棉油糖畜产品优势主产区域）、重点环节（重大技术推广应用）和新型主体（种粮大户、家庭农场、农民合作社等）倾斜①。普冀喆等（2017）认为当前我国农业支持政策面临政策成本高、政策效率低、严重市场扭曲等困境，建议在坚持对农民“托底+赋能”的前提下，以政策性信贷优化农业支持政策，建立多层次农业支持体系②。韩杨（2021）通过对比分析中美适用WTO《农业协定》规则及其对农业国内支持政策的影响，认为未来中国农业支持政策改革应当明确不同阶段农业国内支持政策目标，逐渐推进农业国内支持市场化改革措施，逐渐调整“黄转绿、黄转蓝”政策转向。

2.5.4 简要评价

对我国农产品市场体系相关的支持系统研究，现有文献主要是从三个层面展开：第一个层面是制度与体制。该层面学者们普遍认为，我国农产品市场体系存在着明显的制度性缺陷，主要表现在竞争机制的缺乏和价格机制的缺失。第二个层面的研究是通过构建并完善相关法律法规消除此类制度性缺陷，从而构建完整的农产品市场支持体系。第三个层面的研究是构建相关政策支持体系。该层面学者们普遍基于入世背景，分析现行惠农政策的效率与其现存的问题，并提出了一些进一步完善政策支持的措施。

在不断深化的经济体制改革背景下，该领域的研究还需要在以下方面进行完善和补充：第一，造成我国竞争机制缺乏和价格机制缺失的原因是

① 张雯丽，沈贵银，曹慧，等等．“十三五”时期我国重要农产品消费趋势、影响与对策［J］．农业经济问题，2016（03）．

② 普冀喆，程郁，郑风田．以政策性信贷优化农业支持政策：美国镜鉴［J］．农业经济问题，2017（12）．

多方面，应该在进一步深入剖析这些原因的基础上，提出建立和完善建设统一开放、竞争有序的农产品市场体系的制度系统。第二，根据我国国情，建立相对稳定、又不断完善的法规体系。第三，健全和完善能随改革的深入不断优化的农产品市场体系的政策支持系统。

第3章　农产品市场体系的基本理论

本章首先从一般意义上概述市场体系的基本理论，包括市场体系的内涵、特征及主要内容；其次运用市场体系这一基本理论，具体研究统一开放、竞争有序的农产品市场体系的一般理论，从农业生产的特点、农产品的特性和农产品市场体系的特征出发，阐述农产品市场体系新的时代内涵和特征以及农产品市场体系的体制机制；最后，系统论述统一开放、竞争有序的农产品市场体系的理论基础：交易费用理论、组织创新理论和厂商中间层理论。

3.1　市场体系的一般理论

3.1.1　市场与市场机制

1. 市场

市场是社会分工和商品生产的产物，是商品交换关系的总和。西方主流经济学认为，市场（market）是买者和卖者的集合，通过他们实际或潜在的相互作用来决定一种或一组产品的价格。买者和卖者彼此间供给与需求使一种商品的价格是趋向一致的（Marshall，1938；Stigler，1987），即市场是买卖双方相互作用，买者追求效用最大化、卖者追求利润最大化而确定交易价格和交易数量的机制。

在市场中，价格协调生产者和消费者的决策，这就决定了市场具有自发性、盲目性和滞后性的特点。首先，生产者根据价格决定生产行为、从事经营活动，自发调节生产资料、劳动等在不同部门之间的分配，市场的自发性源于市场主体对自身利益的追求；其次，生产者和消费者不可能掌握所有的信息，根据价格作出的决策也就具有一定的盲目性。最后，价格的涨落是由供求不平衡所导致，在实现新的供求平衡的过程中，市场主体对价格作出反应，开始调节生产、消费决策，再到新价格的形成，并不是一蹴而就，而是需要一定的时间，这就使市场调节具有滞后性。经济学家经常关注市场界定（market definition）的问题，市场界定是指确定一个特定的市场应该包括哪些买者和卖者以及相应的产品范围。因此，可以从市场的主体和消费客体的性质的角度对市场进行分类。市场在运行过程中具有的运行规律，反映到市场经济中，形成了市场经济的内在机制。

2. 市场机制

市场对资源配置是借助于市场体系通过市场机制来发挥作用的，可以说市场机制是资源配置的决定性力量。资源配置是指将有限的资源按比例地分配到全社会范围内的各个部门和地方，使各种要素合理而有效地组合，实现用最少的资源耗费，获得最大的社会产出。

市场作为一种资源配置方式，一方面可以促进劳动效率的提高、实现产需衔接、增进商品生产经营能力；另一方面，也存在自发性、对垄断性产品的调节乏力、造成外部不经济、不能有效提供公共产品和劳务、不能解决收入不公和社会不公平的缺陷和局限性。一般来说，在市场经济体制下，价格波动引导资源配置。在其他条件不变情况下，当某种商品供不应求时，这种商品的价格趋于上涨；反之，当某种商品出现供过于求的情况时，这种商品的价格就会下降。商品生产者根据价格的涨落，为实现利润最大化，根据市场的供求状况调整经营方向和生产规模等生产决策，实现生产要素的重新组合，促使生产要素从供过于求的部门流向供不应求的部门。正是生产要素部门间的流动，促使社会资源配置到经济所需要的部门，实现社会总供给与总需求的平衡。在市场竞争与价值规律的作用下，商品生产者和经营者从自身利益出发，会不断利用先进的科学技术，改进经营管理，提高劳动生产率，降低成本以获得更多利润，从而使社会资源配置更具有效率。

市场对资源的有效配置要通过市场机制来实现，市场机制是指市场中各种市场要素（价格、竞争、供求、利润、工资等）之间的互相制约和互为因果的联系与作用所形成的机制系统。市场机制有一般和特殊之分，一般市场机制是指在任何市场都存在并发生作用的市场机制，主要包括价格机制、竞争机制、供求机制和风险机制；特殊市场机制是指各类市场上特定的并起独特作用的市场机制，主要包括金融市场上的利率机制、外汇市场上的汇率机制、劳动力市场上的工资机制等。价格机制是市场机制的核心，指在竞争过程中，与供求相互联系、相互制约的市场价格的形成和运行机制，包括价格形成机制和价格调节机制。竞争机制即优胜劣汰、适者生存的机制，是商品经济活动中优胜劣汰的手段和方法，为市场配置资源提供了高效率，它反映竞争与供求关系、价格变动、资金和劳动力流动等市场活动之间的有机联系。供求机制是市场机制的主体，指调节市场供给与需求矛盾，使之趋于均衡的机制。供求关系受价格和竞争等因素的影响，而供求关系的变动，又能引起价格的变动和竞争的开展。风险机制是市场机制的基础机制，指的是经济主体承担风险和非经济主体间分担风险的机制，包括风险承担机制和风险分担机制。风险承担机制是指风险主体在承受市场风险时所形成的一系列风险收益、风险损失的制约关系；风险分担机制是指风险机制在运动、作用过程中，不以风险主体意志为转移的风险收益或风险损失移向其他主体的市场关系。

3.1.2　市场体系的概念和内涵

党的十九大报告明确提出："贯彻新发展理念，建设现代化经济体系"，其重点任务之一是"着力构建市场机制有效、微观主体有活力、宏观调控有度的经济体制。"建设现代化经济体系，必须有与之相适应、相匹配的现代市场体系。

在社会化大生产充分发展的基础上，由各类市场组成的有机联系的整体就可称作市场体系。狭义的市场体系，包括商品市场和服务市场两大子体系。商品市场子体系由生活资料市场、生产资料市场、房地产市场组成；服务市场子体系由金融市场、技术市场、信息市场、咨询市场、交通运输市场、邮电通信市场、保险市场、生活服务市场、娱乐市场、旅游市场、教育市场、文化市场、劳动力市场等组成。市场体系中各类市场之间的有机联系反映的是市场体制机制、治理体系方面更为深层次的问题，因此市场体系具有丰富的内涵。从广义的制度角度来看，市场体系还应包括市场规则和组织制衡、市场结构、市场机制等各类市场之间共性的体制要素；从更加广义的治理角度来看，市场体系还涉及个人、企业、社会、政府、法律机构等多元主体之间的权利与责任关系，指的是一种多元共治、包容参与、公开透明、可问责的治理体系①（见表 3－1）。

表 3－1　　对于市场体系概念的理解

维度	市场体系的内涵	现代市场体系
狭义维度 顾名思义	由相互联系的各类市场组成的有机体	市场类型的拓展，满足社会化分工要求
广义维度 制度空间	包括规则、组织、结构、平台、机制等各类市场之间共性的体制要件	规则、组织、结构、平台、机制的现代化，更富有效率
更广义维度 权力生态	涉及个人、企业、社会、政府、法律机构等多元主体之间的权利责任关系	多元共治、包容参与、透明、可问责的现代治理体系，兼顾效率和公平目标

资料来源：臧跃茹，郭丽岩．新时代亟待加快建设与现代经济体系相适应的现代市场体系［J］．中国物价，2017（12）：3－5.

市场体系具有四个基本特征：第一，统一性。从生产要素的流动性来看，市场体系的统一性是指所有市场在空间上的统一，不存在任何形式的市场分割；从构成上来看，市场体系的统一性是指其完整性，各种类型的市场形成联系紧密的市场系统；从市场规则上来看，市场体系的统一性是指市场具有统一的制度组织，并按照统一的规则运行。第二，开放性。市场体系的开放性是指各类市场不仅要对国内开放而且要对国外开放，使生产要素能够在不同行业、部门、地区、国家之间自由流动，达到利用好国际国内两个市场两种资源的目的。第三，竞争性。市场体系的竞争性是指它鼓励和保护各种经济主体的自由、平等竞争，使生产要素能够产生高效率的配置。第四，有序性。市场体系的有序性是指各类市场都必须在国家

① 臧跃茹，郭丽岩．新时代亟待加快建设与现代经济体系相适应的现代市场体系［J］．中国物价，2017（12）.

法令和政策规范要求下有序、规范地运行，不仅使得市场行为具有规则，也能够实现市场结构均衡、市场运行稳定。

党的十八届三中全会通过的《中共中央关于全面深化改革若干重大问题的决定》（以下简称《决定》）指出："建设统一、开放有序的市场体系，是使市场在资源配置中起决定性作用的基础。必须加快形成企业自主经营、公平竞争，消费者自由选择、自主消费，商品和要素自由流动、平等交换的现代市场体系，着力清除市场壁垒，提高资源配置效率和公平性。"[①] 根据《决定》的精神，现代市场体系包括三个基本要素：一是企业是独立的市场主体，是自主经营和公平竞争的。二是消费者是自由选择、自主消费的，不能对消费者进行强卖，要保护消费者权益，要给消费者知情权。三是商品和要素是自由流动、平等交换的，自由流动就必须打破各种市场壁垒，平等交换就必须在市场竞争中有买卖双方讨价还价形成价格。

3.2 统一开放、竞争有序的农产品市场体系的一般理论

农产品市场不同于一般工业品市场，它受到农业生产的特点、农产品特性的制约；农产品市场体系也不同于工业品市场体系，它具有不同的内涵与特征，具有不同的体制和机制。因此，要弄清楚农产品市场体系的基本理论，必须认清农业生产的特点、农产品的特性以及农产品市场体系的特殊体制和机制。

3.2.1 农业生产的特点

我国农业生产具有地域性、季节性、周期性、不确定性以及时滞性的特点。地域性是指农业生产受到地区差异的影响从而造成农业生产的产品

① 《中共中央关于全面深化改革若干重大问题的决定》。

种类、种植方式以及产出效率的不同，农业生产必须考虑到不同地区的不同特点从而做到因地制宜。季节性是指农业生产周期严格遵循气候规律，春耕秋获，使得农产品有着全年需求、季节性供给的特征。周期性指的是农业生产当期产出存在明显的路径依赖现象，即当期产出受到前期产出的影响，同时当期产出依赖前期生产过程中对土壤、种源等条件的限制。不确定性是指农业生产受到气候、环境等不确定性因素的影响，从而使得其生产过程存在不可避免的风险。时滞性是指农业生产受到周期性以及季节性这两个特征的影响，导致价格变动引起的产出变动相对其他经济部门的生产而言，具有明显的滞后性，主要体现在农业生产无法及时地根据市场价格变动而进行相应的改变。

3.2.2 农产品的特性

我国幅员辽阔，经度和纬度跨度较大，气候变化较大，是世界粮食、畜牧、水产、水果、蔬菜的主要生产国。农作物品种繁多，决定了农产品自身的产品特性。

1. 生产的地域性和消费的广泛性

农业生产直接利用的是土地、水、太阳能等自然资源，是生物生长繁衍及其与自然界进行物质和能量交换的自然再生产过程。农产品品种、产量和品质与当地自然环境条件息息相关，光、热、水、土、地貌等自然资源决定了当地农业生产的结构品种和数量等。基于对自然条件的依赖，农业生产具有明显差异的空间布局和区域分工。农产品具有消费需求上的广泛性和多样性。作为食物主要来源的农产品，主要是发挥满足人类温饱的功能，可以说农产品的消费需求是人们维持生存最为基础的一项要求，属于常年所需。地域、生活习惯等使农产品的消费呈现出多样性。例如我国江浙一带的口味偏甜，湖南、湖北、四川的口味偏辣。同一地域范围内的消费者具有相似的消费行为，地域之间呈现出巨大的差异性。

2. 季节性生产，常年性供给

农产品生产与自然作用密切相关，具有明显的季节性和周期性。动植物的生长发育具有一定的规律，许多农产品有特定的、严格的生物周期。自然因素随季节而变化，不同季节对应着不同种类农产品的采购和销售。比如，冬小麦一般在9月末10月初播种，次年的5月下旬至6月初收割；春小麦在春节后播种，8月收割；棉花、花生等农作物都是春种秋收；大豆的主产区在东北三省和黄淮流域，东北大豆春播秋收，黄淮流域大豆6月间播种，9月至10月初成熟；桃子、梨子、李子、葡萄、西瓜等都属于夏季时令水果。虽然有些农产品原本季节性很强，但由于农业设施与现代科学技术的进步，不仅能够缩短农产品的生长周期，也能实现常年培育、常年供给，最为典型的是反季菜的供应。即使这样，农产品供给的季节性仍是其主要特点。

3. 产品鲜活、易腐易烂

农产品主要是生物性制品，比如大米、小米、面粉、瓜果、蛋禽以及牛奶等，这种生物属性使农产品具有易腐性和易损性。尤其对蔬菜、水果、花卉、肉、蛋、奶以及水产品等生鲜农产品而言，消费者需要的正是它的鲜活状态或新鲜度。判断生鲜农产品是否具有使用价值，最为直接、也是最重要的指标就是鲜活程度，变质甚至完全腐烂的农产品就会丧失其所有价值。鲜活农产品的主要特征在于采后仍有类似生命活动的延续，储存不当容易腐烂变质。因此，对农产品及其生产者、销售者来说，鲜活性特征对农产品的储存和流通提出了更高的要求。

4. 产品消费需求变化大

根据消费理论，收入是消费的主要决定因素。随着经济的快速发展，人民的收入有了很大的增长，物质生活水平到了极大的提高，相应地，对农产品的消费需求呈现阶段性的变化。从消费结构来看，对解决温饱、满足生产所需的农产品的人均需求先增长、后减少、最终趋于稳定，对满足安全、营养等个性化要求的农产品人均需求逐步增长直到趋于稳定。从消费总量来看，总体上就可能呈现出先稳定，然后逐步增长并达到峰值，最后逐步减少的趋势。我国农产品消费需求变化大还体现在农产品消费需求具有明显的城乡差异，城镇居民对口粮的消费低于农村居民，而对鲜奶、水产品和干鲜瓜果类农产品的需求量明显高于农村居民。此外，近年来我国农产品需求呈现出小型化、特产化和精致化三个变化（陈良彪，2016）。

3.2.3 农产品市场体系的内涵和特征

1. 农产品市场体系的内涵

按照农业部印发的《“十一五”全国农产品市场体系建设规划》，农产品市场体系是流通领域内农产品经营、交易、管理、服务等组织系统与结构形式的总和，是沟通农产品生产与消费的桥梁与纽带，是现代农业发展的重要支撑体系之一①。农产品市场体系的特点主要体现在农产品的较低的价格弹性和收入弹性与农产品市场的市场分割两个方面，前者造成了农产品生产较小的产量变化会引起农产品价格的大幅度变化，从而导致了农产品市场中短期价格的大幅度波动；后者是指农产品市场体系中，存在初级农产品市场和农产品零售市场两个分割的市场，两个市场的均衡价格由两个市场中不同的供给与需求水平而确定，从而形成同一市场体系中的均衡价格差，这一价格差表现为批零价差。同时，两个市场具有不一样的需求价格弹性，相对而言，零售端的价格弹性较高，在等额需求量变动的情形下，零售端的价格变动幅度小于批发端的价格变动幅度，因此当批零价差较大时，两个市场价格波动的差别就更明显；当批零价差减少时，就可以稳定两个市场价格波动的差别，带来初级农产品市场价格上升，零售市场价格下降以及农产品产量上升的情况。农业和农村经济呈现出新的趋势；农业和农村经济发展的市场化进程得到大力推进，混合经济的趋势显现，与世界经济的联系日益密切；农业可持续发展能力不断提高，但同时受资源、需求和环境等多重因素影响和制约；农业绿色发展步伐加快，逐步与资源环境承载力相匹配；农业和农村经济的科技化水平明显提高，农业现代化的步伐加快；农业和农村经济发展集约经营程度不断提高，积极推进农业产业化、规模化经营；农业与农村经济运行质量和效益有了显著提高。

2. 农产品市场体系的特征

根据以上我国农业生产的特点，农产品的特性和农产品市场体系的特征，根据党的十八届三中全会《决定》中建设统一开放、竞争有序的市场

① 农业部关于印发《“十一五”时期全国农产品市场体系建设规划》的通知。

体系是使市场在资源配置中起决定性作用的基础，发挥市场在资源配中的决定作用和更好地发挥政府作用的有关精神，在全面深化改革的新阶段，给农产品市场体系赋予新的时代内涵和特征，这些内涵和特征是：

第一，在改革农民土地制度，确立农民产权基础上，重塑农民市场经济的主体地位。坚持农村土地集体所有权，依法维护农民土地承包经营权，稳定农村土地承包关系并保持长久不变，赋予农民对承包地占有、使用、收益、流转及承包经营抵押权和担保权。赋予农民对集体资产股份的所有权，建立农村产权流转交易市场，使农民成为市场主体。

第二，农产品市场平台建设取得新进展，市场载体呈现多元化和多样化。一是农产品集散地和优势农产品市场建设得到了快速发展；二是农产品期货市场发展迅速，形成了若干大宗农产品交易中心；三是城市化、标准化菜市场、生鲜超市、城乡贸易市场的网络化，农产品电子商务建设加速推进等。

第三，农产品市场渠道的多元化和多样化。农产品流通方式不断创新；新型流通业态发展迅速；“南菜北运”“北粮南运”“西果东送”等农产品流通渠道逐渐畅顺，形成了全国性农产品流通网络。

第四，农业和农村市场化改革在广度和深度上得到了深化，市场对资源配置的作用得到了加强，鲜活农产品市场形成价格的机制已经建立，市场对粮棉油等大宗农产品价格形成的作用在加强。政府对农业资源配置的作用在弱化，政府职能在加快转变。

第五，农产品市场壁垒正在清除。统一开放的农产品市场体系正在形成，农产品市场的对内开放速度加快、力度加大，各省市之间、各地区之间形成了相互开放的市场格局，全国统一开放的农产品大市场正在形成。农产品的对外贸易得到了长足的发展，国内市场同国际市场对接的进程加快。

第六，农产品市场机制对农业资源配置的作用越来越重要。由供求决定农产品的价格机制已经形成，鲜活农产品的价格完全由供求决定，粮棉油等大宗农产品价格也是建立在供求关系的基础上，政府只对其实行最低保护价。价格机制、竞争机制、风险机制等市场机制通过农产品价格来配置农业资源的作用日益加强。

3.2.4 农产品市场体系的体制机制

1. 农产品市场体系的体制

农产品市场体系的体制，是指以市场机制作为配置农业资源基本手段的一种经济体制。它是高度发达、高度分工的商品经济形式，其最基本的特征是农产品以及农业生产要素商品化、农业经济关系货币化、农产品市场价格自由化和农业经济系统开放化①。在市场经济中，农产品的价格形成机制应由市场需求决定，政府对农业经济的调节是以市场为基础的，但由于农业既是弱势产业，又关系到国计民生，同其他产业相比，农业资源配置应更多地发挥政府的作用。农产品市场体制需要建立在高度发达的商品经济基础上，不仅要求农产品商品化，也要求农业生产要素商品化。在市场经济体制下，整个资源配置过程是以市场机制为基础的。农产品生产者根据农产品市场消费者的需求作出生产决策，将农业资源分配到消费者需求的农产品类别，并根据消费者的需求水平实现农业资源优化配置。

2. 农产品市场体系的机制

农产品市场体系的机制，是农产品市场运行的实现机制，是指农产品市场体系中的供求、价格、竞争、风险等各要素之间有机联系，及其对农业资源配置的调节功能。农产品市场机制是一个有机整体，就其构成而言，包括农产品市场的供求机制、价格机制、竞争机制和农业投资的风险机制。

农产品的供求机制体现了农产品供求规律的要求，表现为农产品市场上需求与供给变动引起均衡价格的涨落，进而调节各种农业生产要素组合的一种机制。当农产品市场出现供过于求，则价格下跌，农产品生产者缩减生产，供给减少，直至达到新的供求基本均衡。它通过农产品供求关系的变化引起价格变动，并结合市场供给量和需求量等市场信号对农产品的生产和需求进行调节。相对于工业产品而言，农产品的供给具有以下几个方面的特殊性：一是农业生产的特点决定了农产品供给受气候变化和自然灾害等自然环境的影响较大；二是受到土地面积的限制，农产品并不能够

---

① 根据“市场经济体制”的概念和内涵，来理解“农产品市场体制”的概念和内涵。

无限供给；三是农产品具有相对较长的生产周期，不可能对供给进行迅速调节；四是农业属于弱质产业，其供给受政府调控程度较大。

农产品的价格机制是指通过农产品的价格波动，调节农产品的供需，进而调节农产品的生产和流通，实现农业资源合理配置的一种机制，包括农产品价格形成机制和农产品价格调节机制。本质上，农产品的供求关系决定农产品的价格，农产品的价格引导农业生产时，农产品市场出现有规律性的蛛网型波动的现象。农产品生产具有明显的地域性、季节性，这些生产信息通过价格反映出来。基于农产品的流通环节的角度，形成了农产品收购价格、调拨价格、批发价格、零售价格。由于农业的弱质性，为保证社会稳定和保护农民的利益，政府通过各种价格支持政策来调控农产品价格。从目前的政策实践看，我国主要采取种粮补贴、良种补贴、购买农机具补贴、农业生产资料价格综合补贴等直接补贴，以及粮食最低收购价、国家粮食储备和进出口调控等政策和措施[①]。

农产品市场竞争机制是指农产品市场活动主体（包括农产品生产者、经营者、消费者），在农产品市场经营活动中争夺各自经济利益的一种经济关系总和。一般认为，农产品竞争机制主要由农产品的价格、质量和信誉三方面的竞争机制组成[②]。同时，由于农产品生产具有很强的地域性，地理标志农产品、名优特产等往往具有竞争优势，此外政府对农业的支持和保护在一定程度上也能有效提高农产品的国际竞争力。因此，从国际竞争的角度来看，农产品市场竞争机制还应当包括多样性竞争机制和政策竞争机制。

农业投资是指农业扩大再生产而投入的人力、物力、财力和科技等全部资源。农业投资的风险机制是指农业再生产过程中许多不确定性因素使投资者面临实际收益水平下降的风险，该风险作为一种外在压力作用于农业投资者，调节着投资者的投资决策。与其他经济风险相比，农业投资面临的风险具有广泛性，主要是自然风险、技术风险和市场风险三大类。农业生产对自然环境的依赖性强，导致农产品的供给具有很大的不确定性；

① 王川，黄敏．完善我国农产品价格形成机制的思考［J］．中国食物与营养，2014（11）．

② 金赛美．现代农产品市场体系构建研究［D］．华中农业大学，2006．

农业生产周期长，难以在短时间内调整生产结构应对市场需求的变化；大部分农产品具有鲜活易腐蚀性，无法长期保存，可能在流通领域引发市场风险；另外，在国内和国外市场不断融合的背景下，传统农业向现代农业转型进程面临更大的外部环境风险、市场风险和行业经营风险。因而，需要健全农业风险体系，完善规避农业风险机制，对现代农业进行有效的风险管理和对农户进行经济补偿。

3.3 农产品市场体系的理论基础

3.3.1 交易费用理论

1. 交易费用概念的引入和扩展

科斯的《企业的性质》和《社会成本问题》的论文中，最先将交易费用的思想引入经济分析。不过与此同时，科斯自己并没有对交易费用进行明确和严格的定义，也并未使用“交易费用”一词。按照科斯的观点，交易费用主要是所有发现相对价格的费用（Coase，1937），包含判断、度量和保障排他性权利的费用（Coase，1960），即谈判、签约及履行合同的费用。首次提出“交易费用”这一名词的学者是阿罗（Arrow，1969），他在研究保险市场的逆向选择行为和市场经济运行效率时提出这个术语，并将其定义为市场机制运行的费用。不论是科斯还是阿罗，对交易费用的描述和定义都被认为是一个“大而化之”的概念，无法量化，不具有可操作性。随着研究的深入，“交易费用”的概念得到不断扩展和深化，研究视角也从微观的交易活动转向整体层面，由单纯的市场现货交易扩展为制度费用。

关于如何对交易费用进行界定，研究者们主要借鉴新古典方法和产权方法（Allen，1999）未明确交易费用的范畴。新古典方法立足于市场交易成本，将“交易费用”定义为“因产权的转移而引起的成本”；基于界定和行使产权的成本的角度，产权方法将“交易费用”定义为“设立和维持产权的成本”。通常认为，后者是具有广义定义的交易费用。当前学术界对交易费用内涵的界定，具有代表性的主要有交易分工说、交易合约说、交易维度说、制度成本论和交易行为说这五种典型观点（沈满洪，张兵兵，2013），这些观点都是基于新制度经济学的分析框架对交易费用理论的探讨，反映了交易费用的不同侧面（参见表3-2）。

表3-2 交易费用的内涵

	核心观点	代表人物
交易分工说	交易费用的产生源于分工；交易费用的高低取决于交易效率；交易费用来自对已经生产出来的利益的争夺行为，或者来自对还未生产出来的利益的争夺行为	Coase（1937） North（1994） 杨小凯（1991，1995） 盛洪（1994）
交易契约说	交易费用贯穿契约交易的全过程，契约签订之前、契约签订过程和契约履行环节都会产生相应的交易费用；不同契约安排下的交易费用有所差异	张五常（1983） Dahlman（1979） Williamson（1985）
交易维度说	交易费用受到交易频率、不确定性和资产专用性的影响。交易频率越高，交易费用就越低；不确定性越大，交易费用就越高；资产专用性越强，交易费用也越高	Williamson（1985） 王洪涛（2004） 伍山林（2000）
制度成本说	交易费用本质上属于一种制度成本，发生在人与人的社会关系之中	张五常（1999）
交易行为说	交易行为指购买投入品、中间投入、协调生产过程、获取信息、进行市场营销、产权保护等行为，交易费用是为交易行为而花费的资源	North（1994）

2. 交易费用的成因

影响或决定交易费用的因素，威廉姆森（1985）从“人的因素”和“交易因素”两个角度进行探讨，他认为这两方面因素的存在都会使交易费用产生或增加。

（1）人的因素方面。古典经济学的基本假设之一是理性经济人假设，威廉姆森认为现实生活中不存在理性经济人，现实中的人只具有有限理性，在信息不对称的条件下具有机会主义行为倾向。有限理性，是处于完全理性和非完全理性之间的一种有限的理性，作为决策者的个体追求理性，但由于受有限的知识、能力、时间等条件的约束，无法做出完全理性的决策（Simon，1957，1961）。在有限理性情况下，个体没有完全的能力去处理已有的关于现在和将来事件的信息，或者关于现在和将来事件的信息本身并不完全，这必然增加交易成本。机会主义指交易者为寻求自我利益尽可能榨取更大份额的交易租金，而采取背信弃义、合同欺诈、逃避责任、规避法律、钻空子的行为（Williamson，1975，1979）。不论是事前还是事后的机会主义，都增加了交易双方的不信任与怀疑，因而导致交易成本的增加。

（2）交易因素方面。主要指交易的技术特性，包括资产专用性、交易的频率和交易的不确定性三个层面。

资产专用性包括四种形式（Williamson，1983）：物质资本专用性（Physical - asset Specificity）、场地或区位的专用性（Site or Location Specificity）、人力资本的专用性（Human - asset Specificity）和特定资产专用性（Dedicated Assets）。资产专用性，使得涉及交易中的资产对其他用途来说是不可自由使用的，因此不具有市场流通性。一旦交易一方采取机会主义行为提前终止交易，投资一方就会难以收回成本。

交易的频率是指交易发生的次数。企业通过将频率高的交易活动内部化来降低交易成本。而对于次数有限的交易而言，交易双方很难建立一个能够节省交易成本的治理结构，相对的管理成本与议价成本就要高得多。

交易的不确定性是指交易双方在交易过程中各种风险的发生概率。环境、市场、交易双方自身行为等因素中充满不可预期性和发生变动的可能性，都能增加交易面临的风险。同时，交易双方还要面临交易信息不对称的问题。因此，交易双方为了规避风险，保证自己的利益不受到影响，将未来的不确定性及复杂性纳入契约中。然而，签订契约会增加议价成本，另外，针对事先预期的不确定性，在契约中所提出的解决办法也是有成本的，这些成本使交易困难上升。交易的不确定性越高，协调交易产生的交易成本就越高。

3. 市场交易费用

从交易费用的内涵可以看到，“交易费用”是一个见仁见智的概念，其定义难以在经济学家中取得一致的意见，相应地，关于交易费用的具体构成更是不能统一。总的来说，关于交易费用的分类主要有四种代表性的观点：一是交易费用分为交易部门的交易费用和非市场交易费用（North，1986）；二是交易费用分为市场型交易费用、管理型交易费用和政治型交易费用（Furubotn & Richter，1997）；三是交易费用分为与市场交易相关的费用、维持市场发展的相关制度费用、制度环境以及法律体制变动的费用（McCann et al.，2005）；四是交易费用分为外生交易费用和内生交易费用（杨小凯，1998）。鉴于本研究的分析目的，我们在综合以上关于交易费用分类观点的基础上，采用新古典方法定义的交易费用，只关注市场交易行为引起的交易费用。市场交易费用可以具体地分为三类：合约的准备费用（狭义定义的搜寻和信息费用）；二是决定签约的费用（谈判和决策费用）；三是监督费用和合约义务履行费用（监督和执行费用）。从我国农产品流通市场运行的情况来看，搜寻和信息费用、谈判和决策费用、监督和执行费用大约占交易费用总量的 90% 以上（杨军，王厚俊，2014）。

（1）搜寻和信息费用。进行一项具体的市场交易，个体必须搜寻商品的相关信息以及适合的交易对象，在搜寻过程中必定会产生费用。这些费用既包括需要直接支出的费用，如广告费、参展费、咨询费、拜访潜在客户、走访市场进行实地调研的费用等，也包括间接支出的费用，如创设博览会、组织集市等进行集中化专业贸易活动所产生的费用，还包括与潜在交易对象之间进行沟通所产生的通信费、邮寄费等费用，以及通过搜索引擎公司搜集信息产生的费用、因检验和质量控制而产生的费用等。理论上来讲，关于搜寻和信息费用的问题属于信息经济学的范畴。但在农产品市场中，它也表现为一种交易费用。农产品市场信息，主要是指农产品供给与需求、价格、品质以及产品销售方面的市场信息等，如果农产品信息系统不完善、信息获取渠道不通畅，搜寻和信息费用就会居高不下。

（2）谈判和决策费用。交易双方为消除分歧，通过谈判与协商形成统一的交易条件，必须投入相关费用。如果交易双方委托代理人进行交易，在决定交易条件之前，不可避免地产生相关的决策费用，主要包括领导者才能费用、对搜集到的信息进行加工处理所产生的费用、咨询费以及团队内部形成决策的费用，等等。这一过程不仅需要花费时间，还可能需要昂贵的法律工具。在我国农产品市场中，作为农产品市场主体的农户、农民经纪人、运销大户和农村合作组织，组织化程度较低，经营方式落后，缺乏农业生产的专业化知识和技能，因而在进行农产品交易时无话语权，更不具备价格谈判的主动权，导致交易成本高企。

（3）监督和执行费用。主要指交易双方签订合约后，为防止违约而监督对方履行合约条款的费用。双方签订契约后监督对方依约执行的费用，包括监督交货时间、度量产品的质量和数量等引起的费用、保护权利所产生的费用以及违约等费用。例如，在农产品市场体系中起着关键作用的农产品批发市场上，一方面，批发市场投资主体、管理者对交易行为进行直接监督；另一方面，交易双方的欺骗或机会主义行为受市场力量的约束，从而最大限度地降低交易中的不确定性，并减少交易的监督与执行费用。

4. 交易费用的测度与量化

直观上而言，交易费用由两部分组成：一是经由市场的可以准确计量的成本；二是难以衡量的成本。为达成交易，交易双方所耗费的时间和精力以及违约所导致的损失等很难准确计量。因此，对交易费用的测度一直存在争议。部分学者认为很难对交易费用进行准确的计算，因为无法用货币衡量为达成交易而产生的时间成本以及精力耗费等（Margaret，2000；Benham & L. Benham，2003）；另一部分学者认为，虽然难以直接对交易费用进行精确计量，但还是可以通过序数度量等间接的方法对交易费用进行测度（Williamson，1985；Wallis & North，1986；张五常，2003）。解决交易费用测度难点的一个可能出路，是将其分为制度费用（或总量交易费用）和制度既定条件下的交易费用（或交换成本）两个层次，并从宏观和微观两个角度进行实证度量。宏观上，总量交易费用的大小主要取决于分工、经济发展水平和产业结构的转换以及体制和制度因素，研究者们通常采取直接测度和通过构建交易效率指标来间接测度两种方法；微观上，交换成本主要是在既定的制度下，潜在的讨价还价者采用给定的方式进行交易所耗费的资源、货币、时间等的机会成本，研究者们通常也是采取两种方法：一是需要获取能够对交易进行详细描述的信息，如交换方式、交易的商品信息、交易者的特征和环境状况；二是测量个人交换他们对于经济资产的所有权和确立他们的排他性权力的费用。

（1）宏观层面交易费用的测度。Wallis 和 North（1986）及其继承者的研究具有开创性。他们将经济部门分为交易部门和转换部门，相应地，整体经济活动被划分为交易活动和生产转换活动，这两种经济活动产生的费用总和构成交易费用。具体而言，用耗费的资源的总价值衡量交易活动产生的交易费用，用从事交易服务的人员数量与报酬的乘积衡量生产转换活动所产生的交易费用。这种方法虽然得到广泛运用，但也遭到质疑，认为其忽略了非市场交易费用，所度量的仅仅是流通于市场的那部分交易费用。为此，一些经济学家提出通过构建交易效率指标来间接测度交易费用。一般而言，交易费用与交易效率负向相关，交易效率越高，完成交易活动所产生的交易费用就越少。研究者们主要通过分析交易效率的影响因素，选取具体的衡量指标，运用因素分析法构建交易效率的衡量指标。影响交易效率的因素主要有政府行政效率、市场化程度、教育水平、法规、公共服务、基础设施、城市化、对外开放程度等（Kaufmann，Kraaay & Ziodo - Lobation，1999；赵红军，2006；陈诗一、张军，2008；杨肃昌等，2012）。

（2）微观层面交易费用的测度。微观上而言，交易的主体包含公共部门、行业、企业、个人。可见，微观层面交易费用的测度所涉及的领域广泛，主体的异质性使得测度方法呈现多样化。一方面，一些学者采用基数方式测度交易费用，如 Stoll 和 Whaley（1983）、Karpoff 和 Walking（1998）、Bhushan（1994）对证券市场交易费用的测度、Polski（2000）对商业银行交易费用的测度、Benham（1998）对公寓转让交易费用的测度、Gabre - Madhin（2001）对谷物市场交易费用的测度、Royer（2011）对牛奶市场交易费用的测度等；另一方面，由于交易费用中某些内容难以量化，一些学者采用序数比较的方式对交易费用进行测度，这种方法往往需要进行实际调查，如 Hernando de Soto（1998）、Djankov et al.（2002）比较不同国家的商业进入管制产生的交易费用的研究、A. Benham 和 L. Benham（1998，2001，2004）比较不同国家同一笔中间商品交易（安装商业电话、转让资产所有权以及进口大型掘土机曲轴）的交易费用的研究。

3.3.2　组织创新理论

1. 组织创新的概念

20 世纪 60 年代以来，对组织创新的研究一直为理论界所重视，并产生了大量的文献。关于组织创新的含义和内容，研究者们并未形成一致的认识。组织创新可以是组织采用新思想（Becker & Whisler，1967）、采取新方法或新策略（Mohr，1969；Kimberly，1981；Belliveau，2002），也可以是组织将新想法付诸实践的行为活动，如创造新产品、新工艺、新服务、新结构及管理系统（Thompson，1965；Kanter，1983，1988；Damanpour，1991；Robbins，2001）。关于组织创新的研究主要分为三个分支：

（1）创新扩散研究。在这一领域中，研究者们关注的是创新在组织中的传播模式以及实践结果，因而认为组织创新是一项复杂问题的解决过程，涉及产品设计、产品创新、职能部门协调、企业资源、组织结构和策略的配合等活动（Dougherty & Bowman，1995），最终将产生新的产品、新的服务以及新的技术。

（2）组织变革研究。在这一领域中，研究者们关注的是组织中的哪些因素影响了组织的革新，从而简化了组织创新的概念，通常指组织在创新的过程中采用的新产品（Kimberly，1981），或组织宣布上市的新产品的成功数量（Kelm et al.，1995）。

（3）过程理论研究。在这一领域中，研究者们关注的是组织为了实施创新所经历的过程。创新过程主要表现为创新的初始阶段和执行阶段（Amabile，1988；Kanter，1988；West，2002）。这两个阶段具有完全不一样的活动，创新的初始阶段主要包括为产生新想法、新观点所做的一系列探索性活动，如对问题的感知、信息搜集和获取、观点测试与接受等活动；执行阶段是将新想法转化为新产品、新工艺、新服务等。为了更好地对组织创新进行研究，学者们对其进行了不同的分类，其中最具影响力的是 Damanpour（1991）系统归纳出的三种分类方式：管理创新和技术创新；产品创新和过程创新；激进式创新和渐进式创新。

本研究所探讨的“组织创新”概念是基于广义的范围，不仅是对组织体制、结构和行为方式的调整，还包含关系到组织所有部分、生产经营的所有方面的各种类型的创新，使其能够适应环境的变化和社会变革的要求。

2. 组织创新的影响因素

关于影响组织创新的因素，主要是从组织内部和组织外部两个视角，从个体、组织、环境层面展开研究。

（1）组织内部因素。组织内部因素研究主要集中于组织结构、组织程序、组织资源、组织文化四个方面（Damanpour，1987；Wolfe，1994）。

①组织结构。大量的研究结果表明，组织结构主要包括组织结构的灵活性、组织功能的多样性、组织沟通等。组织结构的灵活性与组织创新存在正向相关关系。灵活的有机式组织结构，其专业化、正规化程度不高，决策权力相对比较分散，使组织更加开放，鼓励产生新的观点和行为，有利于提高组织的应变能力和跨职能工作能力，从而更易于发动和实施组织创新。组织功能的多样化通过联合不同部门的专业人员，推进技术系统和管理系统的改变，提高组织解决特定问题的质量，促进组织创新。组织沟通包括外部沟通和内部沟通，有利于克服组织创新的潜在障碍。外部沟通通过专业活动促进组织间有效率地进行信息交换，从而产生创新的想法；内部沟通使创新想法在组织中扩散，增强了观点的交流与碰撞，使其更加完善与丰富，进而达成共识，采用组织创新的解决方案。

②组织程序。一方面，分等级的层级不仅增加了费用，也加大了层级间沟通的难度和复杂性；另外，创新方案可能在逐层传递过程中变得越来越难以理解和失去协调，从而使计划和控制活动更为复杂，最终减弱了创新方案的可操作性。另一方面，如果在组织程序过程中能实现因事设人，使个体与特定角色的要求相匹配，不同的人在各自合适的不同工作中表现最佳，组织将具有更高的创造力。

③组织资源。组织资源包括物质资源、技术知识资源、人才资源、社会资本等，是实现组织创新的重要基础和基本保证。宽松的物质资源使组织有能力开发创新成果，并有能力消化失败。技术知识资源越丰富，新技术的想法就越容易被理解；创新型人才具有创新的主动性和积极性，并有能力克服创新过程中不可预期的阻力，成为创新方案的有力推行者、执行者。组织中管理人员对待创新的积极态度有助于创新的内部风气，组织成员的工作资历、专业化水平、受教育程度对组织创新及其采纳程度产生影响。社会资本通过培育创新环境来促进组织创新的发展。

④组织文化。组织文化是指在生产经营过程中逐步形成并积淀下来的，为所有组织成员所认同和遵守的愿景、价值观、经营理念等。相对而言，创新型组织的组织文化更具开放性，例如鼓励多样思路、承担风险、追求卓越、容忍群体冲突、减少组织监控、注重结果导向、参与式的工作环境等。不强调专一性，鼓励多种工作思路、大胆试验，鼓励群体中的不

同意见，容忍冒险的、激进的新想法和观点，把可能的错误作为学习的机会，同时高度重视决策质量和任务绩效，都能激发创新。组织制定明细的规章、政策并最大程度地减少对组织成员相关行为的监督，设置明确具体的目标，鼓励组织内所有成员参与有关决策，使组织内所有成员相互高度信任，组织创新会得到加速发展。

（2）组织外部影响因素。组织创新的整个过程受外部环境因素的影响，主要包括自然、政治、经济、社会、文化、法律法规等宏观环境因素，以及技术、市场等运营环境因素两个方面。

①产品、服务市场变化与技术变化。外部环境因素中，市场变化对组织创新的影响最为直接和明显。一方面，多样化的客户群体，产生多样化的产品和服务需求；另一方面，环境的快速变化要求服务和产品更新换代。组织作为市场中的供给方，需要通过创新来不断超越自身现有的能力，来满足多样化并不断变化的市场需求。市场竞争环境处于不断变化之中，通常情况下，激烈的市场竞争使组织更倾向采用新科技、重构高效组织以取得竞争优势。此外，科学技术的发展是推动世界进步的原动力，变革性的技术为组织创新提供了机会，组织有能力掌握新的硬技术（如新材料、新工艺、新设备等）和采纳新的软技术（如现代管理思想、管理方法、管理技术等），便能大大提升组织的灵活性和创新能力。

②政治法律及社会文化因素。政治法律环境是指一个国家或地区的政治制度、体制、路线方针政策、法律法规等，这些因素都直接对组织创新行为具有指导意义和约束力。社会文化因素包括文化传统、价值观、风俗习惯等，通过影响组织结构、管理控制系统，以及创新主体的行为方式等，成为推动组织创新的重要因素。组织经营规模越大，技术层次越高，就越需要通过文化价值观来引导、激发和凝聚组织成员的积极性与创造性。拥有现代化的管理理念与文化价值观，成为组织创新的必要条件。

3.3.3 厂商中间层理论

1. 厂商中间层理论的思想来源

任何社会都要解决三大基本经济问题：生产什么以及生产多少、怎样生产和为谁生产（Samuelson，1980）。在经济模型中，这三个问题是通过能协调消费者和厂商的市场来解决的。斯蒂格利茨（Stiglitz，1993）认为，除上述三个问题外，还应解决第四个问题，即“这些决定是怎样做出的？由谁来做决定？”关于这一问题，斯普尔伯（Spulber，1996）给出的答案是“厂商”，厂商通过充当买方和卖方之间的中间层来制造和管理市场。由斯普尔伯（1996，1999）开创的中间层理论则将厂商的定价确认为一种机制，通过这种机制，市场获得出清价格。可见，中间层理论是对新古典经济学均衡价格理论的补充和发展。总而言之，市场中间层的主要功能是寻找出清市场的方法。在中间层理论中，经济决策的重点转移到厂商身上，厂商经理必然将被当作决策者和战略者，因此厂商的经理要作出一系列的决策活动：搜寻交易伙伴、选择价格、对付客户和供应商的关系以及发现建立和运作市场的新机会。可见，厂商的中间层理论要解释的是，厂商为什么会存在以及厂商要执行什么样的功能。

斯普尔伯提出的中间层理论，在逻辑上统一并扩展了厂商的四个主要理论，即新古典理论、产业组织理论、合约理论、组织—激励理论。厂商的中间层理论遵循了新古典的基本框架，借鉴了新古典理论的投入—产出方法，由作为中间层的厂商来协调投入品的采购、生产和估计决策，关注投入品和产出品市场的价格关联。厂商的中间层理论也像产业组织理论那样假定由作为中间层的厂商来定价。厂商的中间层理论采取与厂商的合约理论类似的方法来对待交易成本和机会成本，作为中间层的厂商通过降低交易成本，从而通过开展制造市场的活动来为消费者和供应商降低利用市场的成本并从中获得回报。基于组织—激励模型，厂商的中间层不仅将委托—代理关系纳入厂商的内部，也纳入与供应商和客户之间的关系当中，作为中间层的厂商通过下放讨价还价和监督活动来降低缔约的成本。

2. 厂商中间层理论的主要内涵

考虑仅有一个消费者和一个供应商的简单经济。供应商提供给消费者一个单位产品的机会成本为 C，消费者愿意为单位产品支付的价格为 V。假设消费者和供应商为达成交易进行讨价还价所产生的交易成本总共为 T。

现在假设交易带来正的净利润：$V-C-T>0$。分散化的交易过程可能包含着不合作的讨价还价过程，如一次性买卖和交换不同的报价。为简单起见，假定消费者和供应商均分交换的利益：$(V-C-T)\div 2$。设想一个中间层能够以价格 w 从供应商那里购得产品并以价格 p 转卖给消费者，并假定：(1) 中间层能够遵守价格承诺；(2) 中间层承担所有的交易成本 K；(3) 消费者和供应商具有相同的支付意愿；(4) 经由中间层的交换和直接交换具有相同的机会成本。很显然，只有当交易的中间化能降低交易成本，经由中间层的交易才能发生，即：$K\leqslant T$。

一般而言，中间层的引入可以改变交易利益的均衡水平，甚至改变直接交换的交易成本。这样就可以将厂商的中间层形成条件定义为：当来自中间层的交换收益超过直接交换的收益时，厂商就会形成。

3. 基本的中间层模型

考察一个基本的卖方垄断的中间层模型，假设：(1) 厂商的要价为 p，出价为 w；(2) 供求函数为两次可微；(3) 需求和供给函数的弹性为正：$\eta(p)=\dfrac{-pD'(p)}{D(p)}$，$\xi(w)=\dfrac{wS'(w)}{S(w)}$；(4) 厂商的收入函数是凹函数：$P''(Q)Q+2P'(Q)<0$；(5) 厂商的要素成本函数是投入品的凸函数：$W''(X)X+2W'(X)>0$。

考虑厂商转卖所购得的产品，不承担交易成本，也不对产品进行再加工，假设厂商仅制定价格使其卖出不超过购入，即

$$D(p)\leqslant S(w) \tag{3.1}$$

厂商的利润函数为：

$$\prod(p,w)=pD(p)-wS(w) \tag{3.2}$$

在利润最大化时，厂商选择出清市场的要价和出价 (p^*, w^*)。

由厂商的利润最大化问题的一阶条件可以得出式 (3.3) 和市场出清条件式 (3.4)：

$$p^*-w^*=\frac{p^*}{\eta(p^*)}+\frac{w^*}{\xi(w^*)} \tag{3.3}$$

$$Q^*=D(p^*)=S(w^*) \tag{3.4}$$

其中 Q^* 为交易量。

此时，垄断中间层套取的利润为：

$$\prod(p^*,w^*)=(p^*,w^*)Q^* \tag{3.5}$$

垄断中间层的要价和出价分别高于和低于瓦尔拉均衡价格：

$$p^* > p^W > w^* \tag{3.6}$$

垄断中间层的产量低于瓦尔拉均衡的产量：

$$Q^* < Q^W \tag{3.7}$$

中间层的最优出价和要价如图3－1所示。

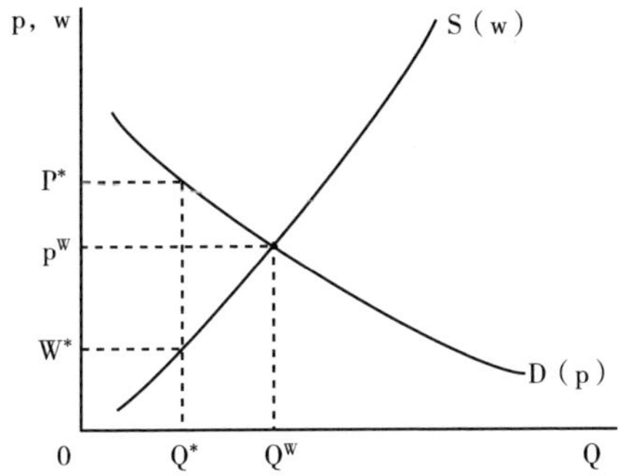

图3－1　基本的中间层模型

资料来源：斯普尔伯．市场的微观结构——中间层组织与厂商理论［M］．北京：中国人民大学出版社，2002.

4. 中间层相对于直接交易的优势

厂商理论是建立在中间化的交易与直接交易的比较基础上的。经由厂商的中间化交易，并没有将交易内部化，而是通过提高交易活动的效率，有效地降低了交易成本。可见，交易成本的节约促成了厂商作为交换中介的出现。当买者和卖者进行直接交易获得的收益小于中间化交易的净收益时，厂商就会被创造出来，使买者和卖者通过厂商这一中介进行交易。通过中间层的交换，厂商选择价格、出清市场、配置市场并协调交易，可见，是厂商制造并操作了市场。厂商的存在改善了市场效率，提供了除在组织内部配置资源的另一个途径。

（1）减少配对和搜寻的成本。在分散化的交易中，消费者和供应商必须搜寻交换的伙伴，并在相遇之后对交换的条件进行讨价还价。然而，消费者往往会隐藏真实需求愿望并压低支付意愿，而供应商则具有抬高其机会成本的动机。消费者和供应商之间的信息不对称导致市场交易效率低下，甚至阻碍交易的正常进行。而作为中间层的厂商，为交易提供了固定的场所并公开了买卖的价格，不仅减少了买卖双方的搜寻成本，也减少或消除了搜寻和配对中的不确定性。在一个有生产的经济中，戴蒙德（Diamond，1982）发现搜寻的不确定性导致交换的外部性，而中间层的存在为买者和卖者提供了制造市场的服务，一定程度上解决了交换的外部性。另外，中间层的存在提高了买卖双方相遇的机会，从而补救了配对过程的非效率。可见，因为提供了集中交易活动的场所，并对交易活动进行管理，中间层的出现减少了消费者和供应商的交易成本。

（2）减少逆选择。逆选择是任何市场交易和合约的常见特征。卖方通常不了解构成市场需求基础的消费者特征，如收入、对风险的厌恶、对质量的评价等；买方通常也不了解他们想买的产品的机会成本、生产成本、产品的质量。在信息不对称的市场上，厂商中间层处在买方和卖方之间，通过设计定价的方式和合约的机制来诱导需求和成本信息的披露。将交易集中在中间层，面对更大数量的买者和卖者，中间层更有动机获取树立信誉的回报。可见，厂商中间层通过提供和分配供求以及产品特性的信息，并进一步通过评价产品的性能和检测产品的质量，来减少逆选择问题。

（3）抑制道德风险和机会主义。有约束的合同提供了一种抑制机会主义行为的方法，而专业化的中间层有能力对价格和合约的条款作出可信的承诺。用中间层自己的信誉来替代签约方的信誉，削弱了市场的机会主义。从维护信誉的动机来看，因为中间层面对更大的交易量，违约导致的损失也更大，所以相对单个交易者，中间层具有更大的动机去维护其信誉（Biglaiser & Friedman，1997）；同时，面临收集单个买者和卖者信息的高昂成本，中间层更不会通过调整合约条款来获取单个买者和卖者的准租金。因此，中间层通过集中信息和建立信誉，同时因为有承诺的能力，不仅可以克服道德风险和逆选择问题，而且能削弱市场的机会主义。

（4）通过放权来促使守约。委托人授权代理人与第三方开展谈判、竞争以及监督第三方的表现等，因此代理人常常担任他们委托人的中间层。一方面，厂商的雇员不仅在从事常规的生产和经营工作中是厂商的代理人，也是厂商的市场代理人；另一方面，厂商自己也是其客户和供应商的代理人。厂商通过整合签约和监督功能，下放签约和监督权，从而节约交易成本，获取最大净回报。

第 4 章　我国农产品市场体系的演变与发展

所谓农产品市场体系，是指流通领域内农产品经营、交易、运输、管理、服务等组织系统与结构形式的统一，是沟通农产品生产与消费的桥梁与纽带，是现代农业发展的重要支撑体系之一[①]。新中国成立以来我国农产品市场体系的演变随着国家经济体制的改革而不断变化，大概经历了如下几个时期：新中国成立初期的国民经济恢复时期（1949—1952）、社会主义建设初期的统购统销时期（1953—1977）、改革开放之初的农产品市场的产生时期（1979—1984）、农产品市场快速发展时期（1985—1995）、农产品市场体系的初步形成时期（1996—2001）、农产品市场体系现代化建设初期（2002—2010）、农产品市场体系现代化建设高速发展时期（2011 年至今）。经过几十年的发展，目前我国已基本形成一个以收购市场、批发市场、集贸市场为主导，以农民经纪人、农产品运销商贩、中介组织、加工企业为主体，以产品集散、现货交易为基本流通模式，以原产品和初加工产品为营销客体，以农产品期货交易市场、电子交易市场为发展趋势的较为完整的现代农产品市场体系。

4.1　农产品市场体系的演变

4.1.1　农产品市场体系的形成及其演变

1. 国民经济恢复时期（1949—1952）

1949 年中华人民共和国成立后，我国进入了国民经济恢复时期，一直持续到 1952 年底，这一时期是我国社会主义经济建设的准备阶段。当时，我国

① 杨帆．农产品市场风险应对策略研究［J］．中小企业管理与科技，2014（03）．

在外遭受外国的经济封锁、军事威胁，在内遭遇了连年的战争，新中国成立之前社会经济破坏十分严重，发展十分落后。在农业方面，与历史纪录的最高年份相比，1949 年我国粮食减产近 25%，棉花减产近 50%。新中国成立以后，加速恢复国民经济，改善人民生活，成为我国建设社会主义的首要任务。

在农业方面，政府采取了一系列措施恢复生产，其中最主要的措施是 1950 年实行的土地改革。土地改革大大解放了劳动生产力，为新中国农业发展提供了动力。政府还通过组织广大农民参加农业生产合作社，为他们提供农业贷款，满足对生产资金的短期需求；对群众开展生产技能培训，提升他们的工作和生产效率。同时，政府还对农产品的价格进行了严格规定，保证了生活秩序的稳定。截至 1952 年底，我国农业总产值增长近 50%，主要农产品的产量得到大幅度提升。这一时期，在国家经济百废待兴之际，农业方面取得了巨大进展，为农产品市场体系的形成发展奠定了较好的经济基础。这一时期农产品流通体系如图 4－1 所示。

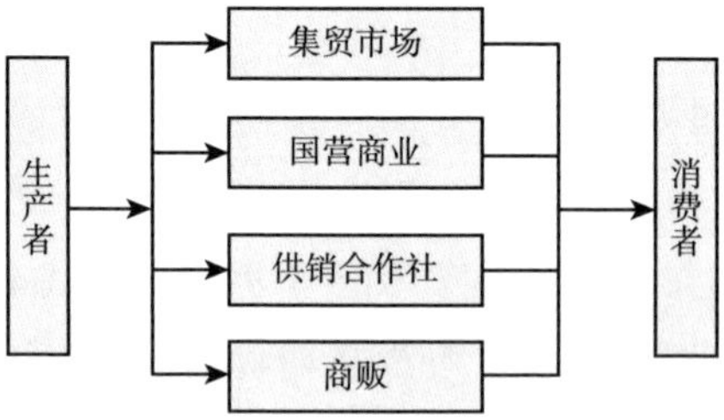

图 4－1　1949—1952 年农产品流通示意图

2. 统购统销时期（1953—1977）

1953 年，为了解决我国农产品供求失衡的问题，在党中央的统筹下，我国逐步开始实行统购统销的农产品制度。所谓统购统销，是指在当时的情境下，政府部门采取严格的措施控制粮食市场，强制要求农民把生产的粮食卖给国家，禁止粮食在民间自由买卖；同时全国粮食由国家统一进行供应，即使是农民自己需要的种粮也要由国家批准同意，城镇家庭则每家一个粮本，没有粮本不能得到粮食供应。“统购”是指“计划收购”，“统销”是指“计划供应”①。

① 张学兵．统购统销制度简论［J］．淮北煤炭师范学院学报，2004（02）．

1953 年 10 月和 11 月，中央发布了相关文件，提出由国家统一经营粮食等农产品，在全国范围内计划性地逐步实施统购统销政策。到 1957 年，国家又相继出台了一系列相关政策，逐步实现了对粮食等相关农产品的统购统销，至此，农业的发展以及农产品的供给都纳入了国家计划经济的管理范围。1959—1961 年，我国发生了严重的自然灾害，粮食严重短缺，政府提出了多种不同的农产品政策，形成了以国家直接管控为主的农产品购销制度和以计划价格为主的农产品价格制度。文化大革命时期，我国农业生产遭受了巨大的损失，截至 1976 年文化大革命结束，全国粮食产量为 28631 万吨，10 年间仅增长了 7000 万吨①。

统购统销政策使我国农产品交易受到国家的严格管控，失去了原有的自由，虽然在一开始起到了稳定粮价和保障粮食供应的作用，但是后来随着我国国民经济的发展，随着农产品供求状况的改善，这种严格的制度不再适应新形势下的农产品供求状况，严重地阻碍了我国经济的发展。

通过表 4 – 1 可以看到，从 1953 年开始实行“统购统销”制度，其他机构和个人不得进行私下交易，到 1978 年的农村经济体制改革逐步取缔“统购统销”制度，这一时期国有机构几乎完全垄断了全国的粮食收购。1962 年的时候出现了农民自销是因为 3 年的自然灾害导致了国内粮食供应紧张，国家迫不得已才允许部分农民进行小规模粮食交易，以缓解粮食的失衡问题。客观来说，“统购统销”制度虽然稳定了农产品价格，保证了农产品供应，但是这一制度导致资源分配不合理，不利于社会的长期稳定发展。由于国家的严格管控，这一时期虽然出现了农贸市场和集贸市场，但却是计划经济体制下的非自由市场，这是我国农产品市场最初的状态，为农产品市场体系的发展积累了初步经验。

表 4 – 1　　1953—1978 年部分年间粮食流通量（万吨）

年份	粮食收购量	国有机构粮食收购量	农民自销量
1957	4544	4544	0
1962	3242	3218	24
1965	3922	3922	0

① 数据来源：《中国粮食年鉴》。

续表

年份	粮食收购量	国有机构粮食收购量	农民自销量
1970	4649	4649	0
1975	5262	5262	0
1978	5072	5072	0

数据来源：《中国统计年鉴》。

3. 农产品市场的产生时期（1978—1984）

1978 年是我国重要的历史转折点，党的十一届三中全会召开之后，家庭联产承包责任制开始在我国农村广泛实施，农村经济体制发生了巨大变革，促进了农产品市场体系的发展。从此，农产品市场对外开放范围也逐渐延伸，农产品交易渠道改变了原来单一流通方式，多元化、多渠道的流通体系得到初步发展。

通过表 4－2 可以看出，我国国有机构对全国粮食收购量还占主导地位，但并非完全垄断，相比 1953—1977 年，这一时期农民自行销售的比例逐步上升，交易主体、交易对象、交易方式不再单一。

表 4－2　　1980—1984 年部分年间粮食流通量（万吨）

年份	粮食收购量	国有机构粮食收购量	农民自销量
1980	6129.0	5707.0	310
1981	6845.5	6323.5	360
1982	7805.5	7208.5	425
1983	10248.5	9673.5	450
1984	11724.0	11748.0	475

数据来源：《中国统计年鉴》。

1978 年农村经济体制改革之后，农民生产者的积极性大幅提高，各类农产品的生产总量得到大幅提升，此时计划经济体制下统购统销政策越来越不能满足人民对农产品的需求，农产品市场迫切需要进行改革。从 1979 年开始，为适应人民对农产品的多元化需求，国务院相关部门对统购统销政策进行了相应的调整，逐渐缩小了统购统销的农产品种类和数量；1982 年以后，政府放松了对农村集市贸易经营的管理，允许供销社和农民个人开展自由经营、允许部分农产品进行自由贸易，开展多渠道交易。原来一些省区的农产品集市是定期开集，随着我国农业政策的改变，农产品集市开市的时间限制逐渐放宽，甚至出现了每天都在交易的情况，这是我国农产品批发市场和零售市场的最初形态，进而出现了农产品市场体系的雏形。

国营菜场时期，我国大中型城市农产品批发零售市场发生了深刻变化（见图 4 – 2）。由于改革开放处于初级阶段，农产品统购统销的市场体制并未完全取缔，受此影响大中型城市农产品市场还处于国营商业公司管理状态，该时期国营菜场是大中型城市农产品经营的主体。此时国家对农产品的调控已经大幅度放松，小城市的农产品批发和零售市场已经开始脱离国家的管控，交易相对大中型城市来说比较自由。随着农产品流通体制改革的深入，农产品统购统销范围逐步缩小，人们日常生活所需的大部分农产品摆脱了政府的调控，可以进行自由定价，由市场供求决定产品价格，因此，市场在农产品交易过程中的作用日趋重要。任何事情的发展都有两面性，农产品市场也不例外，在农产品市场改革日趋向好的同时，不可避免地也出现了一些问题，比如自由定价机制下农产品的价格波动幅度较大，定价流程和定价依据不公开、不透明，存在暗箱操作等非法行为，因此导致市场农产品供求量不稳定、农产品保值性不高。由于期货市场可以为未来的生产交易提供价格参考、防范农产品价格波动、减小市场风险，可以很好地解决以上问题，因此，中国农产品期货市场应运而生，并逐步得到市场的认可。

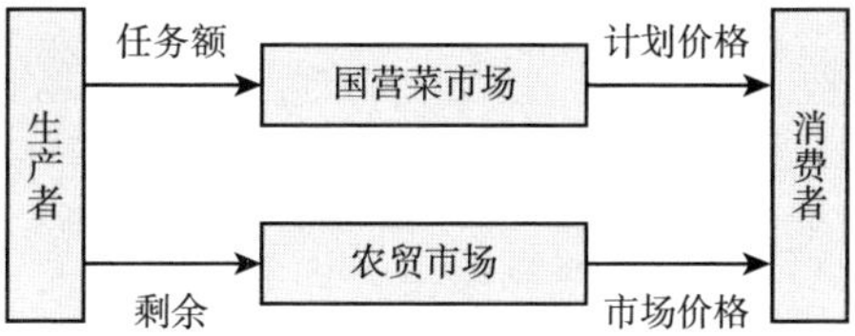

图 4 – 2　国营菜场时期蔬菜流通示意图

4. 农产品市场快速发展时期（1985—1995）

1985 年之后，我国农产品市场体制发生了巨大变革，国家对农产品的销售管理进一步放松，国务院陆续发布了一些文件，取消了大部分农产品的统购统销制度，大幅度缩减了农产品合同定购数额，完善了合同定购制度，标志着国家对农产品的管控进一步放松。截至 1993 年底，全国 95%

的城市已经完成了农产品价格的改革，定价体系逐步放开，国家严格管控下的农产品购销体制转向宏观经济调控下的自由市场体制，市场在农产品价格体系中的作用日趋重要。同时，新型批发市场兴起并逐渐代替传统封闭式的批发市场，全国各地的农村小型集贸市场获得恢复并得到发展壮大，形成了以批发市场为主、以城乡集贸市场（零售市场）为辅的农产品流通体系。受到国内外经济、政治、宗教因素的影响，20 世纪 80 年代末我国农产品流通不畅，出现了供应不足的情况，从而导致国内出现了严重的通货膨胀，在此背景下，国务院审时度势提出了“菜篮子”工程。“菜篮子”工程推进了农产品批发市场建设进程，健全了农产品供应服务体系，确保了大中型城市蔬菜供应量充足，保证居民一年四季都有新鲜蔬菜食用，有效解决了农产品供应不足的问题。

这一时期，我国农产品批发市场取得了快速发展。由于我国的农产品批发市场是集批发、零售于一体的综合农产品市场，也就是说同时具有批发功能和零售功能，它最大的优点是可以提高地方税收，因此在中央政府允许、地方政府授权下，全国上下形成了批发市场建设的热潮。1991 年我国共有农产品批发市场 1500 个，经过短短 4 年发展，1995 年我国共有农产品批发市场 4200 多个。随着市场的增加，进入市场交易的农产品品种和数量也迅速增加，批发市场成为除棉花、粮食等少数农产品之外的全国农产品交易主要市场[①]。同时这一时期也是我国农产品期货市场的初步发展时期。1988 年国务院就提出了发展农产品期货市场的要求，1993 年 6 月我国农产品期货交易被正式推出，从此农产品期货市场进入了快速发展阶段。期货市场有效解决了价格波动影响我国农产品市场体系发展的问题，在推动农业结构调整和农产品体制改革方面具有重要意义。

5. 农产品市场体系的初步形成时期（1996—2001）

1995 年，中央一号文件正式宣布取消农产品统购统销制度，此后我国农产品市场体系逐渐步入正轨。此后的发展主要表现在以下几个方面：一是市场在农产品体系发展中发挥着愈加重要的作用。国家计划管控的农产品数量、种类越来越少，大多数农产品都已放开自由流通，市场的控制范

① 数据来源：《中国农产品批发市场发展研究报告 2014》。

围逐渐扩大。二是农产品市场体系得到进一步发展。这一时期基本形成了以大型农产品市场为中心，以城乡批发市场、农贸市场为依托的农产品市场体系。据国家工商行政管理局①统计，截至 1997 年全国大中小型的农产品批发市场已有 4000 多个，相比 1986 年的 900 个翻了 4.5 倍。集贸市场则发展到 87000 多个，相比 1985 年的 61000 多个增加了 26000 多个。三是农产品市场定价机制基本形成。计划经济时期，国家对农产品价格采取统一定价机制，改革开放初期，政府对农产品的定价比重占了 94.4%，市场定价比重仅占 5.6%；而到 1998 年，国家定价比重下降到了 16.2%，市场定价比重上升到了 83.8%，已初步形成市场决定价格的局面②。四是农村市场主体逐步成长、扩大。计划经济时期国家统一经营农产品，基本没有其他农产品企业生存发展的空间，而现在农产品市场体系发展打破了这一局面，各种农产品加工企业、农产品中介组织以及与农产品配套的各种企业应运而生，并逐渐发展壮大。五是初步形成了市场调节控制机制。国家逐渐建立了农产品相关管理制度、实施多种调控措施，并随着市场变迁不断跟进、完善，这一系列国家调控措施提高了农业生产的效率，稳定了农产品市场价格，对于活跃农产品市场发挥了积极作用。

同时，我国农产品连锁超市在这一时期迅速发展。1990 年之前，我国连锁超市主要经营家庭生活用品和各种零副食品，1995 年以后我国农产品连锁初步发展，1996 年在北京、深圳等大城市开始出现生鲜农产品零售超市，之后在我国有关政策的推动下，农产品连锁超市经营得以快速发展。1996 年初，经营农产品零售的超市几乎没有，但是经过短短 4 年的发展，在 2000 年的时候，大城市已有 1/5 的超市经营农产品零售。

6. 农产品市场体系现代化建设时期（2002—2010）

21 世纪，全面建设小康社会的工作提上日程，进一步开拓农村基层市场，保证农产品交易无障碍，完善农产品市场体系，为全面小康的建设提供充足的物质基础也显得尤为重要。随着农村经济的进一步发展，生产力也进一步被释放，农产品供应能力也得到较大提高，农产品市场体系也趋于完善。

---

① 2018 年组建国家市场监督管理总局。

② 数据来源：国家工商行政管理局网站，http：//gkml. saic. gov. cn/。

2001 年 11 月 10 日是载入史册的一天——中国成功加入了世界贸易组织（WTO），从此意味着我国进一步融入世界经济，开启了经济贸易全球化的步伐。加入世界贸易组织推动了我国农产品市场体制改革，加速了我国现行完整农产品市场体系的形成。

表 4－3 反映了我国加入世界贸易组织前后农产品的进出口情况。可以看到，加入 WTO 后，我国农产品对外贸易额明显提高，贸易增长率也逐年上升，在国际农产品贸易中的地位越来越重要。2002 年，我国农产品对外贸易总额为 304.7 亿美元，2003 年为 401.7 亿美元，比上年增加了 1/3。1996 年，我国农产品对外贸易总额为 250 亿美元，其中出口额 144.1 亿美元，进口额 105.9 亿美元，2008 年对外贸易总额为 985.5 亿美元，其中出口额 402.2 亿美元，进口额 583.3 亿美元，分别增长了 2.9 倍、1.8 倍和 4.5 倍。深入分析可以发现，我国农产品体系的发展不仅体现在贸易额上，同时体现在与国际市场的关系上，入世以后我国农产品市场的开放程度也在不断深化，与国际农产品市场的关系日益紧密，逐渐融为一体。

表 4－3　　中国农产品贸易发展概况（1996—2008）

年度	贸易总额		出口额		进口额		进出口差额（亿美元）
	金额（亿美元）	增长（%）	金额（亿美元）	增长（%）	金额（亿美元）	增长（%）	
1996	250.0	-1.7	144.1	-1.2	105.9	-2.3	38.2
1997	245.8	-1.7	147.3	2.2	98.5	-7.0	48.8
1998	228.6	-7.0	141.5	-3.9	87.1	-11.6	54.4
1999	221.3	-3.2	138.7	-2.0	82.6	-5.2	56.1
2000	257.9	16.5	152.6	10.0	105.3	27.5	47.3
2001	279.0	8.2	160.7	5.3	118.3	12.3	42.4
2002	304.7	9.2	180.2	12.1	124.5	5.2	55.7
2003	401.7	31.8	212.4	17.9	189.3	52.0	23.1
2004	514.2	27.3	233.9	8.7	280.3	48.1	-49.4
2005	558.3	9.2	271.8	17.7	286.5	2.2	-14.7
2006	630.2	12.9	310.3	14.2	319.9	11.7	-9.6
2007	775.9	23.1	366.2	18.0	409.7	28.1	-43.5
2008	985.5	27.0	402.2	9.8	583.3	42.4	-181.1

数据来源：中华人民共和国商务部。

“十五”时期，政府加大力度对农产品市场基础设施进行改造，实施了一系列措施，小型集贸市场得到升级改造，出现了一批规范化的农产品交易市场；连锁超市在农产品交易中的作用不断提升，在大中型城市的连锁超市中，农产品的销售量已占到销售总量的33%以上，2004年有30多家大型外资超市在我国开设市场，门店多达4200多家，销售总额达到了1383.2亿元；“十五”期间农产品期货市场稳步发展，加上最新的棉花和食糖，此时农产品期货交易的品种数量已达到9个，年成交额近6万亿元；同时，农产品市场主体朝多元化方向发展，农村约有500万的农产品经纪人，农民专业合作社发展到约15万个，农业产业化龙头企业发展到4000多家，他们在农产品市场流通中发挥了重要作用①。

“十一五”期间，着眼于降低产品流通成本、减少中间费用、提高流通效率，国家先后出台了多项扶持农产品体系建设的政策，实施了一些措施，如：制定了《“十一五”时期全国农产品市场体系建设规划》《农业部定点市场管理办法》《农产品质量安全法》等相关法律，实施了“农产品批发市场升级拓展5520工程”“万村千乡市场工程”等建设工程。这一时期，中央共安排近千万元财政资金，专项支持农业部定点市场开展质量安全监测，督促并引导农产品市场落实相关工作；中国农业银行提供100亿元授信额度，为农业部定点市场进行改扩建提供金融支持，加快批发市场升级改造步伐，引导批发市场开展现代化建设；我国各种形式农产品营销促销活动发展在这一时期最为活跃、最为迅速，形成了国际重点展会与国内展会相呼应、综合展会与专业展会相协调、全国性与区域性展会相互补充的会展格局。在相关政策的指导下，这一时期我国农产品市场体系发展迅速，布局合理，市场类型相互补充，区域上实现了产区和销区的全面覆盖，经营范围上实现了全包容。截至2009年，我国年成交额在亿元以上的农产品批发市场多达1600多个，相比2005年增加了1/3，成为农产品体系的重要组成部分；农贸市场稳中求进，数量基本保持不变，但是简易型的马路市场进一步被固定的、规范的市场取代，基础设施更加完备；农产品连锁超市比重进一步增加；上市的农产品期货种类逐渐增加，交易量

---

① 数据来源：《“十一五”全国农产品市场体系建设规划》。

占全国期货的比重达50%以上。总体来说，以农产品批发市场为中心、以农贸市场等零售终端为辅助、以连锁超市为先导，以期货市场为补充的现代农产品市场体系网络已基本形成。

从表4-4数据可以看出，“十一五”期间我国农产品市场建设成果显著，与2005年相比，2010年亿元以上的大型农产品市场数量增长36.82%，摊位增加了39.65%，营业面积更是翻了1.2倍，实现了营业额的1.5倍超越，此时我国农产品市场正朝着大型化方向发展。

表4-4　　2005—2010年我国大型农产品市场状况

年份	亿元以上的农产品市场数量（个）	摊位数量（个）	营业面积（万平方米）	营业额（亿元）
2005	717	384395	1827	4029.1
2006	671	371852	2087.79	4436.61
2007	715	397950	2306.46	5651.09
2008	921	485533	3369.2	7199.9
2009	946	520888	3711.5	8522.3
2010	981	536794	4063.7	9990.9
比2005年涨幅	36.82%	39.65%	122.42%	147.97%

数据来源：《中国统计年鉴》。

7. 农产品市场体系现代化建设高速发展时期（2011年至今）

进入“十二五”时期，我国经济快速发展，综合国力进一步提高，与人民基本生活紧密相关的农业领域也越来越受到国家的重视。2012年中央一号文件提出要紧紧抓好粮食生产的任务，同时狠抓“菜篮子”工程的农产品供给，提升“菜篮子”工程农产品整体供给保障能力和质量安全水平①。次年，商务部要求各地政府大力建设农产品现代流通体系，同时要完善农村现代市场体系建设。2014年国务院再次提出，要求各地方政府继续加强农产品市场体系建设，建立农业领域的安全保障制度，从而不断促进农业的发展。同年，商务部、农业部等部门提出要完善农产品公益性市场建设，提高农产品市场的高效性和稳定性，在未来几年逐步建立效率

① 《关于加快推进农业科技创新持续增强农产品供给保障能力的若干意见》。

高、安全性好、竞争公平的中国特色社会主义农产品市场体系。这一时期，在国务院相关部门积极推动下，我国农产品现代流通体系平稳建设，取得了良好的成果。据有关部门调查统计，截至2013年底，我国农产品批发市场共有4470余家（其中年交易额过亿的有1759家），年成交总额达37414.4亿元，成交总量达78138.7万吨，市场总摊位数245.8万个（其中固定摊位170.7万个、非固定摊位75.1万个），总交易面积15267.5万平方米（其中交易厅棚面积9623.4万平方米，露天交易面积5644.1万平方米）[①]。总体来看，农产品批发市场数量呈现先上升、然后平稳、最后回落的趋势，虽然数量有所减少但是批发市场的交易规模在持续扩大。截至2014年底，我国农产品市场体系规模不断扩大，生产量逐年增加，其中鲜活农产品总产量多达12亿吨，全国农产品批发市场成交额达3.9万亿元；基础设施也逐渐完善，全国2/3的农产品批发市场有质量检验检测中心，53%的市场建有信息中心，42%的市场建有废弃物处理中心，29.8%的市场建有电子结算中心[②]；在国家一系列政策指导下，农产品市场主体呈现多元化发展，全国共有农产品批发市场4500余家，农产品产业化龙头企业超过12万家，农产品合作社116万多个；交易方式多样化，“农超对接”在农产品体系的比重已达15%，近千家企业和近万家合作社成功对接，电子商务交易额达870多亿元，目前电子商务已成为农产品市场交易的新业态[③]。

2015年，中央提出各地政府要建设创新型农产品流通方式，完善我国农产品流通网络，加强农产品设施和配套服务建设，健全农产品交易制度，支持供销合作社和国有流通企业参与农产品产销体系建设，提升农产品流通服务水平，促进我国农产品市场体系的进一步转型升级[④]。同年9月，商务部等部门发布了《全国农产品市场体系发展规划2015—2020》，进一步提出要支持供销合作社和国有流通企业参与农产品产销体系建设，

① 数据来源：国家统计局。http://www.stats.gov.cn/.

② 宋明芳.基于“互联网+”的农产品流通主体转型升级策略分析［J］.商业经济研究，2017（10）.

③ 数据来源：商务部网站。http://www.mofcom.gov.cn/.

④ 《全国农产品市场体系发展规划2015—2020》。

提升农产品流通服务水平。2016 年，我国进入了第十三个五年规划时期，农业的发展事关全面建设小康社会的基础是否牢固，因此国家对农业领域的发展更加重视。商务部等部门发布了《关于公益性农产品市场体系建设》的相关文件，明确了我国未来建设公益性农产品市场的总体目标、任务以及保障措施，同时在全国范围内选择了一批示范性公益市场，以示范市场积极带动全国各地公益性农产品市场的建设①。为贯彻落实国家“十三五”规划纲要和中央一号文件精神，2017 年 4 月，相关部门发布了有关进一步加强农产品和农村市场体系建设的文件，明确了在未来的建设中，要充分发挥政策性金融在农产品市场体系建设中的作用，进一步推进农产品市场体系建设。商务部数据显示，截至 2020 年，公益性农产品批发市场均已覆盖约 40% 的地级市，政府的宏观调控能力和民生保障能力不断提高②。

党的十九大召开以来，我们国家进入了新时代，努力构建完备现代农产品市场体系变得日趋重要。我们要坚持顶层设计和基层探索并举、设施建设与机制建设并重的方针，推动我国农产品的供给侧结构性改革，加快建设中国特色的农产品流通体系。同时优化国内外市场环境，充分利用一切可以利用的因素盘活市场，立足国情，借鉴一些欧美发达国家的经验和做法，着力构建一套对外开放、安全高效、竞争公平、结构合理、制度完备的农产品市场体系。

4.1.2 农产品市场体系演变的特征

农产品市场是我们日常生活中最常见、最基本的市场，同时也是最重要的市场之一，人们的生存发展离不开农产品的保障。农产品市场体系是所有农产品市场的有机结合，是统一联系的整体，是中国特色社会主义市场体系的重要组成部分。建立、完善和发展现代农产品市场体系，对于深化当前我国农村经济体制改革、建设新农村具有重要的推动作用。通过以

① 《关于加强公益性农产品市场体系建设的指导意见》，商建函〔2016〕146 号。

② 数据来源：商务部网站，http：//www.mofcom.gov.cn/。

上对农产品市场体系演变与发展的论述，我们可以得到农产品体系演变的特征如下：

1. 农产品市场体系演变具有稳定性、全局性

纵观以上几个农产品市场体系的发展时期，无论是新中国成立初期还是初步形成发展时期，国家总是稳住全局，首先保证改革过程的安全与稳定。在前期的粮食收购中，先是确定了农产品收购种类和收购数目，稳定其价格，然后放开其他农产品的种类和数目，实行市场议价收购方式；在后来的销售过程中，首先也是保证国家基本用粮不变，再把工业用粮、种粮及其他农产品放入市场。同时我们还可以看到在整个改革过程中，国家调控措施都是先在收购方面开始实施，然后推广运用到销售方面，提高了农民生产的积极性，增加了产品供给，到特定时期在购销同时进行，站在全局的角度，保证了社会稳定。

2. 改革由中央到地方

在农产品市场体系改革的演变过程中，所有的改革措施都是中央决策，由中央发文件，再落实到地方，尤其改革前期和加入 WTO 以后最为明显。改革前期主要措施都是中央决策，统一安排实施；加入 WTO 以后中央一号文件多次发文指导农业发展农产品市场体系建设，然后各省、市、区自主根据各地区实际情况独立决策，落实工作。这种变化一方面是随着改革的推进而转变，另一方面是国家简政放权的重要体现。首先是各地区情况各异，中央的决策到地方不一定适合，因此各地要因地制宜进行改革；其次改革进行到一定程度，地方有了各自的经验和独立决策能力，开展工作比较顺利，同时也减轻了中央的工作，因此改革出现了由中央到地方扩散的特征。

3. 时间上循序渐进，空间上分区突破

在时间上，从计划经济时期到社会主义市场经济时期，国家放开农产品价格是一步步进行的，从完全的统购统销到减小购销范围，最后完全过渡到社会主义市场经济，我们用了很长的时间；在空间上，各省、自治区、地市之间的改革都有先后，基础条件好的地区优先发展，成功之后把经验分享到其他地方，时间上的循序渐进与空间上的分区突破紧密联合，互相促进，降低了改革在时间和空间上的风险，有利于改革的进一步开展。

4. 改革由计划型转向市场型

过去，我国实行高度集中的计划经济体制，任何产业都实行有计划的生产，尤其农业领域的管控最为严格，忽略了市场“看不见的手”的调控作用。现在我国是社会主义市场经济体制，农业领域也得到转型升级，政府对农产品流通的干预作用大大削弱，市场在农产品的生产流通中起决定性作用，从体制机制方面来看，现代农产品产业已逐渐向先导产业演变；从国际商业形态变化的趋势看，农产品交易由专一经营方式转向产购销一体化方式发展。

5. 更加国际化、开放化、现代化

农产品体系形成之初，受国家经济发展状况的制约，农产品生产销售主要面向国内市场，市场狭隘、开放程度低，管理也趋于封闭化。自从加入 WTO 以来，我国经济不断与国际接轨，市场经济体制改革也不断推进，我国农产品逐渐流向国际市场，发展更加国际化，开放程度逐年增加，市场现代化程度进一步加快。同时，无论是批发市场还是集贸市场，交易环境和交易开放程度都得到了进一步提升，市场基础设施也更加健全、完善，现代化程度进一步加深，与国际市场的差距也逐步缩小。

4.1.3 农产品市场体系演变的动因

农产品市场体系的演变可以说是制度演变的过程，是新旧交替、新制度取代旧制度的过程，新制度经济学派认为获得利润是制度演变的动因所在。除了上述理论，国家相关政策、消费者需求、科技进步、生产者供给以及国外市场的变化都对农产品体系的演变有着重要影响。

1. 国家政策的推动

国家政策是农产品市场体系演变最直接的动因，对农业以及农产品市场体系发展有举足轻重的影响。近年来，我国政府部门出台了一系列促进农业发展、完善农产品市场体系的政策法律文件，如：《国务院办公厅关于促进内贸流通健康发展的若干意见》（国办发〔2014〕51 号）、《国务院关于深化流通体制改革 加快流通产业发展的意见》（国发〔2012〕39 号）、《国务院办公厅关于加强鲜活农产品流通体系建设的意见》（国办发〔2011〕59 号）、

《全国蔬菜产业发展规划（2011—2020）》（发改农经〔2012〕49 号）、《全国农业可持续发展规划（2015—2030）》（农计发〔2015〕145 号）、《全国农产品市场体系发展规划（2015—2020）》（商建发〔2015〕60 号）、《中华人民共和国农产品质量安全法》（主席令第四十九号）等。这些法律文件不仅为农产品体系的发展指明了方向，更为其稳定发展提供了法律保障和政策支持。

2. 消费者需求

传统计划经济体制下，我国经济发展远远落后于其他国家，人民消费水平有限，对农产品的消费需求不大、动力不足，大多数人只要求满足基本的生活需求。目前，我国已位居世界第二大经济体，国内经济的快速发展以及人民生活水平的不断提高，有效地拉动了国内消费需求，促进了居民消费，从而扩大了对农产品的多样化需求。当前，我国的社会主要矛盾发生了深刻改变，人民对农产品的消费需求也不仅仅局限于“数量满足”，更多的是“追求质量”；购买方式也从“买得到”和“挑剔性选择”向更加看重产品的质量、安全、品牌以及购买的便利性转变。消费者需求可以促进的农产品消费模式的改变，消费模式的改变又不断促进农产品体系改变，以适应消费者多元化的需求。

3. 科学技术的推动

科学技术对农产品市场体系的影响主要体现在信息技术和物流技术的进步。信息技术推动了传统农产品市场的提升改造，以信息技术为载体的网上交易和电子商务快速兴起，使产品交易更加便捷、更加及时；物流改进方面，科学技术催生了现代化物流体系，使物流技术和物流设备都达到国际一流水平，保证了运营效率，降低了损耗。信息技术与物流技术相互配合，共同促进了农产品市场体系的演变。

4. 生产者供给推动

农产品对于自然条件十分依赖，以前局限于人类改造自然的能力以及科学技术水平的限制，农产品的生产种类欠缺，数量供给不足，满足不了人们的多元化消费需求。现在科技发展日新月异，人类改造自然的能力也大幅度提升，物流保鲜水平得到保证，再加上大棚种植、反季节产品生产，在数量上已不存在供给短板，甚至出现了供给过剩的局面，因此生产者供给在推动农产品市场体系不断发展的进程中发挥了重要作用。

5. 国外市场变动的影响

改革开放以来，我国经济逐步对外开放，国际化程度逐渐提升，但是在相当长一段时期，农产品对外贸易发展十分缓慢。我国农产品市场正式打开国际大门是在加入世界贸易组织之后，从此我们与世界经济紧密接轨，对外贸易逐年增加。受国际市场影响，中国农产品贸易已不适应国际标准，必须进一步改革才能适应国际市场的需要，更好地开展对外贸易。因此，国外市场的变动促进了中国农产品市场体系的国际化演变进程。

4.2 农产品市场体系存在的主要问题

1978 年改革开放至今，我国农产品市场体系建设取得了重大进步，但是多元化的市场网络还只是一个框架，存在一些问题。目前在我国农产品市场发展中，长期以来制约农产品市场发展的小农户和大市场之间的矛盾并没有得到解决，农产品数量供求不平衡、农产品价格波动较大、产品买卖难等问题依然存在，严重制约了农产品市场体系的发展，阻碍了广大农民生活水平的提高。因此，分析当前我国农产品市场存在的问题，深入探究我国农产品市场体系存在的缺陷，有利于加快推进我国农产品流通体制改革，提高我国农产品市场体系的完备性和统一性。

4.2.1 市场主体发育迟缓

1978 年实行家庭联产承包责任制以来，中国的农产品市场体系开始发展但是局限于家庭“一家一户”的规模，经营比较零散，虽然经过 40 年的发展，规模有了一定提升，但家庭农业还是农产品的主要生产形式。在此形式下，各家各户独立经营，缺乏统一组织和引导，市场信息不畅通，家庭生产缺乏抵御市场风险和自然灾害的能力，与大中型农产品市场的联系较少，严重制约了农产品流通和销售。中国要发展现代农产品市场，就要求农户成为对市场反应灵敏的市场主体，然而家庭农户绝大多数处于市场边缘，没有固定的农产品销售渠道，在市场竞争中处于盲目状态，收益具有不稳定性。

目前，我国农民生产合作社、农业经营户等农产品市场主体有所发展，截至 2016 年末，全国共有 31422 万农业生产经营人员，在工商部门注册的农民合作社总数有 179 万个，农业经营户 20743 万①。虽然他们在数量上逐年增加，但其主体地位并未形成，各环节存在着较多漏洞，涉农企业（公司）与农户竞相追逐自身利益，再加上较高的运营成本，"企业 + 农户"主体模式无法满足现代化大规模生产；"中介组织 + 农民"的主体模式虽然促进了农产品流通，为农民出售产品提供了途径，但是还普遍存在交易环节不透明、经营管理方式落后、信息不通畅以及组织涣散的问题。"经纪人 + 农民""中介 + 农民"以及"经纪人 + 中介组织"的主体模式没有形成，各主体配合还存在一定问题，需要进一步完善。中国加入 WTO 以后，农产品面向国际化市场，我们的竞争对手是国际上资本雄厚、规模庞大的跨国农贸公司，普通的农民主体没有能力与国际市场接轨，就需要龙头企业、生产合作社等市场主体参与竞争。因此，我们要加快培育适应国际化市场的多元化农产品市场主体，提高其科技化、产业化程度；培育现代化代理商和中介组织，提高农产品交易效率；培育农民经纪人主体，解决农民生产与市场脱节的问题。

4.2.2　农产品市场体系结构不合理

中国特色社会主义市场经济体制所要求的现代农产品市场体制是以大型农产品批发市场为中心，通过信息技术平台、信息系统把农产品产地市场、零售市场、集贸市场、农产品连锁超市以及期货市场紧密联系起来，形成全面开放、竞争公平的农产品市场网络（见图 4－3）。

目前来看，传统的小型农贸市场和批发市场依然是我国农产品市场体系的主体，全国虽有 4500 多个农产品批发市场，大中城市中经批发市场交

① 数据来源：根据国家统计局网站 http：//www. stats. gov. cn/发布的《第三次全国农业普查主要数据公报（第 1 号）》整理而得。

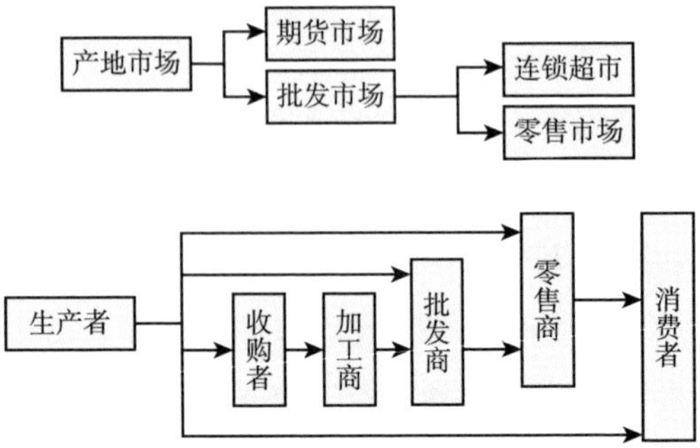

图 4-3　现代农产品市场流通体系

易的农产品也已达 80% 以上，但是管理有序、价格合理的大型农产品批发市场数量少，没有形成主体地位。市场规划建设缺乏统一布局，区域分布不均衡，生产基地建设与城市建设不协调，存在市场不足和重复建设现象，甚至存在有市无场的情况。主要市场的建设集中在农产品销售地区，而农产品生产区的市场建设不受重视，我国大型农产品批发市场 70% 分布在东部地区，中西部只占 30% 左右的比例，分布不平衡导致农产品市场功能不全，中西部人民生活受到一定影响；市场缺乏合适的经营管理机制，从而出现交易信息不畅、交易渠道受限等现象，导致交易成本增加，营业者积极性不高。我国大约有 2.5 万个农贸市场，但是大多数农贸市场处于露天状态，规模小，基础设施简陋，遇到不好的天气就无法正常经营。农产品连锁超市虽然有 600 多家，门店有超过数万家，但是超市流通的农产品数量有限，产品季节性强，不能满足居民多元化的需求。总之，以大型批发市场为中心的市场网络还未形成，体系结构不健全，严重影响了我国对外贸易，致使加入 WTO 以后我国农产品在国际市场份额较少，对外没有建立以大型龙头农产品企业为主导的农产品体系结构①。

4.2.3　农产品价格形成机制尚未真正形成

2017 年 4 月发布的《农村绿皮书：中国农村经济形势分析与预测

① 本段数据来源：《中国农产品批发市场发展研究报告 2014》。

(2016—2017)》指出，2016 年我国农业供给侧改革——价补分离政策取得了重要成果，2017 年要继续深化农产品价格形成机制改革，制定完善农产品最低价格收购政策，合理调整最低价格。经过多年的发展，虽然农产品经过了从 1978 年国家统一定价到现在市场在农产品定价中起到决定性作用的过程，但是目前我国农产品价格形成机制仍存在一定问题，还没有形成农产品价格完全由市场决定的体制机制。农产品从最初的生产者手中收购到最终被消费者买入，这个过程经过了多层环节、多个中介，导致农产品运输、保管、损耗和交易等成本增加，最终使得产品的价格被不同程度地提高，以小麦等大宗农产品为例，中间环节的费用大约占了销售价格的 30%，而发达国家的中间流通费用仅占 10%，我国与发达国家相比还有很大差距。农产品交易价格的提高虽然增加了农产品各环节的利润空间，但是却影响了广大消费者的购买积极性，生产者也并没有提高收益。

由于农产品自身的特殊性，价格不稳定容易引起国内经济危机甚至通货膨胀等问题，因此保持农产品价格稳定，并且价格要围绕其价值，保持合理定位。目前，我国农产品价格形成机制没有形成的原因主要有以下两方面：一方面是我国农产品的生产主体——广大农民的组织化程度不高，生产分散且单一、经营规模小，农户的市场意识不强、缺乏自我发展能力、对农产品价格的影响较小，市场对价格的决定作用不能有效发挥；另一方面由于我国农产品市场体系并不发达，各项体制机制也不完善，没有形成对农产品价格有控制力的市场，虽然大型农产品批发市场在定价机制中发挥了一定的作用，公益性农产品市场建设也取得了一定进展，但是局限于其数量和分布，不能在全国范围内发挥作用，不能促进价格机制的形成。当前我国农产品价格形成机制并未完全形成，与国际市场相比，国内市场农产品价格普遍偏高，2023 年 1 月，我国的大米、小麦和玉米每吨的平均价格分别高于国际市场 634 元、526 元、982 元①，过高的价格严重影响了大宗农产品的出口。

为此，要建立健全由市场决定的价格机制，改变农产品交易中的价格

---

① 数据来源：《国际农产品市场与贸易形势 2023 年（春季）报告》。

扭曲现象，充分发挥市场机制的作用，靠价格的自由涨落和利益变动来引导生产者作出合理决策。同时，国家要对农产品生产者实行种植补贴，保护其利益，提高产品质量，使我国农产品价格形成机制日趋完善。

4.2.4 农产品市场体系形成的制度存在缺陷

我国农产品市场从体制和机制上来说存在两大缺陷：

一是市场竞争机制存在缺陷。市场竞争对农产品市场机制发挥作用的效果有很大影响，公平、公正、公开的竞争机制能有效发挥市场的功能，相反垄断的竞争会阻碍农产品市场的发展。从功能看，目前农产品市场机制的物流中心功能、价格发现功能和信息引导功能都没有充分发挥出来。我国农产品市场体系在其发育、形成和发展的过程中，基本上是各省、市、区自行管理，各地区的农产品市场几乎没有交集，而且各地区多少都带有一定的贸易保护主义，保护内部市场、抵制外部交易，从而导致农产品市场缺乏公平公正的竞争，这种现象不仅严重阻碍了农产品的正常贸易，而且还破坏了农产品市场体系建设的全局性。

二是供求机制存在缺陷。1978 年农村经济体制改革以来，我国农业得到迅速发展，基本解决了农产品的供求数量的矛盾，但同时却出现了供求结构的矛盾，生产者与消费者“农产品买卖难的问题”逐渐成为市场的难题。虽然造成这种问题的原因有产品质量、生产结构以及其他原因，但最主要还是供求机制的缺陷，这种缺陷表现在生产者与消费者之间的信息不畅通、中间环节复杂、交易不透明等方面，从而导致农产品买卖困难。因此，要促进农产品市场体系的发展，就要建立合理的供求机制、流通机制和交易机制，同时改善农产品供求结构，保证农产品交易的稳定，从制度上解决存在的问题。

4.2.5 农产品市场体系的法律法规不完善

农产品市场体系的作用能否得到充分发挥，不仅取决于农产品市场的基础设施和组织建设，更取决于农产品市场是否具有良好的规则秩序。只有建立健全完备的农产品市场法律法规，才能规范市场秩序，保证农产品市场健康有序运营①。近年来，随着市场经济的发展，我国农产品领域中存在许多市场无序现象，给社会带来了不良风气，严重制约了国民经济的发展。目前，我国农产品市场体系建设相关的法律法规存在不足，需要进一步健全完善，虽然涉及我国大宗农产品以及农产品质量的法律已出台许多，但是由于各地区资源禀赋和经济基础的差异，适合地区情况的法规还十分匮乏，即使有相应的地方性法规也存在落实不到位的情况，使得法律法规的效力大大降低。总体来说，还是农产品市场的内部管理制度以及政府的外部制度都不完善，因此要建立良好的农产品市场体系，就必须加强法制建设，建立健全市场法律法规，加强市场监管力度。

4.2.6　农产品质量监督机制不到位

改革开放以来，我国农产品的质量安全问题一直备受关注，再加上国外贸易壁垒政策的排斥，农产品质量的好坏已经影响到我国农产品的出口和对外销售。由于农村家庭小规模生产的分散性，无法组织大规模生产，农民对农产品质量意识不强，出售时又没有经过严格的质量检测，生产出来的产品质量有待提高。与发达国家的农产品市场相比，我国农产品的品种和附加值都较低，肉、蛋等产品的附加值不到 10%，而发达国家达到了 40% 左右，差距非常明显。

目前来看，我国农产品质量监督体系不健全，缺乏统一、完整的检验标准，不能正确鉴别农产品质量的高低。已有的一些产品的质量检验标准不能适应多样化的市场需求，尤其是自我国加入世界贸易组织以来，农产品对外贸易逐步增加，进一步与国际市场接轨，国内的标准早已不适合国际的需要，为满足我国消费者对农产品质量日益追求安全的要求，以及对进口产品更高的安全标准，我国农业部相关部门制定、完善了农产品标准体系 500 余项，行业标准达 1600 项，逐渐从源头防范农产品质量安全。但仅制定标准的作用不大，还要加快修改完善，不断与时俱进，以适应日益

① 蒋娅娜．我国农产品现代流通体系机制创新［J］．商业经济研究，2018（06）．

变化的国内外市场要求。

4.2.7 农产品市场信息流通不畅

农产品市场信息具有时效性、传播性，它是农产品产、供、销一体化网络的桥梁和纽带。经过一定程度的发展，当前我国已初步建成连接全国各地多个农产品产地和批发市场的价格采集系统，并且每天都会对农产品批发市场的近百种产品进行价格监测。虽然我国农产品流通领域的信息流量、信息质量和流通手段都取得了一定进步，但也还存在着一些问题制约着农产品市场的发展。

目前，我国农产品市场体系由于缺乏完整的农产品信息的收集、传递和发布体系，各生产主体、销售市场以及各区域市场之间的信息交换不及时，市场的封闭性、时滞性也给农产品信息的收集和传递带来了很大的困难，最终使农村生产者盲目生产，造成了产品“卖难”，承担着信息不流通带来的产品滞销的市场风险。随着市场经济的不断发展完善，农产品的经营模式已转变为“农户 + 农民经济合作组织（中介组织）+ 市场”的模式，这一模式的有效运作与市场信息密切相关，如果生产者根据准确信息进行生产，就能取得较好的经济效益和社会效益，提高自身收益；反之，若生产者根据错误信息进行生产，就会偏离消费者需求，给自己造成的一定的经济损失。总之，广大农村信息基础设施建设滞后、传统媒介没有发挥信息传播的作用、现代媒介更是没有在广大农村流行使用，这些因素严重阻碍了农产品市场信息流通。《全国县域农业农村信息化发展水平评价报告》显示，2021 年家庭宽带入户率不足 50% 的县（市、区）有 572 个。不足 20% 的有 221 个，占比分别高达 21.7%、8.4%。另外，全国农业生产信息化水平仅为 22.5%①。截至 2022 年 12 月，中国农村互联网的普及率为 61.9%，仍比城市的互联网普及率低 21.2 个百分点②（见图 4－4）。

① 数据来源：商务部。

② 数据来源：《2021 年全国县域农业农村信息化发展水平评价报告》。

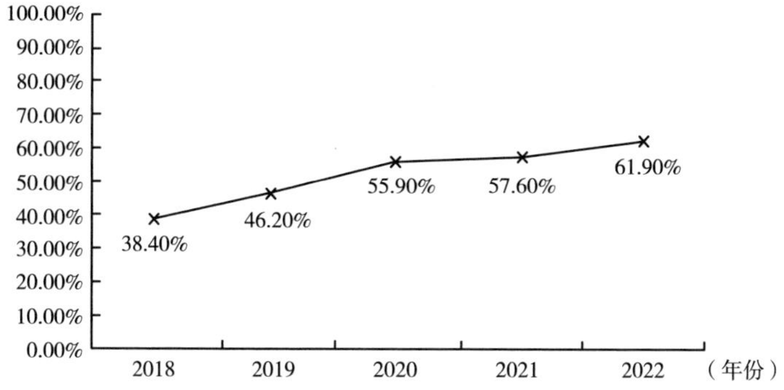

图 4－4　2012—2017 年中国农村网民规模及互联网普及率

数据来源：中国互联网信息中心。http：//www. cnnic. net. cn/

4.2.8　农产品市场基础设施建设滞后

由于农产品市场起步比较晚，再加上国内外不稳定因素的影响，我国农产品市场基础设施建设远远落后于国外发达农产品市场。首先表现在市场建设与改造方面。由于市场改造资金不足，我国现有的农产品交易市场基础设施十分落后，明显跟不上农业市场现代化进程的步伐。同时结算手段单一、信息体系不健全等因素也严重制约了农产品市场体系的现代化进程。截至 2014 年底，我国 2/3 的农产品批发市场建有检验检测中心，53% 的市场建有信息中心，42% 的市场建有废弃物处理中心，29. 8% 的市场建有电子结算中心①。截至 2018 年 7 月，商务部会同财政部、农业发展银行，利用财政、政策性金融等方式，带动社会资本投入农产品流通基础设施建设，累计支持超过 460 家农产品批发市场、2600 多家农贸市场和菜市场改造，建设改造检验检测中心、电子结算中心 485 个，新增冷库库容 540 余万吨。② 其次是农产品交易市场的管理方式、管理理念较为落后。我国大多数农产品交易市场都是以对外出租摊位的方式经营，经营者拥有摊位的使用权而非所有权，市场管理者拥有所有权但无经营权，这种权责分

① 数据来源：《全国农产品市场体系发展规划（2015－2020）》。
② 数据来源：商务部。

离的方式本身就存在一定的问题，再加上市场管理员文化水平低，没有掌握必要的市场管理技能，使得农产品交易杂乱无章，甚至出现销售人员与管理人员对抗的情况，使本来就落后的市场更加混乱。总体来说，农产品交易市场无论基础设施还是管理方式现代化水平都较低，严重影响了市场的进步与发展。

4.3 农产品市场体系的发展趋势

4.3.1 大宗农产品市场体系的发展趋势

大宗农产品指生产量、消费量、贸易量、运输量等较大的关系国计民生的农产品，它在农业结构中占有较大权重，但又无明显优势；也指来源于农业的初级产品，即在农业活动中获得的植物、动物、微生物及其产品①。

受历史因素和国家政策的影响，我国大宗农产品市场有着特殊的发展道路，经历了物资调拨、价格双轨制、市场配置资源三个阶段。目前多层次、宽视野、重大局的大宗农产品市场体系尚未形成，市场在资源配置中还不能完全发挥其决定性作用。与国外发达国家相比，我国大宗农产品市场中间环节多、效率低下、没有形成完整的市场价格机制，在国际大宗农产品交易中没有定价权，“中国价格”没有主导权。随着全球经济一体化的发展，世界各国贸易程度逐步加深，贸易关系进一步密切，可谓牵一发而动全身。在这种时代背景下，大宗农产品的金融属性不断加强，经济地位进一步提升，越来越受到国家的重视。因此，我国大宗农产品市场体系需要进一步的转型升级，未来的发展要进一步加快，其发展趋势为：

1. 交易更加网络化、快捷化

传统的大宗农产品市场，主要是以批发市场为核心，以其他小市场作

---

① 胡跃，赵丙奇．我国大宗农产品市场时空差异及影响因素［J］．农业技术经济，2017(07).

为辅助衔接，这种方式可以降低流通成本，促进信息交流，又活跃了市场。但是随着互联网和电子商务平台的快速发展，传统市场的优势正逐渐消失。首先，传统大宗农产品市场占据空间较大、耗费大规模投资，浪费资源；其次，大宗农产品受物流半径影响，地域受到限制，各市场错综复杂，限制了市场的统一，无法开展物流金融、贸易金融服务，而网络化交易则不需要这些，只需一台电脑就可以完成交易，可以在任意时间、任意地点选择任何大宗农产品，节约了时间，提高了效率。传统大宗农产品市场交易以现金交易为主，交易者要到银行存款、取款，不仅麻烦，而且存在不安全性，电子交易市场则方便灵活，一部手机就能解决所有问题，快捷高效又安全。

2. 发展更加电子商务化

得益于我国互联网的快速发展以及国家农业政策的大力支持，全国大多数地方和企业开始尝试农产品市场体系的信息化改造。国家先后出台了《中华人民共和国电子签名法》（中华人民共和国主席令第十八号）、《电子银行业务管理办法》（中国银行业监督管理委员会令2006年第5号）、《网络商品交易及有关服务行为管理暂行办法》（工商总局令第49号）、《非金融机构支付服务管理办法》（中国人民银行令〔2010〕第2号）等法律法规，网上交易电子支付、第三方支付、第三方物流等电子商务经营链正在快速崛起，随着“6·18”“双11”等电商促销活动，电子贸易额逐年增加。大宗农产品电子商务化已是大势所趋，未来主要有两种发展方向：一种是网站型电子商务，主要是建立信息交流平台，以B2B信息网站为例，如中华粮网、阿里巴巴、中塑在线网站等；另一种是电子交易市场，最直观的就是各种网上购物平台如淘宝网和京东商城，建立一个仅包括各种大宗农产品的综合化的交易平台，集产品信息公示、在线沟通交易、物流配送和售后服务于一体，提供全方位服务，这样大宗农产品电子交易可以实现线上与线下、现实与虚拟、传统与现代的有机结合，利用网络信息技术，可以为交易者交易提供便利服务，是未来的一个发展方向。

3. 智慧化期货交易备受关注

由于大宗农产品价格波动较大且波动频繁，存在时间空间上的局限性，不方便进行管理。期货交易可以有效解决这个问题，弥补了我国远期现货市场的不足。期货交易促进了我国农产品的跨时期商品流通，同时提高了流通效率，在发现价格风险以及规避风险等方面发挥了重要作用。在互联网技术、市场运营机制以及电子商务发展的助推之下，市场出现了新的发展模式——现货递延交易模式，这种方式集竞价交易、商城挂牌交易、期货交易的功能和优点于一体，它可以实现每日交收，满足企业现货需求；全程电子商务模式，提高了企业运营效率和效益；交易环境更加透明、公平，目前这种交易方式已逐渐成为未来市场发展趋势。

4. 交易更加标准化

当前，我国大宗农产品不仅满足国内大众的需求，更多的是走出国门、迈向世界。面对严格的国外市场要求，大宗农产品市场体系建设要求标准化、现代化。大宗农产品市场体系的标准化建设，要求以国际市场的技术要求为标准，对大宗农产品生产、运输以及销售过程中的每一个环节都进行标准化处理。在对外贸易方面，现代的“流水线作业”“集装箱作业”等标准化方式已应用于大宗农产品领域，大大缩短了产品的装卸、运输时间，提高了效率。未来，随着科技的不断发展以及各种工具的涌现，大宗农产品市场体系建设会更加标准化。

5. 贸易主体多元化

随着大宗农产品贸易快速发展，其贸易参与主体更加广泛，买方与卖方的简单主体关系早已不复存在，农产品生产者、中间商、批发商、零售商、终端销售商等多种主体也逐渐参与其中，大大增加了交易环节，扩大了多个大宗农产品的流通范围。此外，随众多主体涌现出来的交易环节中又有其他交易中介的参与，贸易主体又会进一步复杂化、多元化。随着我国社会经济的进一步发展，相信在未来几年，新的贸易主体还会不断涌现，多元化发展会是一种趋势。

6. 贸易需求个性化

当前，在我国经济快速发展的推动下，人们不再满足传统单一的贸易往来，对贸易的需求日益彰显出“个性化”的趋势，对交易常常附加“私人订制”的条件。大宗农产品是人们生活的必需品，随着生活质量的提高，大宗农产品的贸易也逐渐迈向“个性化”的“私人订制”，不仅体现在人们对产品质量的高标准，而且体现在对贸易的方式提出的独特要求。

因此企业要时刻掌握发展趋势，紧紧抓住顾客需求，始终坚持“以客户为主”的服务方式，不断创新经营模式、改进贸易方式，更好地开展贸易服务，满足人们日益个性化的需求。

4.3.2 鲜活农产品市场体系的发展趋势

所谓鲜活农产品，是指与居民生活息息相关的新鲜蔬菜、水果、水产品、禽畜及其肉类产品，以及能够到达餐桌上的农副产品，新鲜、绿色食品。在《全国高效率鲜活农产品流通“绿色通道”建设实施方案》中，鲜活农产品的划分范围为：新鲜蔬菜、新鲜水果、鲜活水产品、活的禽畜和新鲜的肉、蛋、奶 5 类农产品①。鲜活农产品在日常消费中占有非常重要的地位，是人民生活中基本的食物来源。随着我国国民经济不断持续健康稳定发展，人民的生活水平和消费水平也逐渐提高，对鲜活农产品的要求也越来越高。虽然鲜活农产品市场取得了一定发展，但还是不能满足人民日益增长的需要。伴随经济的发展，鲜活农产品市场未来主要有以下几个发展趋势：

1. 批发市场在鲜活农产品市场体系的作用逐步加强

改革开放四十多年来，批发市场在鲜活农产品交易中一直发挥着重要作用，是鲜活农产品的集散中心、价格形成中心以及信息交流中心。时至今日，其作用并没有减弱的趋势，当前批发市场承担着 80% 以上鲜活农产品的交易。我国农业发展一直受人多地少这一困境的制约，家庭生产与市场销售的矛盾也不会很快消失，再加上鲜活农产品具有易腐坏的特点，受时间、地域的约束较大，因此未来很长一段时间，批发市场将仍然占据我国鲜活农产品交易的主流，而且会发挥着更加重要的作用。

2. 产销对接使交易趋于便利化

传统的鲜活农产品交易存在中间环节多、信息不畅、损耗浪费严重等问题。近年来，消费者对鲜活农产品的需求呈现多元化趋势，越来越重视产品的安全性，产销对接是解决现有鲜活农产品交易的有效模式，在此背

① 闫成玉，张畅．城镇化与鲜活农产品流通体系［J］．市场现代化，2014（17）．

景下，产销对接也正逐渐朝着多元化方向发展，农超对接、农餐对接以及其他创新模式不断涌现。未来，适应农产品交易发展新要求，新的产销创新发展模式还会进一步出现，交易会更加便利。

3. 交易服务体系更加健全、完善

与发达国家相比，我国鲜活农产品市场体系建设起步晚、发展慢，缺乏配套的物流服务体系、信息服务组织、质量检测服务组织，服务体系的建设还有很大的上升空间。随着我国物联网、大数据、云计算等高新技术的发展，服务体系也将进一步健全，朝着网络化、数据化方向发展，逐步缩短与发达国家的差距。

4. 交易方式更加多元化、信息化

在我国现有鲜活农产品市场体系的基础上，我国鲜活农产品市场交易方式已出现多元化态势，在线交易、期货交易、拍卖交易等方式快速涌现，同时实体生鲜超市、网络生鲜超市、冷物链快速配送等多种方式使交易变得非常便利，但是还普遍存在交易成本高，手续麻烦等问题。未来，随着国家加大网络管理力度，优化电子商务发展模式，出台相关政策，鲜活农产品的发展会呈现百花齐放的局面。

5. 鲜活农产品贸易更加标准化

与大宗农产品市场体系发展相同，贸易标准化也是鲜活农产品市场体系发展的大势所趋，但与大宗农产品不同的是，鲜活农产品由于其本身易腐的特性，因此，其标准化建设的目的就是保持一定的新鲜度。近年来，鲜活农产品市场体系标准化建设的重要措施之一是建立标准化的运输方式，统一各产品在运输中的标准，从而缩短农产品的运输时间，降低中间损耗，提高其运输效率，切实保证农产品的新鲜；此外，要加强冷物链设施的标准化，具体来讲要建立先进的冷冻设施，如冷库、冷藏车等，依托现代科技推进冷冻设施的智能化建设。鲜活农产品流通的标准化建设，有利于保障鲜活农产品的质量安全，有利于满足人民对鲜活农产品的多样化需求。在未来，随着科技进步、人们生活水平的提高，鲜活农产品市场体系的标准化建设会更加严格。

6. 新零售方式逐渐深入人心

所谓新零售是指销售环节的核心是消费者，以消费者的感受、体验和需求为中心，而不是生产者。随着互联网的快速发展，零售行业也发生了翻天覆地的变化。目前农产品的一大特点就是品种多，琳琅满目，使人选择困难。农产品供给侧改革的核心就是品质化、品牌化，新零售正是具有特色化、价值化、平台化、生态化、标准化、品质化的特征，顺应了国家改革的发展需要，未来一定会成为发展趋势。

第5章　农产品不同市场模式及运行机制的比较分析

农产品市场体系是一种由农产品的市场参与主体和客体、市场的组织方式、市场的类型以及市场的运行机制等多种要素共同组成的综合体，其主要强调的是农产品在生产流通领域内的各种经营、管理、交易、服务等行为组织与运行结构，并构成联通农产品生产与消费之间的媒介平台。随着改革开放以来经济社会的快速发展以及市场体制的不断完善，我国农产品的生产规模与生产效率不断提升，农产品贸易不断扩大，市场体系不断健全，逐渐形成了以信息技术、第三方物流、供应链、渠道关系和“农超对接”为基础构建的多种类型的农产品市场模式。为了全面地了解我国农产品市场的模式，本章针对各种类型的农产品市场模式，围绕其各自的定义和内涵、运行机制、形成条件、优点和不足等方面展开比较分析，为创新我国农产品市场模式及运行机制奠定基础。

5.1　五种不同农产品市场模式及运行机制

5.1.1　基于信息技术构建的农产品市场模式及运行机制

目前，学术界对于以信息技术构建的农产品市场模式尚未展开广泛深入的研究，未形成统一的概念。大多数学者主要从以互联网为依托的视角，探讨了信息技术对农产品市场物流发展、供应链管理以及质量监管等方面的重要作用。人们普遍将包括计算机技术、智能技术、传感技术、控制技术和通信技术等有助于管理和处理信息的各领域、多方面的技术统称为信息技术。结合众多学者的探讨研究，笔者认为，基于信息技术构建的农产品市场模式主要是指将农产品的包装物标识技术（如条码技术、RFID等）、物流过程的管理与追踪技术（地理信息科学技术如GIS、GPS、GSM等）、信息传输交换技术（如Internet、EDI等）和信息处理技术等现代科技充分应用于农产品的生产、加工、流通、消费等全环节，将信息技术融合进农产品市场，实现农产品市场的信息化与科技化。

基于信息技术构建的农产品市场的运行机制，主要是指依托以网络技术和数据交换技术（EDI）为代表的信息交换技术，以条码技术和射频（RFID）技术为代表的包装物标识技术，以GPS、GIS、GSM为代表的物流过程跟踪技术和网络平台的信息管理系统等现代化信息科技，以公开信息连接农产品供需双方，对农产品的流通全过程进行信息化服务、管理与监督。

在具体的运行过程中，信息管理系统与信息交换技术贯穿始终，网络技术将市场参与者联结成一个整体。首先，生产经营商通过组建自己的网络平台，实现信息、资源、业务开展的网络化，其将农产品的种植、产地、品种、外观、口感等相关信息进行标准化、规范化和格式化的整理后经由网络平台发布，批发商或消费者根据产品信息自主下单采购，提供所需产品的规格、数量与收货地址等信息，支付相应货款到达第三方电子商务平台代为管理，生产经营商再根据网络订单信息进行相应产品的生产包装。其次，借助于包装物的标识技术对农产品进行规范统一包装，并利用包装记录农产品的生产、流通等全方位基本信息，实现信息采集的标准化、快捷化，确保数据信息的客观性与准确性，为后续的信息交换与管理奠定基础。再次，进行农产品的物流运输与配送，借助于以GIS、GPS、GSM等为代表的地理信息科学技术进行物流过程的管理与追踪，对运输过程进行远程操控，减少运输成本并提升运输效率。实时记录并发布物流运输车辆的状态、位置等信息，使相关各方均能及时知晓产品运输进程等信息。最后，产品到达批发商或消费者手中，消费者确认收货后货款到达生产者账户。在市场的运行过程中全程实现了实时的农产品信息交换与传输，信息管理系统与信息交换技术对农产品市场复杂繁多的生产交易信息进行了有效收集、整合、传输、存储、加工、维护和更新等，通过对信息展开分析帮助市场主体更好地把握市场动态，对产品生产、包装、运输、销售等全过程进行有效的信息管理，提升市场营运水平。

5.1.2　基于第三方物流构建的农产品市场模式及运行机制

第三方物流又称为“外包物流”，其运作模式是由产品流通供需方之外的第三方企业来提供物流服务，指开展生产经营的企业将本该由自己处理的企业物流业务以合同的形式外包委托给专业的物流企业，以集中精力发展自己企业的主营业务，同时以信息系统为基础媒介实现与物流企业的密切沟通，从而可以对物流的全程运输进行全方位的监管与治理。基于第三方物流构建的农产品市场模式主要是指在农产品交易市场上，由农产品的供应方（生产商、发货方等）和收货方（消费者、销售商）以契约的形式将物流业务外包给第三方专业的物流企业，物流企业不参与农产品的生产与买卖过程，为客户提供更为系统、专业、信息化的物流服务，包括对农产品进行包装、分拣、装卸、搬运、仓储、运输、配送、加工和有关信息整理等工作，通过对农产品流通全环节的物流管理活动，使农产品实现实体流动和相关信息的交换，最终将供应方和收货方联结起来的一种市场模式①。目前，我国针对农产品所具有的特别属性，大力倡导冷链物流的发展，促进农产品保鲜。

基于第三方物流构建的农产品市场的运行机制，是指通过缔结契约的形式，农产品的经营者与第三方物流企业达成协议，第三方物流企业按照协议提供相关物流服务的过程。

在具体的运行过程中，首先，农产品的生产者与专业第三方物流企业签订合约，以委托代理的形式，由第三方物流企业承担流通工作。其次，依据不同农产品的特点及顾客要求的差异，专业物流企业提供具有针对性的个性化服务，并对分散的资源进行整合，开展包括检验检疫、分类包装、运送、仓储和信息整理利用等内容的物流运营，以专业设计过的物流通道为根本途径，利用先进的物流设施、装备和技术，凭借专业的农产品物流管理、营销等手段，以专业化、规模化的经营将产品送往集贸市场或

---

① 何晓爽．“一带一路”背景下的海南农产品第三方物流［J］．农业展望，2015（08）．

超市。在运输过程中，第三方物流企业凭借其专业能力，依托信息技术，通过信息采集、处理、传输等方式实现实时物流信息的交换共享，使相关各方全面、及时地掌握农产品市场的信息，实现各方对农产品的监督管理，促进高效交易，并及时合理地进行最优化的调度，直接将农产品的生产者和消费者连接起来，有助于流通时间、成本与农产品额外耗损的下降，提高流通效率。最后，农产品直接到达消费者手中，或者由超市和集贸市场等销售终端进一步将产品销售给消费者，完成基于第三方物流的农产品流通过程。

5.1.3 基于供应链构建的农产品市场模式及运行机制

2001年，对“供应链”的解释出现在我国发布的《物流术语》国家标准（GB/T 18354—2001）中，是指“生产与流通过程中，涉及将产品或服务提供给最终用户活动的上游与下游企业，所形成的网链结构”。通俗解释供应链是指具备整体功能的一种供需网络结构，它以一个企业为中心，将生产和流通等过程中各个环节所触及的资金流、物流、信息流等资源进行整合，最后将生产、批发、零售商和消费者等市场参与主体连接在一起，形成一个从生产到消费的完整链条①。而基于供应链构建的农产品市场模式，是一种以供应链为基础，贯穿在和农产品相关的生产、流通、消费等领域中，将农产品的生产者、加工者、物流业务的经销商、零售商、最终消费者等各市场环节和市场参与者联结起来形成网络结构，并从农产品的生产到最终消费实现完整的资金链、物料链、增值链和信息链等多链条形式的一种农产品市场模式。在此过程中，依托供应链对农产品市场进行管理，协调农产品的生产商、中间商、销售商等参与者的关系，提供相应的信息交换与反馈，控制并管理人力、财力、物力和信息、技术等存在于供应链中的各种要素。目前，我国市场上的主要的农产品供应链结构模式有以农民合作组织、批发市场、龙头企业、大型零售企业、大型物流企业、电子商务平台等为核心组成六种市场模式。

① 参考《物流术语》国家标准（GB/T 18354—2001）的相关概念界定。

基于供应链构建的农产品市场的运行机制，主要是指包括生产者、中间加工经营商、流通运输企业、批发市场、销售终端和消费者在内的多环节参与者，连接形成农产品从生产到销售的完整供应链条。在供应链中，各节点参与者之间形成合作，对供应链中农产品生产加工、流通运输、经营销售等各环节的资源要素进行整合优化与合理配置，优化农产品市场的运作流程，创造特色、专业与价值创造的最优组合。其中大多数以批发市场作为其中的核心企业，在供应链节点中发挥着至关重要的作用。

在具体的运行过程中，首先，由一些原材料的供应商提供例如土地、农机具、种子、化肥、动物幼种、饲料等生产材料，农户在生产基地进行种养殖作业，主要以具有一定规模的专业合作社等集体组织的形式开展合作。合作社具有一定的威信与号召力，制订专业的生产计划，依靠与外界交换的产品种类和数量等基础信息对农业生产进行有效的指导，保障农产品生产有条不紊地进行，并负责农产品后续的订单流通等工作，进行合理规划与安排，增强长期合作的稳定性，推动团结协作，发挥规模效益，提升农户整体的抗风险能力。其次，由产地批发商或销售地批发商进行统一收购，经由加工经营商等中间商开展进一步的检验检疫、包装、保鲜、处理等再次加工。之后，通过流通运输环节，将农产品交由运送点统一配送，运往农产品的批发市场或便利店、超市、零售商等零售终端，最后到达消费者手中。

5.1.4 基于渠道关系构建的农产品市场模式及运行机制

我们通常所说的渠道关系，是指基于渠道完整的视角来看在渠道的组织系统中各个主体成员间进行联系交流的态势以及联合的一种深入程度。渠道中的关系主要可分为四种：纵向关系、横向关系、多渠道关系和类型间关系。其中，纵向关系是指在同一个渠道但是不同层次上的各主体之间的关系；横向关系是指在同一个渠道和同一个层次中的相似企业主体之间的关系；多渠道关系是指一个企业或市场主体中不同渠道间的关系；类型间关系是指在同一个渠道和同一个层次中不同类型的企业、主体之间的关系[①]。

基于渠道关系构建的农产品市场模式，是指农产品市场中的各个参与成员例如农户、农业专业合作社、批发商、零售商、消费者等以农产品的生产、流通、销售为纽带开展交往合作的活动，渠道成员之间相互依赖，建立契约合同关系并形成联系渠道的一种市场模式。目前，我国市场上的农产品渠道模式主要分为三类：一是简单的运销模式，农产品直接从生产者到达销售商或消费者手里；二是多个层次中间运营商的模式，农产品从生产者到达消费者渠道中经历批发商、加工商、运输商、销售商等多层中间商；三是内部关系的交易型模式，加工商与销售商形成该渠道的主要部分。农产品市场主要的渠道关系有"农户 + 消费者""农户 + 零售商 + 消费者""农户 + 产地批发商 + 销地零售商/超市 + 消费者""农户 + 产地批发商 + 销地批发商 + 零售商/超市 + 消费者""农户 + 销地批发商 + 零售商/超市 + 消费者""农户 + 农产品专业合作社 + 销地批发商 + 零售商/超市 + 消费者""农户 + 农产品专业合作社 + 大型连锁超市 + 消费者"等模式[②]，而在我国农产品市场中占据主导地位的渠道模式仍然是以批发商为重心的模式。

基于渠道关系构建的农产品市场的运行机制，主要是以合作协议为基础，以第三方监管机构为保障，以信任和承诺为指导，由农户组成专业合作社，签订供销协议并进行标准化生产，将农产品统一交由中间批发商，中间批发商再将农产品流通到集贸市场或者消费者手中，形成农产品生产的渠道关系。

在具体的运行过程中，渠道关系缺乏稳定性，各渠道成员间以承诺和信任为指导开展活动，并不断建立公平合理的利益分配和补偿机制，建立完善利益联结机制、激励与奖惩机制，改变以往单纯地以物质报酬为主开展的激励方式，以各主体能够一致接受的关系来规范加强自我约束，加强共生性合作，促进渠道合作的可持续发展。

首先，由于农户分散经营且规模较小，加之农村地区交通不便以及农

① 席利卿. 农产品营销渠道纵向协作关系研究 [D]. 华中农业大学，2010.
② 黄景因. 农产品渠道关系质量对渠道冲突影响的实证研究 [D]. 江西财经大学，2011.

户销售渠道狭窄，所以其大多组成农产品的专业合作社（农户之间形成横向的渠道联盟关系），对农户的产前、产中和产后等完整链条的生产活动进行相关服务，例如供给一些高水平的生产资料、进行一定的技术指导、提供市场供求信息、与农户签订农产品安全生产与供销的协议等，发挥农产品的规模效益，并依托物流的运输将农产品集中起来，统一交由产地或销地批发商等中间批发商。

其次，中间批发商与农户或合作社订立相关的合作意向协议，大型或龙头企业为农户提供一定的信息与技术支持，加强信息共享与交流。农户按照协议要求进行标准化生产，批发商进行检验验收后，依据合同协议对农产品进行收购，之后流通到农产品批发市场或超市等零售终端，零售终端再依据事前签订的契约合同对农产品进行检验合格后，进行收购销售，最后到达消费者手中，形成农产品生产的纵向渠道关系。

由于农业生产较强的不确定性，渠道冲突时常发生，渠道关系中的违约率较高，因此，我国的农产品渠道中逐渐加入了相关的第三方监管机构，以中国农产品市场协会为代表，其与农产品渠道中的各方签订契约协议，通过相关的激励机制与奖惩体系，管理监督各方的合法权责行为与公平竞争合作和利益分配。

5.1.5 基于“农超对接”构建的农产品市场模式及运行机制

“农超对接”是在我国农业发展实现从传统农业向现代农业转型过程中提出的一种新型的流通方式。2008 年 12 月 11 日，农业部和商务部共同发出了《关于开展农超对接试点工作的通知》，从此，“农超对接”的试点工作开始推进。“农超对接”是指农产品市场中的农户或农户结合形成的农民专业合作社与超市经过订立合同协议，形成生产与销售之间的直接合作对接，为优质的农产品进入超市提供平台，实现农产品直供的一种流通方式①。目前，我国“农超对接”的开展实现以“超市 + 农民专业合作社 +

① 参考《关于开展农超对接试点工作的通知》相关概念界定。

农户”“超市 + 农业产业化的龙头企业 + 农户”“超市 + 基地 + 农户”等三种主要模式为代表。基于“农超对接”形成的农产品市场运行模式，是指农产品的专业合作社与大型的连锁超市通过签订合作契约进行直接对接，对鲜活农产品建立一种“超市 + 基地”的销售模式，依托直接采购的基地，引导超市终端与产地农户进行产与销的对接，减少流通环节并促进流通成本下降的一种农产品市场运行模式。

基于“农超对接”构建的农产品市场的运行机制，主要是指以农户或由农户结合组成的农民专业合作社、超市为参与主体，以超市为主导企业，以契约协议为基础，依托风险管理、成本控制、利益分配等市场调节机制，超市将资源进行有效的配置同时提供给农户适当的帮助，建立一种长期稳定的“订单式农业”关系，最终将农产品由生产者直接运输到超市的一种减少中间环节、提升流通效率的直供流通模式。

在基于“农超对接”构建的农产品市场的具体运行中，由于农户种植经营规模小，超市一般与农民专业合作社对接，签订供销协议，明确双方的权利与义务。超市作为现代化的零售终端，其对产品的生产、包装、流通等环节具有严格规范的标准，尤其对鲜活农产品的保鲜质量要求较高，催生了其与终端生产者直接合作进行供销，减少流通环节。超市依托其雄厚的经济科技实力与庞大的销售信息，对市场需求展开分析，并进行市场信息的及时沟通与传递，根据需求指导合作社进行生产，对农产品的数量、质量等生产经营活动进行规定。在“农超对接”的初期，超市会投入较多的资源帮助农户从原材料的采购到种植、加工等环节进行培训，并提供有效信息，减少农户的种植风险，为农户提供了生产、加工、分拣、运输、销售的一站式服务。之后农户根据超市的产品要求进行符合规定的种植生产与包装、存储、运输等活动，其中专业的物流运输至关重要，需要专业物流运输企业与设备技术的参与，以冷链物流为代表，对农产品进行保鲜、快速、安全的运输。超市再对农产品的数量、质量、包装、信息等指标进行检查验收，达标产品顺利采购，对农产品进行保鲜存储，最终进入超市进行售卖。超市具有一定的采购周期与结款周期，周期结束后，合作社提供相应的票据，超市进行付款，最终完成流通过程。

5.2 五种不同农产品市场模式的形成条件

5.2.1 不同农产品市场模式形成的一般条件

随着社会的发展与进步，农产品市场交易持续扩张，市场规模日益扩大，不断催生了种类越为丰富、运行更加流畅便利、越加符合市场发展要求的多种类型的农产品市场模式。目前，市场上主要包括基于信息技术、第三方物流、供应链、渠道关系和“农超对接”构建的五种农产品市场模式，这些市场模式都是顺应时代的政治、经济、社会发展潮流的产物，其形成条件具有一定的共性相似之处，主要包括以下几个方面：

1. 政府政策的积极引导与扶持

我国实行社会主义市场经济，政府发挥重要的宏观调控作用，对市场发展进行积极引导。农业作为关乎国家安全的重要基础性产业，我国政府出台了一系列的政策进行扶持与引导，通过一系列政策法规规范了市场秩序，帮助农产品市场实现健康高效的发展与完善，在各种不同农产品市场模式的形成与发展中起到了不可忽视的重要推动作用。总体上，自 2014 年以来，在中央一号文件的指导下，我国不断推进农产品的市场化改革，以市场需求为导向，推动农产品的供给侧结构性改革。我国农产品市场体系日趋成熟，市场机制日趋完善，市场参与主体不断丰富且壮大，市场运行日趋复杂，农产品市场不断实现规范与标准化，也为不同模式的农产品市场发展提供了客观良好的外部环境。

在基于信息技术构建的农产品市场模式中，国家发展改革委出台的《2010—2015 年农产品冷链物流发展规划》中要求必须以信息技术提升农产品流通效率与质量；2012 年的中央一号文件《关于加快推进农业科技创新持续增强农产品供给保障能力的若干意见》中凸显了农业科技的重要作用，明确提出农业科技是推动现代农业建设快速发展的决定性力量；农业部印发的《国家农产品加工技术研发中心管理办法》（农加发〔2016〕2 号）中明确提出要加大对农产品技术研发与科技成果的转化；2017 年 1 月，农业部印发了《"十三五"农业科技发展规划》（农科教发〔2017〕4 号）的通知，再次强调了科学技术对农业发展的重要作用[①]。

在基于第三方物流构建的农产品市场模式中，在 2016 年发布的中央一号文件中，政府以农产品流通领域的设施建设与市场完善为中心，明确要求要开展一系列行动降低农产品的物流成本，农产品的物流成本问题首次体现在中央一号文件中。关于推动农产品市场第三方物流的发展演化问题，在一系列法律法规中都作了明确规定。例如，在 2006 年，以交通运输部为中心的七部委联合发布了《关于进一步完善"五纵二横"鲜活农产品流通绿色通道网络实现省际互通的通知》，为鲜活农产品的运送提供方便的路径；农业部开展了农产品批发市场的"升级拓展 5520 工程"，商务部实施了"万村千乡"工程和"双百市场"工程，为农产品市场的第三方物流发展创造了一系列条件[②]；2007 年国务院公布的《关于加快发展服务业的若干意见》中明确规定要大力发展第三方物流，促进物流的专业化发展，推进农副产品流通体系的完善，并积极培育较为大型的涉农商贸集团企业，大大促进了农产品市场第三方物流的发展。

在基于供应链构建的农产品市场模式中，中共中央、国务院先后出台了一些文件，主要以积极培育扶持农产品的生产经营主体、鼓励并引导新型流通业态的发展、完善配套相关市场服务等手段来规范并促进农产品的生产流通。

在基于渠道关系构建的农产品市场模式中，通过国家政策的大力引导，传统农业逐渐向现代农业转型，包括农产品专业合作社、中间加工、经销商等在内的市场主体得到扶持与快速发展，为农产品市场各主体间建立横向或纵向的渠道关系提供了前提条件。

在基于"农超对接"构建的农产品市场模式中，政府通过出台《关于开展农超对接试点工作的通知》（商建发〔2008〕487 号）、《商务部、农

---

① 参考《2010—2015 年农产品冷链物流发展规划》《关于加快推进农业科技创新持续增强农产品供给保障能力的若干意见》《国家农产品加工技术研发中心管理办法》《"十三五"农业科技发展规划》相关文件要求。

② 参考《关于进一步完善"五纵二横"鲜活农产品流通绿色通道网络实现省际互通的通知》等相关文件。

业部关于全面推进农超对接工作的指导意见》（商建发〔2011〕43号）等一系列政策法规，对市场主体的活动行为进行了指导规范，引导并支持“农超对接”工作的有序开展，为“农超对接”模式的运行提供了良好的政策与市场环境。

2. 经济发展与人民消费水平的提高

根据国家统计局的数据显示，我国人民收入逐年提升，恩格尔系数呈现逐年下降的趋势，由1978年的60%下降到2021年的29.8%①，整体逐渐接近富足的水平，进而带来了居民的消费方式、消费结构与消费理念的改变，对农产品市场的发展提出了新的要求。从国家统计局发布的数据中不难发现，2021年全国居民人均可支配收入达到了35128元，比上年增长9.1%。城镇居民人均可支配收入47412元，比上年增长8.2%；农村居民人均可支配收入18931元，比上年增长10.5%②。随着人均可支配收入的增加，社会消费也持续增加。2021年我国社会消费品的零售总额达到440823亿元，较上一年同比增长12.5%，其中，食品消费的支出也持续大幅上升，在居民总消费中占比最大，达到29.8%③。人们对农产品的绿色无公害、标准化生产的需求日益旺盛，对产品的品种、外观、口感、新鲜度等质量提出了更高的要求，同时，提出了安全、高效的流通要求，对整洁、安全、卫生、环境优良的购物环境也有了更高的要求，最终推动形成了满足市场需求的多种农产品市场模式。

人民生活的整体水平不断升高，对农产品消费的质量要求也日益提升，粗粮的消费量上升，细粮消费量下降，肉类、禽类、蛋类等农产品消费增加，更加注重食品安全，消费需求趋于多元化，消费结构呈现出结构性替代的相关特征。消费理念的变化促使农产品的生产经营者必须充分掌握市场的动态、满足消费要求进行供给侧的结构性改革，因此推动了市场主体之间加强合作交流进而提升整体生产能力。

市场需要生产者与消费者等参与主体，还需要将生产者与消费者连接起来的各种中间商，同时需要配套的一系列相关政策法规与运行良好的市

① 数据来源：根据国家统计局发布的历年《国民经济和社会发展统计公报》收集整理而得。

②③ 数据来源：《中华人民共和国2021年国民经济和社会发展统计公报》。

场机制。生产的主要动因是为了满足需求，农产品作为重要的生活必需品，具有一系列特殊的自然属性，其产品原料的质量、种植生产过程、加工包装方式、运输流通效率等对最终产品的质量有至关重要的影响。在社会经济快速发展的影响下，人们对反季节、跨地区等农产品的需求不断增加，对产品数量与质量的要求不断提高，农产品的一系列特别属性使其面临的消费要求也具有鲜活、生态、安全、营养等特殊性。随着社会经济的快速发展与人们生活水平的不断提高，人们的购买欲望与能力大幅提高，有效需求不断增加，社会整体消费水平持续上涨，消费者作为产品最终的需求方，对产品消费不断提出了更多层次和更高要求的需求，推动了农产品市场模式的不断发展演化。而目前市场上主要的五种模式均有助于促进市场各参与主体的紧密联系，加强对农产品生产流通全过程的信息处理与监督，保障产品质量，降低市场运营成本，减少多余环节与流程，提升生产经营效率，符合市场需求，顺应了社会发展潮流。

3. 科学技术的进步与支撑

基于信息技术、第三方物流、供应链、渠道关系和“农超对接”构建的五种农产品市场模式，其形成与发展均离不开现代科技的服务与支撑，市场的扩大与完善需要充分借助现代科技来收集整理并分析市场供需信息，规范市场秩序，降低整体运行成本。随着科学技术的大力发展，我国农产品市场的科技应用水平也不断提高，较为先进的农机具解放了劳动力，提升了农业生产效率，大大丰富了农产品的品种与数量，提升了产品质量，农业生产逐渐走向专业化，市场规模不断扩大。生产加工技术、仓储设备、运输条件及设备、交通等基础设施建设的发展，也推动了农产品市场交易的扩张，催生了不同的市场模式。

根据中国互联网络信息中心（CNNIC）的调查数据显示，截至 2022 年 12 月，中国的网民数量已达到 10.67 亿人，其中手机网民数量达到 10.65 亿人，互联网普及率已达到 75.6%，较 2021 年 12 月提升了 2.6 个百分点[①]。互联网以其迅速的发展速度及大规模的普及促进了科学技术在各领域的深

---

① 数据来源：中国互联网络信息中心（CNNIC）发布的第 51 次《中国互联网络发展状况统计报告》。

入推进与合作，信息技术依靠其普遍性、超时空性、低成本性和互动性等优势为农产品市场的高效率运作提供了技术支持，农产品市场通过结合信息技术，沟通连接市场参与主体，拓宽销售渠道并扩大销售规模，推动市场完善。

我国电话用户数基本普及，互联网宽带接入用户数飞速发展。截至2022年底，我国有186286万户的电话用户总数，其中有168344万户的移动电话用户总数，实现了119.2部/百人的普及率①。根据CNNCI中国互联网络发展状况统计调查显示，相比2021年，2022年全国共有58965万户的固定互联网宽带接入用户，增加了5386万户；蜂窝物联网终端用户18.45亿户，增加了4.47亿户；移动互联网用户接入流量2618亿GB，增长了18.1个百分点②。互联网上网人数达到10.67亿人，实现了75.6%的较高普及率，其中61.9%的全国农村地区互联网普及率也大大方便了农村地区的交流沟通③。通过软件等信息技术服务业实现的软件业务收入达到108126亿元，2022年比2021年增长11.2%④。科学技术的快速发展与普及，打破了农产品市场信息的地域壁垒，方便了市场各参与主体的交流沟通，引导了农产品市场的现代化发展，促进了农产品市场与科学技术的结合。

科学技术是第一生产力，现代科学技术的飞速发展与普及，为农产品市场模式的发展演进提供了技术支撑与保障，奠定了基础前提。不断发展的农产品市场模式中，总体存在着市场规模较大、参与主体多元且较为复杂的情况，以网络技术为代表，各种农产品市场模式中，互联网与物联网等现代信息科技将各市场参与主体连接起来，实现对农产品生产、运输、销售全过程的无缝链接，大大方便了信息交换与监督，有效缓解了信息不对称带来的问题，促进并巩固市场主体合作，提升了市场运行效率。

4. 农产品市场的完善与规模的扩大

不同类型的农产品市场模式，其发展前提均离不开农产品市场本身规

---

① 数据来源：《中华人民共和国2022年国民经济和社会发展统计公报》。

②③④ 数据来源：CNNCI中国互联网络发展状况统计调查。

模的扩大与机制的完善。农产品产量的增加，为产品交易提供了前提条件，从而使市场的形成与发展成为可能，进而推动市场中不同模式的产生与运行。农产品供给数量与质量的不断提升，是各种市场模式形成的重要推动力量。

随着我国社会的转型发展，传统农业也面临着向现代农业的转型，同时在农产品市场化改革的推动下，农产品的供给侧结构性改革逐步推进，我国农产品的生产技术、方式与结构等供给方面也发生了重大变化，推动了农产品市场的不断发展完善。随着改革开放以来全社会整体劳动生产效率的提高，农产品的生产效率也大幅度提升，农业生产逐渐走向产业化，市场上农产品的品种数量越来越多，农产品供给市场上逐渐呈现多品种与多品质的复杂特性。同时，随着农产品市场化改革的推进，农产品市场机制日趋完善，市场参与主体不断丰富且壮大，市场运行日趋复杂。随着改革开放以来我国科学技术的大力发展，农业技术的应用率也不断提高，层出不穷与不断改进的农机具应用解放了劳动力，大大提升了农业生产效率，农业产量大幅度增加，农林牧渔业生产总值从 1978 年的 1027.5 亿元增长到 2021 年的 86775 亿元。根据国家统计局公布的数据，2022 年，我国粮食种植面积有 11833 万公顷，比上一年增加 70 万公顷；2022 年我国粮食总产量达到 68653 万吨，比上一年增加 368 万吨。肉类总产量 9227 万吨，相比上一年增长 3.8%；水产品产量达到 6869 万吨，比上年增长 2.7%；全年新增的耕地灌溉面积达到 78 万公顷①。因此，我国农产品的供给规模不断扩大，市场体量不断增加。

同时，在我国社会主义市场经济的发展进程中，市场的作用不断增强，在资源的配置过程中从“基础性”作用跨越到“决定性”的作用。同样为了迎合农产品市场需求，提升生产经营效率并实现利润最大化，各地将分散的土地、生产资源等整合，农户加入各种形式的合作社或企业等组织，进行更加专业化、产业化的经营，同时各参与主体展开密切合作，紧密结合社会发展的先进技术、经验与模式，形成高效适配的模式，追求范围经济与规模效益。在农产品的市场中，我国逐渐打破之前

① 数据来源：《中华人民共和国 2022 年国民经济和社会发展统计公报》。

存在的区域分割与地方保护主义，打通农产品市场的地域壁垒，从而推动了农产品市场运行机制与秩序的完善，为农产品市场不同模式的建立提供了环境条件。

5.2.2 不同农产品市场模式形成的特殊条件

包括政府政策的积极引导与扶持、经济发展与人民消费水平的提高、科学技术的进步与支撑、农产品市场的完善与规模的扩大等在内的形成条件，均对不同类型农产品市场模式的形成发展起到了重要的引导与推动作用。不同类型的农产品市场模式具有一定的共性，其演进均离不开政治、经济、社会等整体环境的影响，但又由于其具体模式存在差异，五种不同市场模式的形成条件又具有各自的特性。

1. 基于信息技术构建的农产品市场模式的形成条件

首先，现代信息技术与农业领域逐步实现了融合，为农产品市场的信息技术发展模式奠定了基础，形成了前提条件。我国农业部于1986年创建了农业生产信息中心，1995年开始规划开展中国农业信息网的建设。随后，各省、地以及县级农业部门都建立了自身的农业信息网站，极大地方便了农产品信息的收集与交换，减少了信息不对称性，推动了农产品市场的透明化运行。同时随着科技进步与网络的普及与外部性，在科技革命与信息革命的深入推进中，信息技术以其方便、快捷、低成本、高效率等一系列优势发挥出巨大的效用，并与传统产业等社会各领域进行深度交流融合，大大降低了人工成本与交易成本，提升了运行效率。

其次，现代农产品生产要求产业链的延伸。在时代进步与社会转型发展的背景下，现代农产品市场除了分为产前领域（包括水利、化肥、农药、农机具等)、产中领域（包括种养殖过程）和产后领域（包括产品加工、流通、销售等）外，还延伸出了除传统种养殖业以外的例如对食品进行多层次深加工、生产资料加工业等第二产业的内容，以及包括提供信息技术服务、流通运输等第三产业的内容，使现代农产品市场更趋复杂化和科技化，这就要求信息技术的结合来提升产业链效率，促进市场的变革与完善。

最后，电子商务的发展。在互联网技术的大力推动下，人们的消费理念、消费结构与方式发生了巨大的变化，电子商务日益发达，网络购物日益兴盛。国家统计局数据显示，2021 年，我国电子商务市场的交易规模达到 42.3 万亿元，同比增长 19.6%，其中实物商品网上零售额 10.8 万亿元，占社会消费品零售总额的比重为 24.5%[①]。中国互联网络信息中心（CNNIC）第 51 次《中国互联网络发展状况统计报告》数据显示，截至 2022 年，我国网络购物用户规模达 8.45 亿，占网民整体比例的 79.2%[②]。越来越多来自全国各地的消费者通过网络平台对农产品下单购买，厂商通过网络订单信息进行生产加工，并通过专业快速的物流实现产销对接，农产品交易全过程都实现了信息的实时交换与监督，农产品产销之间越来越多地需要以信息技术为基础构建的平台与服务。

2. 基于第三方物流构建的农产品市场模式的形成条件

首先，交通运输情况的改善。根据我国交通运输部发布的《2022 年交通运输行业发展统计公报》来看，截至 2022 年底，全国已有 535.48 万公里的公路总里程，15.5 万公里的铁路营业里程，12.80 万公里的内河航道通航里程，21323 个港口的生产用码头泊位，以及 254 个颁证民用航空机场。2022 年我国货运量达到 506.63 亿吨，其中公路运输发挥主要作用[③]。2022 年我国货物周转量实现 226160.96 亿吨公里，较上一年相比增长率为 3.4%，其中水路承担着绝大部分的货物周转。交通运输业蓬勃发展，大大促进了物流运输的发展[④]。

其次，与基于信息技术构建的农产品市场模式具有一定的相似交融之处，基于第三方物流构建的农产品市场也离不开信息化建设的发展完善。信息化建设水平的不断提高，方便了农产品物流运输业的信息交换与监督，为农产品市场第三方物流的推进提供了技术支撑与保障。同时，互联网技术的应用推动了电子商务的发展，单笔订单规模较小、市场分散以及种类丰富的消费特征加大了农产品经营商的流通成本，厂商无力应付。因

---

① 数据来源：《中国电子商务报告 2021》。
② 数据来源：《第 51 次中国互联网络发展状况》。
③ 数据来源：根据中国交通运输部发布的《2022 年交通运输行业发展统计公报》整理而得。
④ 数据来源：根据国家统计局发布的《2022 年国民经济和社会发展统计公报》整理而得。

此，将农产品的物流运输业务交由第三方物流企业，增加了农产品从供给端到需求端的第三方物流的服务需求，物流企业依靠其专业化与规模化的特长优势，整合相关社会资源，推动农产品市场中物流成本的下降与运输效率的提高。

再次，农产品市场网络的初步形成。我国的农产品市场不断发展壮大，批发市场占据着流通渠道的主体地位。商务部公开数据显示，截至2022年，我国农产品批发市场已经具备了一定规模，全国农产品批发市场大约有4100家，其中年交易额达到亿元以上的较大规模批发市场有1300家；2019年批发市场交易额达到5.7万亿元，交易量9.7亿吨。在大中型城市中，80%以上的鲜活农产品都由农产品批发市场来提供，农产品的交易市场正在由数量扩张的传统模式向质量提升的现代模式转变，流通规模不断提升，产品质量日益提高，市场运行日趋完善。各类批发市场与集贸市场的壮大发展，推动农产品市场逐渐形成市场网络，交易市场不断壮大成熟。农产品市场规模整体的不断扩大对物流运输提出了更加专业与高标准的要求，也为农产品市场的第三方物流发展提供了更为便利的条件。

最后，物流业发展迅猛。根据《中国商贸物流发展报告（2022年）》的数据显示，2022年，我国的社会物流总额达到347.6万亿元，同比增长3.4%，其中，农产品物流总额实现5.3万亿元，同比增长4.1%，全年社会物流总额的发展呈现稳中有升的态势，农产品物流总额实现新增长。随着现代信息技术在物流领域更为深入、更为广泛的应用，“直播电商+快递物流”“即时零售+即时配送”“仓储会员店+配送一体”等商贸物流模式不断创新，物流量质也不断得到新的提升。

3. 基于供应链构建的农产品市场模式的形成条件

首先，农产品市场中参与者的数量和规模持续扩大。改革开放带来了全社会经济的快速发展，市场结构不断转型优化。农业作为我国的基础性产业，长期得到政府的大力支持和引导，在一系列惠农、支农政策的支持下，我国的农业产业化不断推进，农产品生产的种养殖大户、专业合作社、龙头企业等经营主体快速发展壮大。根据国家统计局公开发布的数据来看，截至2021年底，我国有实际经营活动的农民专业合作社超过100万家，家庭农场近89万个[①]，全国县级以上农业产业化龙头企业9万余家[②]，农业产业化市场蓬勃发展，农产品生产更为专业化、规模化，为农产品供应链形成的推进提供了前提条件[③]。同时，物流企业的不断发展壮大，也为农产品供应链的流通环节建立了高效渠道。

其次，在信息技术高速发展的时代背景下，互联网经济带来了全社会经济发展的革命性变革，以电子商务为代表的互联网经济促使各产业实现了跨越式发展，市场竞争日趋激烈。在社会整体的转型背景下，对农业的发展也提出了新的更高的要求。农业必须创新其发展模式，建立农产品生产流通全过程的完整供应链条，对各种资源要素进行调整组合，提高其产业发展效率，增加其整体的竞争能力。以科学技术为依靠，农产品市场的效率日益提升，信息交换日益密切，为供应链的发展提供了契机与方向引导，位于农产品市场上游的种养殖生产加工企业、中游的运输流通企业和下游的经销零售企业之间建立起合作组织形式，通过垂直协作、利益共享和风险共担，提升整体的竞争能力与专业化，应对激烈的市场竞争与社会转型。

4. 基于渠道关系构建的农产品市场模式的形成条件

首先，专业合作社的推进。在国家政策的大力引导下，传统农业逐渐向现代农业转型，农产品专业合作社（组织）不断深入推进。依托农户间具有共通性和互补性的资源，合作社指导分散的农户进行生产联盟，创建产业群聚的体系，从而整合农户间信息、专业技术能力和生产设备等重要的资源，以一致的定位目标来推进农产品生产的规模化和技术化，解决农户分散且实力弱的问题，有助于与企业组织建立长期稳定的合作契约关系，本质上实现一种横向的渠道联盟关系。此外，由于合作社的发展，也促进了各合作社之间的渠道联盟，扩大合作规模，促进市场风险的下降、生产和流通成本的减少等，降低渠道冲突的水平并发挥规模效应来提高农

---

① 数据来源：国家统计局网站。

② 数据来源：《2022中国新型农业经营主体发展分析报告（一）——基于中国农业企业的调查》，http：//fgw. shandong. gov. cn/art/2023/1/10/art_91540_10380031. html。

③ 数据来源：根据中国资讯网公开发布数据整理而得，http：//www. ccmb360. com/article/show. asp?id =445603。

户的收入水平。同时，中间商的发展日益完善。在经济社会发展的推动下，市场机制日益完善，农产品加工流通、批发、经销等企业不断壮大，随着我国大型连锁超市等专业卖场的不断发展，以超市为平台可以实现农产品从农户直接经过超市抵达消费者手里，或者经过中间的加工、批发商达到专业卖场，为农产品市场渠道关系的建立提供了主体合作的基础，有利于控制监管农产品的质量，减少交易成本，推动农产品市场的渠道纵向间联盟。

其次，解决农产品“小生产”与“大市场”的矛盾，要求农产品市场建立稳定的渠道关系。农产品自改革开放以来，我国的农业发展实现了巨大的进步，农业生产总值从1978年的1397亿元增长到2022年的88345亿元①，但现实是，我国的耕地面积占世界比重不足7%，而占到世界人口比重21%左右的人口带来的消费需求量是巨大的，供求对接之间出现的问题，主要原因是农产品市场中较为分散零碎的小农户居多，无法准确把握市场动态，且渠道狭窄，致使“小生产”和“大市场”之间的矛盾日益突出，农产品生产供给的结构性过剩推动了市场参与主体间必须加强协作，构建渠道关系来实现规模效益。

最后，农产品的特性要求农产品市场达到多层次的渠道关系。由于农业生产所面临的环境具有很强的不确定性，因而农产品市场受自然环境的影响，其数量、质量、价格等波动较大，整体的市场风险较大，并且农产品供应具有很强的季节性和周期性，市场大多分散且规模较小，因此，农产品特性决定了农产品市场中各环节参与主体的合作交流更为松散脆弱。而随着社会经济的发展进步，市场竞争的日益加剧，市场体系的不断完善，在农产品市场中建立较为稳固的渠道关系的重要作用日益凸显。以渠道关系来巩固各市场参与主体之间的关系成为必然要求，可以减少不确定环境中更多的机会主义带来的威胁，规范市场行为，降低市场运营成本并提升市场效率。

5. 基于“农超对接”构建的农产品市场模式的形成条件

首先，连锁超市的发展不断完善。根据CCFA（中国连锁经营协会）

① 数据来源：根据国家统计局发布的历年《国民经济和社会发展统计公报》整理而得。

发布的“2021 年中国连锁 Top100”“2021 年中国超市 Top100”“2021 年中国便利店 Top100”报告内容来看，2021 年我国的连锁百强实现了 2.3 万亿元的销售规模，拥有近 19 万个门店总数量，同比增长 8.9%；Top100 超市企业门店总数约 3 万个，同比增长 2.9%；Top100 便利店企业门店总数量超过 16 万家，同比增长 16.1%①。门店数量的不断增加与销售规模的持续扩大，连锁超市的市场份额越来越大，其在市场零售业中的地位也越来越高，连锁超市的大力推进为农产品市场“农超对接”的发展提供了前提条件，奠定了良好的基础。随着我国连锁超市的迅速发展，超市之间的竞争越来越激烈，种类丰富、物美价廉且鲜活的农产品供应成为超市提升竞争能力的重要筹码。因此，超市为了降低采购成本，减少中间环节并保障产品质量，纷纷与农户或专业合作社进行契约合作，以实现农产品的稳定供应，加强货源保障，并提高其安全性与质量。

其次，农民专业合作社的迅速发展。2006 年 10 月 31 日我国通过了《中华人民共和国农民专业合作社法》，并于 2007 年 7 月 1 日正式推行。此部法规的颁发，对专业合作社的行为和组织进行了规范，农户及合作社相关合法权益得到了保护，促进了农民专业合作社数量的迅速增加，农业生产的组织化程度大大提高。浙大卡特—企研中国涉农研究数据库（CCAD）—农民专业合作社（2023 版）数据显示，2022 年我国新增农民专业合作社 12.15 万家。截至 2022 年底，我国的农民专业合作社数量已达到 224.36 万家，同比增长 0.65%②。农业专业合作社的快速发展，使其创办形式更加多样化，覆盖的领域不断扩大，组织、规范农产品生产的同时为农户与超市的对接提供了良好的条件。

最后，鲜活农产品的特性决定了应尽可能减少流通的中间环节，由此催生了“农超对接”的市场模式。随着农民专业合作社等组织机构的发展，提升了农业生产的专业水平，壮大生产经营规模，促进组织化发展，农业产业化发展的进程也不断加快深入，市场上农产品的数量种类日益丰富，质量逐渐提升，为农产品高效进入超市并开展“农超对接”提供了一

---

① 数据来源：根据 CCFA（中国连锁经营协会）发布的“2021 年中国连锁 Top100”“2021 年中国超市 Top100”“2021 年中国便利店 Top100”报告整理而得。

② 数据来源：浙大卡特—企研中国涉农研究数据库（CCAD）。

定的前提条件。因农产品具有鲜活性与易腐蚀性等特点，种类丰富、数量充实的大量农产品供给要实现高效的流通销售，必须设法减少流通环节，创新流通渠道，减少流通损耗，并实现大规模的供应销售，因此推动了农产品进入采购规模大、销售速度快的超市，并促使农户、农民专业合作社与超市实现直接对接，促进庞大丰富的农产品供给得到高效销售，实现各方利益最大化，提升整体效率。

5.3 五种模式的优点和不足

各种不同类型的农产品市场模式，其形成、发展的进程都是在当时社会经济的整体推动下符合当时时代发展要求的产物。任何模式的形成都具有一定的必然性，从最基础的来说，在一定程度上都是为了促进成本的降低并提高产品的质量，最终都是为了促进农产品市场更好地发展。因此，各种不同的市场模式之间，其优点具有一定的相似性，但基于其各自的具体特点不同，其不足之处却不尽相同。

5.3.1 基于信息技术构建的农产品市场模式的优点和不足

1. 基于信息技术构建的农产品市场模式的优点

(1) 提升运营效率。信息技术的广泛融合推动了农产品生产经营方式、销售渠道等方面的深刻变革，各市场参与主体依据更加方便快捷的信息交流协作形成整体，进行更加专业化与规模化的生产经营，有利于提升社会的资源配置效率，发挥规模效益；信息技术实现了对农产品流通过程的实时信息监控与全程管理，从而有助于对流通过程进行实时调配与合理规划，有助于农产品以最快的速度、最合理的路线选择、最小的成本完成流通，提升农产品的流通效率；对“互联网+”技术的深入推进与应用，依托网络平台，借助互联网的超时空性大大缩短了产销之间的时空距离，大幅度减少中间多余的环节，改变了之前农产品从生产者到消费者要经历的批发商、经销商、运营商等大量代理环节的现状，有利于增加农民的收入，提升交换效率，减少资源的浪费与损耗，促进社会效益的整体提升。

（2）实现信息对称，推动市场完善。信息技术的应用，促使农产品的信息记录与传输采用统一的采集录入，推动农产品行业更加标准化；农产品从供应链的始端到终端所经历的生产、加工、流通、销售全过程在信息技术的影响下通过记录或标识的方式实现了全程监督，使农产品的供应链信息实现了持续性和完整性，提升对农产品的可溯源性，提高了农产品质量安全的保障力度，推进农产品市场的规范化与安全化；在信息技术的推动下，农产品市场的主要参与者愈发追求范围经济与规模效益来实现利润最大化，农户之间组成专业的生产合作社，各市场主体在更为方便快捷的信息交流下联结成越为紧密的整体。大规模的组织以及科技程度更高的运营势必导致市场的专业化程度不断提高，同时信息技术的应用对产品的标准提出了更加统一规范的要求，农产品市场的专业化成为不可阻挡的趋势；因为对农产品市场信息的收集与整理更加充分，动态信息分析成为可能，缓解了市场上信息的不对称性，减少了市场的不确定性与盲目性，从而有利于市场各参与主体准确把握市场动态，政府部门实现对农产品市场更精确的指导，推动农产品市场趋于完善。

2. 基于信息技术构建的农产品市场模式的不足

（1）信息技术应用水平较低。随着第三次科技革命与信息革命的深入推进，我国的信息技术取得了飞速发展，人类进入了信息化时代。信息技术在社会各领域的应用愈加广泛，融合不断深入，但农业发展面临的相对分散性与滞后性，使其对信息技术的应用能力相对较差，未能深入推进信息技术与农业的融合。电子商务是信息技术发展的重要衍生物，而在电子商务统计中，食品、服饰、化妆品、电子产品等是人们的主要消费产品，但农产品在其中所占的比重却不容乐观，农产品在电商平台的种类、数量、成交量与成交额等都与其他产品具有较为明显的差距，且近年来时常出现的农产品滞销、农民损失严重等新闻报道也间接反映了农产品的有关生产销售信息未实现即时高效的交换传输，全国范围内的数据传输与信息共享无法有效实现，导致产地与销地无法进行高效对接，农产品无法实现精准流通，信息技术应用不够充分。

（2）相关配套设施建设与服务滞后。在基于信息技术构建的农产品市场中，对信息技术的应用贯穿于农产品生产、加工、流通、消费等全过程，而以农产品的包装物标识技术（如条码技术、RFID 等）、物流过程的管理与追踪技术（地理信息科学技术如 GIS、GPS、GSM 等）、信息传输交换技术（如 Internet、EDI 等）和信息处理技术等为主的现代科技的有效应用需要依托科学先进的仪器设备，搭建相应的技术平台，并建设配套的相关基础设施，如应用 GIS/GPS/GSM 的仪器设备、进行规范包装的生产线、计算机、网络通信与传输基站等。同时，信息技术的应用还需要较为专业的科技型人才，对农产品和信息技术的相关知识都具有一定的了解。目前，我国农产品市场与信息技术的融合不够充分，相关配套基础设施的建设也不够完备，专业人才队伍缺乏，基于信息技术构建的农产品市场尚不充分、不完善，整体面临着相关设施建设与服务较为滞后、难度较大、时间较长的问题。

5.3.2　基于第三方物流构建的农产品市场模式的优点和不足

1. 基于第三方物流构建的农产品市场模式的优点

（1）有利于降低农产品生产与经营风险。农产品市场中的自营物流主要面临着资金和投资两大风险，第三方物流的发展可以有效减少这种风险。农产品供应方专注于自身产品生产经营的主营业务，对客户订货、货物状态与流通不能做出及时有效的反应，往往会为了防止缺货保持一定量的库存，增加了存货带来的资金风险。同时，农产品供应方需要对自己主营业务之外的物流业务进行额外投资与管理，增加了人力、设施等资本投入，但物流业务作为非主营业务，更容易受到自身精力限制和外部环境的影响，导致资源浪费与效率低下，带来投资风险。因此，第三方物流企业可以依托其高效的运输网络及控制和管理能力，以专业的物流业务提升农产品流通速度，减少资金风险和投资风险。

（2）有助于增强市场竞争力。在我国传统的农业生产经营方式逐渐转型升级为现代农业的发展过程中，社会对农业生产提出了更为严格的要求，农业经营面临着更加复杂的外部环境与竞争更加激烈的市场环境。因此，将农产品供应方的物流运输服务承包给专业的第三方物流企业，在大大节省供应方的人力、物力、资金等多方面成本的同时，有助于供应方将更多的精力集中于农产品生产加工的主营业务当中，从而有助于提升核心竞争力，扩大自身的市场占有率，提高经营利润。

（3）有利于减少运输损耗，降低流通成本。第三方物流企业拥有专业的运输设备、技术与人员，同时其拥有较大的物流客源市场，可以充分整合市场上的物流资源，将农产品市场上现存的零散且规模较小的农业物流资源统一整合，并对分散、高耗、低效的物流组织实现统筹安排，从而发挥规模经济。在运输过程中，物流企业针对客户需求制定专业个性化服务，根据农产品的易腐性等特点进行专业存储、保鲜、冷链等运输，从而减少农产品额外损耗，保障农产品质量。同时，第三方物流企业依托其物流网络与信息流，合理安排配车，及时调整配送方案，提高装载率并减少运输时间及次数，减少流通成本，增强时效性，提升物流效率。

2. 基于第三方物流构建的农产品市场模式的不足

（1）基础设施建设滞后。随着市场经济的大力发展，农产品从产地到销地的距离不断扩大，基于第三方物流构建的农产品市场模式的发展，对于交通运输等基础设施的建设具有较高的要求，有关物流的硬件设施的使用状况是直接关乎农产品流通效率的关键因素。而在主要从事农产品生产的广大农村地区，道路建设相对落后，甚至尚有许多地区无法实现“村村通公路”的目标，从而给农产品的运输流通形成巨大的障碍，造成运输时间长、路途损耗较大、成本较高等问题，严重制约农产品第三方物流的发展效率。

（2）物流成本依然较大。虽然在基于第三方物流构建的农产品市场模式中，将农产品的流通运输业务交给专业的第三方物流企业，第三方物流企业依靠其专业性与规模性，大大推动了农产品物流成本的降低，但在总量上，我国农产品市场对第三方物流的应用还不够充分，农产品的物流成本依然较高，在总价格中的占比依然较大。根据我国农业部对蔬菜类产品的调查与研究发现，在最终价格中，物流成本竟然占到了 50% 以上。而造成物流成本较高的原因，主要包括物流运输的基础设施建设较为落后、装备条件较差、人才较为匮乏、物流技术不够先进并与农业的结合不够深入等多方面因素。

5.3.3 基于供应链构建的农产品市场模式的优点和不足

1. 基于供应链构建的农产品市场模式的优点

（1）促进产品深加工，增加了农产品的附加值。农产品由供应链的上游走向下游，从最初的简单生产者农户，经由专业合作社、农产品加工经营商、运输流通企业、超市和批发市场等零售端最后完成流通，到达消费者的手里。在农产品市场供应链的生产、加工、流通运输和销售等每个环节，众多的市场参与者和较长的生产流通链条，有助于实现对农产品更深层次的加工运作，并且链条中的每一个参与者均由于劳动投入产生新的价值增值，从而使农产品依托供应链形成一条价值链，增加了农产品的附加值。

（2）实现规模效益。随着科学技术与信息革命的发展深入，农产品市场的各参与主体以信息技术为条件，通过方便、快捷、全面的信息交流，供应链内部成员之间联系日益紧密，供应链中的各个环节、各个节点企业均对其他环节与企业的生产经营产生影响，各成员之间不断调整优化组织目标，加强人力、物力、资金等方面更好的协调合作，开展全方位协作，实现整体利益的最大化。

2. 基于供应链构建的农产品市场模式的不足

（1）价格不稳定。在基于供应链构建的农产品市场模式中，农产品从生产者到达最终消费者手中经历较长的中间环节，中间商参与众多，链条较为冗长复杂，供应链中的任何一个环节出现问题，都会导致农产品供需之间无法实现及时高效的匹配，错配会进一步导致最终农产品的市场价格出现较为明显的波动，例如近年一些地区出现的“蒜你狠”“姜你军”等农产品价格虚高的现象等。

（2）信用体系的缺失。在基于供应链构建的农产品市场模式中，我国缺乏对市场参与者进行及时统一的信用建设与管理，繁杂众多的市场参与者之间缺乏强有力的约束，合作关系较为松散。在市场经济固有的弊端之下，各市场参与者之间有时为了追求自身的利益最大化，会发生一系列有违信用体系的交易行为，进而导致供应链结构较为脆弱，容易断裂，形成市场经营风险。

（3）质量安全管理体系欠缺。在基于供应链构建的农产品市场模式中，农产品从生产者到达消费者手中要经历繁杂众多的中间商，较多的流通环节导致农产品的质量安全信息难以被有效记录、传递和存储，不利于质量安全问题的事前预警、事中监控和事后追溯，同时再加上目前我国尚未形成对农产品供应链的全面有效的监管体系，导致农产品质量安全问题突出。

5.3.4　基于渠道关系构建的农产品市场模式的优点和不足

1. 基于渠道关系构建的农产品市场模式的优点

（1）维护市场秩序。传统的农产品渠道模式中，各个市场主体之间大多为自发形成的协作联系，缺乏有效的监督管理机制，合作关系较为松散，契约的违约率较高，渠道关系不稳固。随着时代的发展与市场的不断健全与完善，农产品市场的第三方监管渠道持续推进，一些加入了第三方监管的渠道关系，规范了市场秩序，推动了农产品市场的健康发展。例如，2002 年成立的中国农产品市场协会，在农户、农产品企业、农产品批发市场之间提供包括自律、协调、服务和监管等功能的社会中介服务，根据会员的要求，监督内部成员按约定履行承诺，规范管理各成员的活动，保障各会员的合法权益，并维护农产品市场整体的行业利益。在包含有第三方监管渠道关系的农产品市场中，通过监督管理可以保障农产品的规格质量，并有效约束渠道中市场成员的违规违纪行为，促使市场秩序更加公平规范，市场发展更加健康高效。

（2）增加关系效益。农产品市场中多种渠道关系例如纵向的关系、横向的关系、多渠道的关系和类型间的关系等建立，敦促渠道的成员间形成合作与联盟，关系更为密切。在渠道合作中，各个成员伙伴之间既具有资源的相似性与替代性，也具有互补性，将市场资源进行有效整合，统一规划与管理，实现一种共动效应，使整合后的资源发挥高效率，资源之间的异质性与互补性相结合产生强大的竞争性，变得不可分割和难以模仿，实现稀缺独特性。同时，渠道关系中有效的协作与沟通可以帮助减少参与主体之间的交易与行政成本，联盟中形成的独特的伙伴关系会形成关系资本，最终联合所产生的收益总体大于所有的单个主体的收益之和，从而产生关系性租金，实现规模效益，带来一些无法量化的额外收益。

（3）减少市场不确定性。在基于渠道关系构建的农产品市场模式中，各个渠道成员之间通过事先约定的契约合同开展业务，对农产品的生产、加工、流通等过程都提出了条件要求，各方履行契约，并实现对渠道各环节运行的监督管理。通过对农产品市场各环节的约束，可以减少农产品生产、运输、质量等多领域的不确定性。例如渠道协作的紧密性有助于农产品生产中化肥数量使用的减少，从而保障了农产品的质量安全。同时，渠道关系的建立，以契约为约束，有助于减少农产品收发货、价格和收付款带来的不确定性因素的影响。

2. 基于渠道关系构建的农产品市场模式的不足

（1）有损社会公平与和谐。目前，在我国农产品市场中占据主导地位的渠道模式仍然是以批发商为中心的方式，中间商在渠道关系中占据着重要的地位。中间商对较为分散的农户的农产品进行统一采集收购，再通过规模化的加工、运输，最终销售给消费者，中间商在其中赚取差价，实现利润。由于农户分散且缺乏信息渠道，整体实力较弱，缺乏议价能力，容易受到中间商的压榨，只能被动地接受中间商的定价；同时，消费者承担中间商的利润收入，农产品作为生活必需品，消费者也只能被动地接受市场价格，因此在一定程度上，容易形成“菜贱伤农”与“菜贵伤民”的双重现象，中间商赚取大部分利润，百姓权益受到损害，不利于社会公平与和谐健康的发展。

（2）渠道组织的功能不健全。我国的农产品市场大多处于较为原始的集散阶段，目前仍主要采用较为传统的方式生产、销售，对于农产品的电子商务、订单农业、拍卖农业、连锁经营、代理交易等现代化手段的使用较少且不充分，渠道中的参与人员庞杂，渠道较长，渠道成员之间存在着一定的利益冲突，压缩其他成员利益而尽力实现自身利益最大化，导致渠道关系不够稳定。同时，渠道关系中缺乏完善的市场法律法规，从而组织模式不够成熟，整体运行不够流畅高效，渠道的组织功能相对较弱。

5.3.5　基于“农超对接”构建的农产品市场模式的优点和不足

1. 基于“农超对接”构建的农产品市场模式的优点

（1）减少市场风险。“农超对接”模式的开展，使农户直接实现了与大型零售终端的对接，通过较为稳定的契约合作关系，为农产品的销售找到了一条较为通畅稳定的路径，并实现了较大的销售规模和较低的销售价格，有效解决农产品销售难的问题，减缓滞销带来的损失。同时，农户通过与销售终端的对接，更容易及时有效地获取市场需求信息，解决信息不对称带来的一些市场风险。

（2）降低成本，增加效益。在全社会经济的快速发展下，通货膨胀与物价上涨也伴随而生，消费者的生活成本越来越高，“菜贵伤民”与“菜贱伤农”的状况也越来越严重。但农产品价格的推高也无法有效促进农民实现增收，农户分散且规模小，缺乏市场议价能力，初始生产的农产价格低，农产品流通过程成本高，推动最终消费端价格的上涨，生产者与消费者利益都受损，绝大部分利润被中间商获取。在基于“农超对接”构建的农产品市场模式中，作为生产者的农户或专业合作社直接与作为销售终端的超市进行对接，大大减少了中间批发、加工等经营商的参与，减少流通的中间环节，使农产品流通整体成本降低，对终端销售价格起到了一定的抑制作用。由于减少了中间商，农户和超市的利润获取空间都增大，但最终农产品的价格相对较低，消费者利益也得到增加，最终实现了从生产到消费各参与者的共赢，推动鲜活类农产品“农民卖难”和“市民买贵”等现象问题的处理解决，增加了社会整体效益。

（3）提升产品质量，保障产品安全。在基于“农超对接”构建的农产品市场模式中，超市作为现代化的大型零售企业，其对产品的质量安全等要求较高。超市对农产品的种子选取、种植过程与环境条件、包装、存储、运输等过程具有严格要求，同时为农户提供一定的技术指导，最后对农产品进行相应的检验检疫符合标准后，进入超市售卖。这一市场模式保障了农产品生产流通信息的可溯源性，实现了对产品质量的跟踪，促进了农产品质量的提升与安全性的提高。

2. 基于“农超对接”构建的农产品市场模式的不足

（1）开展合作的难度较大。在“农超对接”中，超市规模巨大，销售量高且人流量大，其对农产品的采购呈批量化，对采购数量与质量有较高的要求，因此只有具备相应较高的生产能力的基地与合作社才有资格与超市展开合作。虽然随着经济社会的进步与农产品市场的改革，我国的农村专业合作社大量发展，但整体规模较小，大量的个体农户生产能力与供应能力较差，与超市的大宗需求不够匹配，大量农户仍被阻隔在外。因此，农产品进入超市具有较高的门槛，目前我国的“农超对接”模式无法实现高效运行，供需之间的不对等使合作社与超市之间开展合作的难度较大。

（2）流程烦琐且周期较长。超市作为现代的专业正规的大型购物场所，其经营活动具有专业流程与模式。在对农产品采购后，超市进行付款具有一定的付款周期，同时超市对货款结算大多通过银行的支付清算方式，银行进行转账审核、清算后最终等到达农户手中，而农户大多习惯现金交易，对电子产品与交易方式的使用率与接受度较低。同时，在“农超对接”中，超市作为大型集团企业，各项业务手续要求复杂烦琐，超市对农产品的采购需要农产品的增值税进项税，但农户整体实力较弱，一般无法提供有关的发票收据，无形中又增加了第三方的参与，进行相关业务的代理，流程愈加烦琐且成本增加，效率降低。

5.4 五种模式的比较

以上对五种农产品市场模式及运行机制进行了较为全面的论述，并分析了各种市场模式的优点和不足，对五种不同的农产品市场模式进行比较分析，具体见表5-1。

表 5－1　　五种农产品市场模式的比较

比较项目＼市场模式		基于信息技术构建的农产品市场模式	基于第三方物流构建的农产品市场模式	基于供应链构建的农产品市场模式	基于渠道关系构建的农产品市场模式	基于“农超对接”构建的农产品市场模式
概念		将农产品的包装物标识技术、物流过程的管理与追踪技术、信息传输交换技术和信息处理技术等现代科技充分应用于农产品的生产、加工、流通、消费等全环节	由农产品的供应方和收货方以契约的形式将物流业务外包给第三方专业的物流企业，物流企业提供个性化与专业化物流服务	将农产品的生产者、加工者、物流业务的经销商、零售商、最终消费者等各市场环节和市场参与者联结起来形成网络结构，并从农产品的生产到最终消费实现完整的资金链、物料链、增值链和信息链等多链条形式	农产品市场中的各个参与主体以农产品的生产、流通、销售为纽带开展交往合作的活动，渠道成员之间相互依赖，建立契约合同关系并形成联系渠道	农户或农户结合形成的农民专业合作社与超市经过订立合同协议，形成生产与销售之间的直接合作对接，为优质的农产品进入超市提供平台，实现农产品直供
运行机制		信息技术（以电子商务为重要平台）+ 农业生产流通	生产、经营商 + 第三方物流企业 + 销售商、消费者	包括生产商、加工经销商、批发市场、销售终端和最终的消费者等多主体，以批发市场为中心	以契约协议推动农户、专业合作社、中间商、零售商形成合作最终将农产品送达消费者手中，专业合作社发挥重要作用	农户组成的专业合作社 + 超市
形成条件	一般条件	1. 政府政策的积极引导与扶持　2. 经济发展与人民消费水平的提高 3. 科学技术的进步与支撑　4. 农产品市场的完善与规模的扩大				
	特殊条件	现代信息技术与农业领域融合；农产品产业链延伸；电子商务的发展	交通运输情况改善；信息化建设发展；农产品市场网络初步形成；物流业发展迅猛	农产品市场规模扩大；互联网经济与市场的发展	专业合作社推进；农产品市场中间商壮大；农产品结构性过剩与市场交换障碍	连锁超市发展完善；农民专业合作社迅速发展；农业生产专业化水平提升

续表

比较项目＼市场模式	基于信息技术构建的农产品市场模式	基于第三方物流构建的农产品市场模式	基于供应链构建的农产品市场模式	基于渠道关系构建的农产品市场模式	基于“农超对接”构建的农产品市场模式
优点	提升运营效率；实现信息对称，推动市场完善	有利于降低农产品生产与经营风险；有助于增强市场竞争力；有利于减少运输损耗，降低流通成本	促进产品深加工，推动农产品增值；实现规模效益	维护市场秩序；增加关系效益；减少市场不确定性	减少市场风险；降低成本，增加效益；提升产品质量安全
不足	信息技术应用水平较低；相关配套设施与服务建设滞后	基础设施建设滞后；物流成本依然较大	价格不稳定；信用体系缺失；质量安全管理体系欠缺	有损社会公平与和谐；渠道组织的功能不健全	开展合作的难度较大；流程烦琐且周期较长

综上所述，通过五种模式构建的农产品市场体系的相关定义与内涵、运行机制、形成条件、优点与不足等内容分别做了详细论述，对不同的农产品市场模式展开了比较分析。各种市场模式都是在政治、经济、社会不断发展下的条件下产生的，都与现代的科技、市场趋势与潮流相吻合，具有一定的优越性。五种不同的市场模式均有其各自的特点，各有优点与不足之处，因此对于五种农产品市场模式不能简单进行比较定论，孰优孰劣，而应该综合考虑，根据其各自的特点，因地制宜，根据具体情况选择不同的发展模式，实现资源的最优配置与市场的高效率运行。但根据当前社会发展的现状以及不同农产品市场模式的运行状况来看，整体而言，基于供应链构建的农产品市场模式，相对其他模式成本较高，且环节繁杂，农产品流通不够方便通畅，相对落后。而基于渠道关系构建的农产品市场模式，各参与主体间关系建立较为复杂且不够稳定，市场中渠道组织的功能不健全，大大影响了农产品市场渠道关系的有效开展与运行，使用效果也不尽如人意。基于“农超对接”构建的农产品市场模式是目前我国正在大力倡导与推行的一种发展模式，与其他模式相比，其优越性较大，而且大大减少了农产品的流通环节与流通成本，有效地保障了农产品安全并提

升了农产品质量，实现了各参与主体的共赢。但目前我国“农超对接”也面临着开展合作难度较大、流程烦琐且周期较长等问题，政府在大力倡导“农超对接”的同时，应当加强完善相关领域的法律法规建设，培育市场主体，规范市场运行，促进社会公平与和谐。与其他模式相比，基于信息技术构建的农产品市场模式与基于第三方物流构建的农产品市场模式，更多的像是农产品市场运行所依赖的一种手段，两者都大大提升了农产品市场的运行效率，但笔者认为，信息技术与第三方物流是重要的媒介与手段，信息技术已深入社会生活的方方面面，与人们生活息息相关，大大提高人们的生活水平并提升社会效率，而农产品天然所具有的易腐性、保鲜性、季节性等特点，使其对运输速度与质量有较高的要求，第三方物流是实现农产品高效运输的重要途径。这两种模式均可以与不同的农产品市场模式相结合，充分发挥共同的优势，从而大幅提高农产品流通效率并保证农产品质量。

上述五种农产品市场模式的提出，都是围绕农产品流通过程，从产前与产后的联合来缩短生产与市场的距离，最终实现市场运行效率的提升。然而，我国农业现代化进程中面临的根本性约束是农户小生产与大市场的脱节，农产品市场中的根本矛盾依然在于小生产与大市场的对立。解决这一矛盾，关键在于实现农民生产的联合。本课题在吸取以上五种农产品市场模式优点的基础上，构建统一开放、竞争有序农产品市场体系的联动模式，致力于实现家庭联产承包责任制体制内的农民生产领域的联合，化小生产为大生产，有效地解决小生产和大市场这一根本矛盾。

第6章　农产品市场体系运作模式创新案例

第5章我们对五种不同的农产品市场模式及运行机制进行了比较分析，从理论上阐述了五种农产品市场模式及运行机制。而本章我们对“布吉模式”“沃尔玛模式”“中粮模式”“新发地模式”“寿光模式”这五种农产品市场模式进行案例分析。从实践中，我们将研究不同农产品批发市场的运作方式，从理论与实践层面为中国农产品市场模式的创新提供借鉴。

6.1　“布吉模式”

6.1.1　布吉农产品批发市场简介

从新中国成立到20世纪80年代末期，我国的农产品市场一直都是由国有商业部门进行垄断式管理，各地的农产品在交易过程中产生行政管理和组织管理等成本，从而导致较高的交易成本，供求关系矛盾突出。改革开放后，国外农产品对中国农产品市场的冲击日益凸显，中国农产品市场体系改革迫在眉睫。

1989年，深圳率先探索农产品流通体制改革的新模式，成立了布吉农产品批发公司（现深圳农产品股份有限公司），成为深圳市重要的“菜篮子”工程，并被确认为“国家级中心批发市场”。布吉农产品批发市场占地面积15万平方米，建筑面积25万平方米，有10个交易区，固定店铺达到1200家，简易摊位达到2000个，经营的农产品品种数达到7000个，有全国3000多家经销商聚集于此，交易量连续多年居全国同类市场首位。深圳市民消费的85%的蔬菜、90%的水果、40%的粮油等都来自布吉农产品批发市场，极大地满足了人民的生活需要[1]。布吉农产品批发市场在之后的发展中，经营范围扩大到整个华南、港澳台地区，并开辟了东南亚、欧洲、北美、南非等市场，与这些地区贸易往来越来越密切。目前，深圳布吉农产品批发市场已成为中国主要的农产品集散地、信息中心、价格指导中心及中转贸易基地，为中国农业对外贸易的发展作出了积极的贡献，并不断为中国农产品市场体系的创新和发展提供实践经验。

布吉农产品批发公司现已发展成为以投资、开发、建设、经营和管理为重点的现代农业龙头企业集团。目前，集团总资产超过 200 亿元，全资、控股、大型股权及分公司 66 家，最先构筑以批发市场为中心的全国性的、多层次的批发市场体系，在全国 22 个大中城市运营和管理有 32 家农批市场和在线交易市场，形成了我国规模最大的农业流通生态系统。市场农副产品年交易量 3300 万吨以上，成交额 2200 亿元以上，约占全国批发市场交易总量的 1/10[2]。公司率先开展绿色交易，打造以安全、效率等为核心的“海吉星”品牌，同时，整合资源，积极探索建设“大白菜 +”电子商务平台，利用互联网技术打造农产品大流通的完整良性生态系统。

表 6－1　深圳市农产品集团有限公司农产品批发市场业绩　单位：亿元

年度 \ 项目	营业总收入	营业成本	农产品批发市场营业收入	农产品批发市场营业成本
2007	14.26	7.02	0.73	0.32
2008	12.32	6.19	0.67	0.18
2009	12.46	6.21	0.68	0.15
2010	13.71	9.48	0.67	0.27
2011	17.96	11.55	0.91	0.33
2012	16.82	10.86	9.63	4.18
2013	21.82	13.42	13.41	5.46
2014	16.48	8.92	12.70	5.80
2015	17.37	8.93	15.16	6.98

① 数据来源：百度百科网站。https://baike.baidu.com/.

② 数据来源：深圳市农产品股份有限公司官网。http://www.szap.com/.

续表

项目 年度	营业总收入	营业成本	农产品批发市场营业收入	农产品批发市场营业成本
2016	20.20	13.15	16.32	9.10
2017	24.46	15.23	20.14	10.87
2018	23.02	14.49	19.60	11.61
2019	28.53	18.21	20.83	11.38
2020	31.74	20.31	23.20	12.87
2021	40.92	27.64	27.80	15.88
2022	43.54	31.48	27.67	16.77

数据来源：2007—2017 年的数据来自《深圳市农产品集团股份有限公司年报》，2018—2022 年的数据根据企查查网站自行整理。

二十多年来，布吉农产品批发市场创造了新的农产品市场经营模式，通过低成本的业务拓展和农产品批发市场运作模式的创新，形成了最大规模的全国性的农产品批发市场网络体系；通过提升批发市场的服务能力，提高了公司的核心竞争力；通过对农产品供应链资源的优化配置，实现了经济效益的最大化。

6.1.2 “布吉模式”的特点

“布吉模式”是二十多年前，深圳农产品批发公司（现深圳市农产品股份有限公司）打破固有模式开创的新模式，是农产品流通体制的变革。这对中国农产品批发市场的建设和运营以及各行各业的创新发展都具有重要意义。简单地说，“布吉模式”是由企业办市场、市场企业化、企业规范化的方式实现了组织创新、制度创新、经营模式创新。

1. 企业办市场——组织创新

以往不管是大宗的批发市场还是零售市场，都是由政府出资建立，受独立法人的准入门槛限制。布吉农产品批发市场开创了新模式，形成新的产权结构，即财产权和经营权分开。市场及其配套设施的所有权和收益权归深圳市农产品批发公司所有，经营者与公司签订合同进入市场从事经营活动。这种企业办市场的组织创新模式，真正地把企业推向市场，使各股东之间形成了一个利益群体，经营者和公司成为一个利益共同体，更具组织效率。经营者接受公司的管理，公司可以从经营者的良好业绩中获取利益，因此公司有足够的激励去维护和改善配套服务。

2. 市场企业化——制度创新

布吉农产品批发市场在政策上允许国营、集体、个体以及私营企业入驻，鼓励各种经济成分并存与竞争。布吉农产品批发市场直接参与市场管理，保障经营者的合法权益，维护经营秩序的正常运转，并明确收费标准，尽量减轻经营者负担。布吉农产品批发市场与一般意义的市场以及企业的一般形态都有所区别，但又兼具市场与企业二者的特征，因而可以认为布吉农产品批发市场是介于市场与企业之间的一种中间组织形态。为了实现经济效益最大化，针对特定类型的交易，需要采用与之相适应的组织管理结构。从交易特性的角度来看，为提高交易效率采用了与之相匹配的“三方规制结构”，即市场上的交易双方构成协约双方，布吉农产品批发公司成为受邀的仲裁人。在这一特殊的“三方规制结构”中，一方面交易双方的重复博弈有助于约束机会主义行为，另一方面布吉农产品批发公司对交易行为进行监督，从而最大程度地降低了交易的不确定性。布吉农产品批发市场的这种“市场企业化”的制度创新，与其交易环境相容，有效地节约了市场交易费用，提高了农产品流通的效率，具有组织制度效率。

3. 流通网络一体化——经营模式创新

我国加入 WTO 后，为与国际惯例及国际农产品市场全面接轨，深圳市农产品股份有限公司通过横向延伸和纵向扩展形成了新时期农批市场网络化建设的“深农布吉模式”。在横向延伸方面，主要表现为分店“复制”扩张与农产品流通企业“虚拟化”；在纵向扩展方面，主要表现为“一个中心，两头延伸”与供应链扩张①。在构建全新的农产品市场体系进程中，这种高效的扩张经营机制，实现了范围经济，完善了农产品流通链条，增强了产业带动功能，对促进农产品产业集群效应发挥了非常重要的作用。

---

① 王朝辉. 从“布吉模式”崛起看我国农产品流通企业扩张形式变化［J］. 农场经济管理，2008（03）.

深圳市农产品股份有限公司最先对农产品交易商业模式进行创新，实现了交易过程的信息化。这种新型的交易模式以电子结算为核心，主要包括四个方面的内容：一是福田农产品批发市场率先建立农产品拍卖市场，按照国际交易规则开展农产品拍卖业务。农产品拍卖不仅实现了“质量等级化、重量标准化、包装规范化”，更是促进了农产品生产基地的标准化。二是建立现代化的物流配送平台，完善配送中心的服务功能，扩大农产品流通范围，有效地促使农产品及时进入全国大流通环节。三是开通“中国农产品电子商务网”，推行电子商务业务，使农产品的交易不再受时间和空间的限制，实现了国内市场与国外市场的对接。四是运用信息技术，实现服务创新，极大地提升了综合服务效率。例如，建立批发市场信息数据库和集团协同管理信息平台，通过协同管控模式，实现管理服务创新；打造客服在线系统，开通全国客服专线，实现客户服务创新。总的说来，深圳市农产品股份有限公司对农产品经营模式的创新，实现了传统交易向现代交易的转变，以及收取租金业务向客户服务、第三方服务、增值服务、营销服务的重要转变，完善了市场功能。

总的来看，布吉农产品批发市场的创新取得了巨大的成功。在企业办市场、管理市场方面是一种新的尝试，它是组织创新、制度创新和经营模式创新的有机结合，促进了交易主体多元化和农产品交易方式的改革，提高了市场管理水平，极大地节约了交易成本，提高了农产品市场的运行效率，促进了市场繁荣。实践证明，要想发展就必须始终坚定不移地创新，不管是农产品流通领域还是其他行业，只有这样企业才有发展潜力。“布吉模式”是现代企业制度和农产品市场体系建设相结合的典范，具有非常丰富的值得推广的经验。

6.1.3 “布吉模式”的经验借鉴

随着改革开放的深入和经济发展进程的加快，传统的经营模式已经无法与现代市场经济相适应。“布吉模式”的创新从一开始就是一个成功的探索，开创了我国企业办市场、企业管理市场的先河。在国外农产品涌入、跨国企业扩张之际，“布吉模式”通过不断地创新来增强核心能力和提升自身的综合实力，在市场竞争中占据主动，同时，也为推动我国农产品流通市场化改革、农业产业化发展以及现代化农产品市场体系建设提供了有益的经验和借鉴。

1. 制度创新，实现自主经营

“布吉模式”在当时不仅为农产品批发和流通带来了新的生机，培育了市场，满足了生产和生活的需要，更重要的是其理论与制度的创新，打破了传统的农产品流通体制，是我国市场经济发展史上的一次重要探索。在长期的经济发展过程中，面临诸多挑战，经济主体只有从制度上敢于打破常规，创新出更具优势的经营制度，才能在激烈的市场竞争中处于领先的地位。像“布吉模式”一样，通过制度创新，激发企业的发展潜能，合理处理各方经营主体的关系，从而增强企业活力。

2. 组织创新，实现多组织、多层次经营

长期以来我国农业都是“小农经济模式”，不管是生产领域还是流通领域，都没有形成规模效益。“布吉模式”下形成的布吉农产品批发市场是一次很好的形成规模效益的尝试。“布吉模式”给我们的启示就是形成规模效益，实现多层次经营，形成产业一体化的发展模式，提高产品和服务的附加值，整合市场资源，保证产品流通。通过扩大规模，不断降低各环节成本；通过建立多层次的管理体系，增强抵御市场风险的能力，增强核心竞争力；通过整合上下游产业优势，优化资源配置，实现企业全产业链的效益最大化。

3. 拓展创新领域，实现科技经营

随着社会经济的不断发展，企业之间的竞争越来越激烈。在科技革命突飞猛进的时代背景下，企业间竞争的焦点也转移到技术竞争和创新方面，因此，占据科技竞争优势的企业就能在发展上掌握主动。深圳农产品批发公司在多个领域不断创新，建立了布吉农产品批发市场，开创了农产品批发领域的“布吉模式”，完善了批发市场的功能；通过互联网技术形成服务平台，建立互联网销售网络，实现经济效益的提高。我国农产品面临国外市场日益激烈的竞争环境，要想在国际农产品市场竞争中取胜，没有科技创新的支撑很难实现。只有不断加强科技创新，加大科技创新投资力度，才能使我国企业和农产品在国际市场上占有一席之地。

4. 实施自主品牌发展战略

许多国际知名品牌都已经有上百年的历史，但是它们并没有随着时间而消失，而是经过一代又一代人的传承，使这些品牌的产品变得更有价值。可见，品牌战略对一个企业来说极其重要，只有打造属于自己的品牌，才能提高自身的知名度，从而产生品牌效应。“布吉模式”的品牌效应就是一个很好的借鉴。经过多年的发展，深圳农产品股份有限公司的“海吉星”等品牌的知名度和影响力与日俱增，公司的影响力和规模的快速扩张很大程度上得益于上述品牌效应。但是，由于长期以来品牌意识淡薄，缺乏品牌的培育和保护意识，致使我国的产品在国际竞争市场处于不利的地位。所以，我们各行业要牢固树立品牌意识，创建属于自己的品牌，真正发挥品牌效应的功能。

6.2 “沃尔玛模式”

6.2.1 “沃尔玛模式”简介

1962 年，美国人山姆·沃尔顿创立了沃尔玛百货公司，经过几十年的发展，已成为世界上最大的连锁零售商企业。1994 年，沃尔玛跻身《财富》杂志的榜首。如今，沃尔玛的发展前景良好，在 20 个国家经营超过 10500 家门店和多个电子商务网站[①]。2021 财年营收达到 5727.54 亿美元，同比增长 2.4%，净利润为 136.76 亿美元，同比增长 1.2%[②]。全球员工总数约 210 万名。这些都是其商业奇迹的体现。1996 年沃尔玛进入中国，现已拥有购物中心 400 多家，遍布 25 个省、直辖市，覆盖 150 个城市。沃尔玛以“顾客至上”为原则，以“客户服务，顾客满意”为经营理念，这成为沃尔玛取得巨大成就的重要原因之一。

---

① 数据来源：沃尔玛中国官网，https：//www.walmart.cn/。

② 数据来源：顾明毅，姚元啸．跨越万亿美元市值的沃尔玛：北美电商第二和零售媒体广告领导者［J］．中国广告，2022（08）．

2014 年沃尔玛宣布开始大力扩展生鲜电商服务，推出生鲜电商挑选、配送等服务。2016 年，沃尔玛与中国最大的本地即时物流和新的消费 O2O 超级平台“新达达”达成了合作。通过线上与线下的结合，不但可以提供优质的农产品，还可以提供便捷的服务。沃尔玛不断加强与电商之间的合作，其中包括京东，已经有二十多家沃尔玛商店进入京东平台，新达达负责所有订单的分发。从 2014 年 12 月起，沃尔玛出售的水果品类统一由配送中心送到店，目的是保证生鲜度。沃尔玛的鲜食物流配送范围已经达到 160 个城市，具有配送范围广、配送量大的特点①。沃尔玛是分店扩张模式的典范，这种模式是符合当前农产品流通领域发展趋势，还可以提升自身的实力，并“复制”和“选择性干预”利用自身的品牌、经营模式、组织制度等来达到经营效果。

6.2.2 “沃尔玛模式”的特点

沃尔玛这艘小船今天成为一艘商业巨轮，这是发展的奇迹。多年以来作为零售业的巨头，在经营模式和理念上一直处于世界领先。沃尔玛的成功是缘于经营模式、经营理念与经济发展形式和消费者的消费理念相契合。归结起来沃尔玛的模式主要有以下几方面的特点：

1. 天天低价

沃尔玛始终把客户的利益放在首位，比如沃尔玛的天天低价政策，这在全世界都是众所周知的。沃尔玛的日常平价和日常低成本的“裤子理论”是沃尔玛的一个重要经营理念。所谓“裤子理论”是对“薄利多销”战略的最好诠释：裤子的进货价为 8 美元，若每件售价 12 美元，则毛利为 4 美元，一天卖出 10 件，毛利为 40 美元。如果销售价格降低到 10 美元，每件毛利是 2 美元，但每天可以卖 30 件，毛利是 60 美元，可增加 1/3 的利润。这就是著名的沃尔玛“裤子理论”。此外，沃尔玛还通过整合资源来降低采购成本、物流成本、运营成本等，以低成本竞争优势实现薄利多销，从而获得利润。

① 资料来源：惠农网，http：//www. cnhnb. com/。

2. 服务为首、顾客至上原则

对于零售企业来说，品牌形象的树立，不仅需能够向顾客提供物美价廉的商品，还需要兼顾顾客的购物体验。正是考虑到这一点，沃尔玛始终把提供优质服务作为吸引顾客的重要经营手段。以超一流的服务为宗旨，不仅使顾客在整个购物过程中能享受到工作人员的热情服务，更是致力于使每一件商品都让顾客满意。对于顾客不满意的商品，承诺接受一个月期限之内的退货，并给予全额退款。沃尔玛把超一流的服务看成是自己至高无上的职责。另外，沃尔玛非常注重品牌建设，始终把顾客利益放在第一位。

3. 智能化信息系统的运用与创新

沃尔玛十分重视利用信息技术来提升其竞争力，在技术开发和利用上一直领先于同行竞争者。在信息技术上的投资，沃尔玛甚至超过了美国航天航空管理局。沃尔玛总部的高速计算机连接到沃尔玛全球的每一家商店，商店支付台的激光扫描仪扫描售出的每件物品都自动记录在计算机中。利用信息系统技术可以提高库存管理效率，使公司能够及时掌握市场动态，并根据市场需求趋势进行库存管理，降低库存风险，减少资金积压，加快资金周转速度。射频（RF）技术、便携式数据终端设备/PDF、BC 条形码和 RFID 物流技术等的运用，足以支撑起沃尔玛高负荷、超快速的运转。

4. 严格的全球采购系统

企业的采购管理直接影响企业的成本控制，对企业的发展有着深远的影响。沃尔玛的采购利用全球的资源，在全世界范围内去搜索供应商，寻找质优价低的产品，并与供应商形成战略伙伴关系。沃尔玛采购主要有三个特点：第一，不买太多，控制好单一产品采购量，不仅可以提高管理效率，也可以降低运营成本。第二，价廉物美，这是沃尔玛采购的重要要求。第三，突出重点，积极寻找畅销、有创意、有价值的商品，营造购物令人愉悦的购物环境，吸引更多顾客。

5. 统一的企业制度与经营模式

沃尔玛的管理制度相当完善。在开拓全球市场过程中，无论是增设的新分店，还是兼并的其他商店，都采用统一的制度和经营模式管理分店运营，甚至要求全球各地的沃尔玛分店采用同一标准进行店堂设计、员工着装一致、使用标准的礼貌用语等。沃尔玛的全球扩张模式更像是一个“复制/粘贴”的过程，不仅降低了运营成本，提高了管理效率，更是赢得了顾客的信赖。

6.2.3　“沃尔玛模式”的经验借鉴

市场经济的基本规律是适者生存，市场激烈竞争的过程就是优胜劣汰的过程。大企业之所以兴旺发达，不仅在于它们的经济实力，更在于坚持“以人为本”的经营宗旨。沃尔玛作为世界 500 强企业，从其多年的发展历程看，成功之道就是一贯坚持了自己的经营和服务理念。沃尔玛的长久不衰已经证明了它经营理念的正确性、合理性和领先性，是我国企业学习的榜样，对农产品流通模式的改革与创新具有重要借鉴意义。

1. 实施股权激励制度

沃尔玛的员工具有双重身份，既是雇主也是雇员。为了调动员工的工作热情、激发员工共同创造企业价值的积极性，沃尔玛实施股权激励制度，让员工认购企业股份，给予员工股东权益。为了同一目标，员工各司其职，形成联系紧密的利益共同体。通过将人才管理与公司治理相结合，一方面能够打破员工利益短视、减少优秀员工流失，使得企业经营业绩的提升具有人才方面的保障；另一方面，员工可以从股票增值中获益，从而引导员工更加积极努力地工作。通过使员工具备雇主和雇员的双重身份，来吸引并留住人才的成功经验值得我国企业学习。

2. 以顾客为本，提供良好的服务

长期以来，“服务”一直是我国企业发展的弱点。我国企业的服务意识薄弱，对服务的关注程度不够，导致客户对企业的满意度不高，不利于企业的长远发展。沃尔玛推行的“超期望服务”原则、“十步服务”原则都很好地诠释了其服务宗旨，使顾客在获得所购商品效应值外，还能享受到优质服务，从而全面提升顾客满意度。沃尔玛不仅依靠从厂家直接采购，将中间商利润让利给消费者，而且通过优质服务这种隐性打折行为赢得顾客，并带来巨大回报。

3. 提高信息化水平，降低成本

我国企业的物流成本占企业总成本的比重非常大，这严重制约了企业的核心竞争力。沃尔玛通过及时、通畅、精准地掌握供应链上的商品库存动向信息，使整个环节实现了顺畅链接，提高了物流效率。"沃尔玛模式"的成功经验之一在于其高水平的数据追踪与信息化管理是分不开的，例如应用了先进的信息管理系统，采用了物流条形码技术（BC）、射频识别技术（RFID）、PDF便携式数据终端设备、电子数据交换技术（EDI）、电子自动订货系统（EOS）等信息支撑技术。因此，我国企业要学习沃尔玛创新模式，不断提高信息化水平，运用现代手段来实现合理的采购以及配送计划，注重网络营销系统的建设，构建更多的物流信息平台；利用先进的信息技术整合物流和资金流，采用最佳信息系统，配备最适合的技术设备，不断降低物流成本，增强竞争力，以最低的成本为客户提供最优质的产品和服务，从而使企业整体利润得到大幅度的提升。

4. 拓宽发展领域，发展电子商务

近年来，随着信息技术的快速发展和计算机、互联网的普及与升级，电子商务成为各行业发展的一种重要的销售工具，这不仅为各行业的发展提供了技术支持，还提供了一个新的市场交易平台。阿里巴巴、京东、苏宁等中国电子商务平台的快速发展引起了人们的特别关注。我国企业要借助这个优势，加强合作，大力发展电子商务。沃尔玛的电子商务意识要远远强于我国企业，它们敢于尝试，勇于创新，是我国企业发展电子商务的榜样。电子商务的发展，可以更好地打通线上和线下业务，提高精细化运营水平，增强对市场的响应速度，实现从传统零售企业向现代电子商务企业的转变。

6.3 "中粮模式"

6.3.1 中国粮油食品进出口公司简介

中国粮油食品进出口（集团）公司（以下简称"中粮"）成立于1949

年，是集粮食收购、仓储、销售、外贸于一体的综合性贸易营运企业，是以粮食贸易为主，涉及食品生产加工、房地产、酒店经营、生物质能源开发、生物保健、金融服务、信息和科研为一体的国有资本投资公司。截至2022 年底，中粮集团的资产总额为 6956 亿元，年营业收入 7414 亿元，全球农产品年经营总量超过 1.6 亿吨，主要农产品全球综合加工能力超过7000 万吨[①]，其中农粮业务整体加工产能较 2019 年增长 30%，已成为中国最大的市场化流通企业。作为新时代的中国国有企业，中粮集团始终以国家粮食安全、维护粮油市场稳定为己任，同时积极拓展海外市场，不断努力创建成具有国际竞争力的世界一流粮食企业。经过几十年的发展，中粮集团拥有 15 家上市公司，业务遍及全球 140 多个国家和地区，构建了海外投资平台及全球粮源资产和贸易网络，实现了完全市场化的国际国内两个市场经营，形成了海内外一体化运营的商业模式。

中粮集团是我国领先的农产品、食品领域多元化产品和服务提供商。中粮以食品、金融和地产为主业，以粮、油、糖、棉为核心主业，坚持围绕主业确立发展定位、围绕主业优化产业布局。在全球，中粮拥有生产采购平台和贸易网络，建立了全球粮食主产区与各大洲市场之间的贸易通道，掌控了关键的物流节点，已成为中国粮食贸易一体化业务的主渠道和粮食贸易物流行业的领头羊。在经济新常态的背景下，中粮转变以往“大而全”的发展方式，践行“聚焦主业”战略，通过专业化的发展经营模式，构建完善“市场一体化、资本一体化、管理一体化、文化一体化”的高效运营模式，实现境内外业务一体化运营。

中粮集团始终坚持市场化，以市场需求为导向，基本形成“大贸易、大流通、大加工、大品牌”业务格局，增强了对大粮食业务的全球产业链掌控能力，成为世界五大粮商之一。积极探索并践行“从田间到餐桌”的全产业链模式，按产业链环节将业务划分业务板块，在产业链上游探索农业综合服务模式，在中游建设综合性农业产业园，在下游发展粮油精深加工，逐渐形成了以全产业链为核心的典型流通模式。建立新型农企关系，积极探索“公司 + 合作社 + 农户”“企业 + 基地 + 合作社 + 家庭农场”等

---

① 数据来源：中粮集团有限公司官网，http：//www.cofco.com/cn/aboutcofco/。

合作新模式，提升原粮掌握能力，促进全产业链上下协同，加深农业产业化资源整合，助力农业产业转型升级和农业现代化。以“品牌、品质、品格”为企业经营理念，推动中粮产品向中粮品牌转变。在管理上，中粮集团探索构建定位清晰且职责明确的“资本层—资产层—执行层”三级架构，不仅真正实现了资产经营与资本经营的分离，也实现了责权利的一体化、功能一体化。

中粮集团一直致力于创新现代化信息手段，促进农粮贸易安全高效。2009 年，中粮集团投资建立了 B2C 一站式食品电子商务网站“我买网”，成为第一家专门销售日常食品的电子商务企业，成功地实现了“大食品产业”的渠道创新。2021 年，“粮闪付”数字销售系统、“中粮云飞票”相继推出，农产品收购不断实现数字化升级，同时中粮国际与其他四大国际粮商共同推动开发使用区块链技术的行业数字解决方案，促进世界粮食贸易健康可持续发展。

6.3.2 “中粮模式”的特点

作为中国经营规模最大的粮油流通市场化经营主体，中粮集团通过在国内搭建“两横三纵”的粮食物流体系，在全球完善供应链布局构建全球粮食贸易网络，成为中国粮食内外贸一体化经营的主渠道和粮食贸易物流行业的领导者。在几十年的发展历史中，中粮集团逐渐形成了以全产业链为核心的典型流通模式，具有以下特点：

1. 注重品牌与商誉建设

中粮集团非常注重品牌和商誉建设，打造“大中粮、无边界”的统一中粮品牌形象，并以多元化品牌战略来适应全球化的经济形势。强化母品牌与子品牌之间的协同共荣，特别是以“福临门”“金帝”等为首的子品牌已被运用于品牌战略中，不断积累品牌资产，进一步提升中粮集团整体品牌形象和声誉。中粮集团通过整合、重塑、革新等内部调整来加强形象识别、整合品牌资源，以及通过并购、参与、控制等外部控股等措施补充产业链空白、扩大品牌影响范围。同时，将品牌与商誉建设规划作为其长远目标，不断加强品牌规划和监控、注重品牌管理创新，优化品牌宣传途径，以及提升品牌内涵。

2. 全产业链的产销一体化

中粮集团以消费者为导向，通过整合上下游资源、多个产品整体运作，实现了整个粮油食品链条从“田间”到“餐桌”的畅通无阻，形成了集“种植养殖、加工、物流、研发创新、销售”于一体的动态体系。中粮集团的全产业链战略可以分为两个层次：其一，从产业链的纵向方面着手，对每一个产品从原料到终端消费品的环节进行深度控制，实现上下游之间在产品、服务和信息等的纵向一体化；其二，从产业链的横向方面着手，形成了小麦、玉米、油脂油料、绿色食品、大麦、糖、番茄、饲料、肉食九条产业链，实现各产业链之间在物流、渠道、品牌等环节的横向一体化。中粮集团通过全产业链战略，构建起了一个以食品为主的立体产业生态系统和集约式的管控平台①。在全产业链上游，中粮通过探索“农业综合服务平台”模式，通过创新农业经营体系、创新粮食产后服务体系、创新农业金融等，构建和完善自身源头建设；同时，强化产业链源头管理，保障食品源头安全。在全产业链中游，一方面通过建设综合性农业产业园，实现仓储物流等基础设施共享、业务上下游之间的供货协同，以及职能管理统一化、规范化，实现产业集聚效应和有机协同；另一方面，结合自建、并购和建立战略合作关系等方式，不断提升集团的仓储能力、物流能力加工能力。同时通过进行仓储物流和加工的统一布局、打通小农户与大市场的流通渠道，实现农业区域均衡发展，不断促进农业提质增效。在全产业链下游，发展粮油精深加工，做大做响企业食品品牌，实现对终端消费市场的有效掌控。通过不断延长产业链和提升价值链，拓宽利润来源，实现价值增长。

3. 构建大流通、大贸易格局

中粮集团经过不断资源整合实现了多渠道经营，为全产业链战略及其价值的实现提供渠道支持。中粮集团不仅掌控了全球和国内粮食主要产销区的重要物流节点，还在国内搭建了包括长江通道、西江通道、东北至华南和东南通道、东北至华东通道、东北至内陆销区通道的“两横三纵”的

---

① 何瑛，李娇．中粮“全产业链”战略与市值管理［J］．财务与会计（理财版），2013（10）．

粮食物流体系；同时，积极建设对接“一带一路”的进口粮食陆路和海路粮食物流通道。作为中国经营规模最大的粮油流通市场化经营主体，中粮一方面通过构建海运、铁路、集装箱三大专业级物流运营平台，不断完善设施体系，获取更多的贸易机会，另一方面通过完善全球粮源布局，整合贸易体系，构建全球粮食贸易网络，促使国内物流、加工、分销网络与全球供应链的有机对接与匹配，布局与掌控全球粮食贸易价值链关键环节，将国内需求与全球供应链相结合，着力构建大流通、大贸易、大加工格局。

4. 精益求精，实现专业化发展

专业化是企业实现业务提升的重要策略。中粮集团的专业化商业模式包括资产专业化和管理专业化两个方面，具有人财物、产供销、责权利一体化的特点。中粮集团根据自己的经营业务，把分散于不同上市公司和企业的资源、资产和职能进行重新分配和整合，成立了18家专业化公司，实现管理一体化。从“大而全”向“专业化”的业务重塑，专业化公司成为完整的市场经营主体和独立的法人主体。同时，专业化公司也是集团直接管理的资产运营企业，真正实现了资本运作与资产经营的分离，成为独立市场竞争主体。中粮集团通过实施专业化经营商业模式，优化了资本资产结构，显著改善了企业成本和效益，提升了资源配置效率。

6.3.3 “中粮模式”的经验借鉴

1. 加强品牌与信誉建设

品牌被认为是资产负债表中无法反映的最重要的资产，是企业信誉和形象的重要体现。中粮集团作为中国十大食品企业之一，打造专业化公司，塑造专业化形象，并鼓励专业公司集中力量打造核心品牌。经过多年的品牌建设，强化品牌引领，持续提升品牌价值，不断发挥中粮集团“大品牌、大市场”的经营优势。中粮集团现在家喻户晓，这为中国其他企业的发展和品牌建设提供了丰富的成功经验。品牌价值可以提升公司声誉，鼓舞员工士气。集中精力打造一个或多个核心品牌，培育更多高端品牌和与国际顶级品牌相媲美的“百年店”，需要重视品牌建设，塑造良好的企业形象，这也是企业走出去的前提和基础。

2. 坚持国际化的发展战略

面对世界经济一体化的发展形势，企业不能再偏安一隅，必须坚持“走出去”的发展战略，实现全球化的产业格局。中粮集团经过多年的努力和探索，在经营过程中，加强了与农产品、粮油、食品、饲料、肉类、生物、房地产、金融等领域的全球伙伴的合作，真正实现了全球产业格局的发展战略。我国的企业要借鉴中粮集团的大局观，坚持国际化的发展战略，成功实现“走出去”。随着全球化进程的加快，我国企业应积极统筹利用国际国内两个市场、两种资源，对外贸易与国内发展相互促进，通过资源整合，争取国际市场的话语权。

3. 走专业化发展之路

随着经济全球化的发展，国际分工与协作不断深化。任何一个企业都不可能囊括所有产业，专业化、协同发展是企业发展由弱到强、规模由小到大的必然趋势。因此，企业应当“精耕细作”走专业化发展之路，将经营范围定位在自己最擅长的领域，发挥自己的长处，这样可以集中有限的资源，提高企业的核心竞争力；专业化的发展道路可以很好地降低成本，提高企业利润。中粮集团经过不断地探索与改革现已形成 18 家专业化公司（平台），重组 18 家专业公司，实现一体化管理和专业化的发展经营模式，在国际市场的竞争中获得优势。因此，我国的企业要打破传统的发展方式，加强专业化发展步伐，真正提高自己产品的附加值，在协同合作的情况下，生产更多的符合市场需要的高质量产品。

4. 加强改革与创新

改革与创新是企业进步的源泉，是企业不断发展的动力。中粮集团在发展历程中，从未停止过改革和创新的步伐。正是因为中粮始终重视改革创新，才使其在农产品贸易领域取得非常好的口碑和成就。当下我国进入新时代中国特色社会主义阶段，这就要求各类企业打破传统，走出一条新的改革和创新之路，只有这样才能在世界经济发展的浪潮中才不被淘汰出局。走改革创新之路首先要有改革创新的意识，特别是对于企业的领导者而言，顽固不化，故步自封是慢性毒药；其次员工要有改革创新热情，具有创新积极性的企业才有发展活力。

6.4 “新发地模式”

6.4.1 北京新发地农产品批发市场发展概况

北京新发地农产品批发市场成立于1988年，由花乡新发地农工商联合公司创办。

1988—1992年，起步阶段：在原本自发批发蔬菜区域的基础上，划出15亩地，投资15万元，安排15个人建起小型的农贸市场。“立规矩，讲规矩，守规矩”，市场秩序得到规范，为市场打下了稳定基础，还吸引了大批客户入驻。

1993—1997年，扎根阶段：市场管理水平与市场规模均有长足进展，尤其是直接引进了一批大户，顺带小商户跟进入驻，市场人气大增，市场交易量再上新台阶。

1998—2007年，成熟阶段：不论内部管理水平还是外部影响力均大大提升，2007年交易量和交易额均保持全国领先，交易覆盖面辐射华北区域。

2008—2019年，转型阶段：经过多次大事件的考验，新发地踏上了新征程。2008年为保障北京奥运会果蔬安全充足的供应，迫切需要升级改造。2010年，在市场内设立了专门针对国际客商和有机农产品的“国际绿色交易区”，从事国际贸易和高端有机农产品的销售。2011年，北京市政府对新发地市场注资，对市场进行扩建升级。2014年，京津冀协同发展国家发展战略的制定，北京新发地农产品批发市场的“内升外扩”战略不断在河北省高速扩张布局①。

2020年至今，转型升级阶段：2020年新发地聚集性疫情暴发后，通过休市整顿，实行严格批零分开，加强上下游产业链条的管理，推动数字化、信息化的转型，积极拓宽线上业务，构建产销双向流通体系，逐渐形成产地发货—物流匹配—交易完成—物流分拣—社区前置仓匹配的闭环模

① 肖鹏，周雪昳. 新发地：从城南村落到中国地标［J］. 时代经贸，2016（04）.

式，构筑农产品流通全新格局，进而推动市场转型升级，努力成为新型花园式农产品物流园区。

经过三十多年的建设和发展，新发地已成为北京市交易规模最大的综合性农产品批发市场，成为以蔬菜、果品批发为龙头的国家级农产品中心批发市场，在世界同一类市场上具有很大的影响力。北京新发地农产品批发市场现占地1680亩，管理人员1500名，固定摊位2000个左右，定点客户4000多家，日吞吐蔬菜1.8万吨、果品2万吨、生猪3000多头、羊1500多只、牛150多头、水产1500多吨。2020年交易量1298万吨，交易额1006亿元人民币①。交易量、交易额在全国4600多家农产品批发市场中名列前茅，是名副其实的大“菜篮子”和大“果盘子”。北京新发地农产品批发市场通过“内升外扩”发展战略和转型升级，不仅有效保障和满足了首都农产品安全稳定供应，而且在促进农业增产、带动农民增收方面发挥了不可替代的作用。

6.4.2 “新发地模式”的特点

1. 实施“内升外扩”发展战略

“内升外扩”的发展战略是新发地模式的主要特征之一。“外扩”战略主要实现横向的基地扩张和纵向的市场扩张，构建农牧产品产销一体化格局。在横向扩张的产地市场建设方面，以新发地品牌农产品全产业链战略联盟为纽带，采取自建、投资、合作等形式发展产业基地，实现基地扩张；在纵向的市场扩张方面，以新发地品牌农产品物流联盟为纽带，采取收购、兼并、合作、联营以及会员联盟等形式，形成以“新发地”为品牌的市场网络体系。“内升”战略即对内部实施升级改造，提升市场形象和交易档次，实现了产业链延伸和功能拓展。在“内升外扩”战略指导下，新发地对销售终端市场进行全面提档升级，实现从生产基地到消费终端全产业链的精准对接，有效保障蔬菜供需平衡。同时，实现技术、信息等现

---

① 本段数据来源：北京新发地农产品批发市场官网，http：//www.xinfadi.com.cn/company/cintros.shtml。

代服务要素的聚集，提升企业市场地位、管理能力和信息化水平。

2. 实施信息化发展战略

信息化是农产品批发市场适应竞争环境的必然选择。新发地市场在实施内升外扩战略的基础上，通过信息化手段，实现了横向扩张方面的异地统一管理、纵向扩张方面的及时高效物流配送以及电子交易平台的不断完善，B2B、B2C、O2O 等电商模式得到快速发展。新发地市场通过共性基本信息系统平台，建立了全场监控系统，实现了 IC 卡电子结算。近年来，新发地市场通过北京新发地农产品交易网提供基本完整的“农超对接”电子交易服务，开设了新发地国际绿色物流网等。目前，新发地市场通过信息化已实现在线部分农产品质量追溯查询，未来拟建设比较全面的食品检测系统①。信息系统的建设和应用，显著提高了新发地市场运行效率，实现了“生产可记录、运输可监控、流向可追踪、信息可查询、责任可追究”的目标。新发地市场信息化战略的实施符合社会经济发展和消费者的需要，对市场的长远发展具有重要意义。

3. 实施电子商务平台发展战略

网络信息技术的发展已经成为我国经济发展方式转变和产业升级的重要推动力。为加快农产品电子商务项目的建设，对现有的农产品传统流通模式进行提档升级，新发地开始尝试电子商务探索。成立北京新发地农产品电子交易中心，启动“农超对接”的服务平台建设项目，运用互联网构建 PC 端和移动端平台，支持农产品在线销售和市场行情、交易信息的浏览，开展“互联网 +”和 B2B、B2C、O2O 等定点配送业务。目前，“新发地生鲜网”平台为团购大户提供一站式农产品服务，新发地农产品电子交易中心为用户提供农产品指数及信息发布、农产品品牌推展、农产品电子订单交易与配送等服务，第三方电商平台（如京东等）向个体消费者提供果蔬类产品零售。另外，新发地农产品电子商务平台的农产品价格指数系统，为参与农产品流通环节的各方提供了公平、公开的信息环境，在很大程度上降低了因信息垄断造成的农产品价格波动；农产品电子交易系统

---

① 丁建吾．农产品批发市场发展模式及信息化发展战略研究［D］．中国矿业大学（北京），2011.

将传统的农产品交易流通模式提升为以信息化、网络化、实时化为特色，具有互动和保障功能的开放式平台①。新发地市场电子商务平台的运营，不仅显著提高了农产品流通效率，也进一步促进了我国农业产业升级。

4. 以市场为导向，以消费者需求为中心

新发地市场从建立之初，始终坚持以市场为导向、以消费者需求为中心的经营理念。新发地市场积极践行北京市政府菜篮子工程社区菜市场升级改造规划，推行便民市场、菜篮子社区连锁直销、菜篮子直营店和直通车项目等，实行新型零售终端标准的模式。该模式的运行，一方面解决了农产品运输“最后一公里”问题；另一方面，通过实行统一采购、配送、定价、结算，统一质量标准和运作管理，减少了运输时间，降低了运销成本，真正实现了为首都居民提供质优价廉、新鲜实惠、安全放心的农产品。

6.4.3 “新发地模式”的经验借鉴

1. 走信息化发展之路

实施信息化发展战略对于每一个企业来说都至关重要，是提高企业经济效益和核心竞争力的有效措施。新发地农产品批发市场审时度势，充分利用现代信息技术手段，改变传统物流交易模式，推进市场向电子化、信息化发展的进程，取得了较好的经济效益和社会效益。例如，采用“互联网+”生鲜模式，购买者通过手机即可实现下单，实现“一键购物”，享受现代化购物流程，取得了较好的用户体验与经济效益。信息技术是不断发展的，企业必须立足内在需要，依靠信息技术手段不断改善固有服务方式，在不同时期分阶段、分层次、有重点地选择关键因素进行信息化改造。此外，企业也应当利用已有的各种信息网络和信息资源，加强各类信息交换和资源共享，促进信息互联互通，推动全社会的信息资源开发利用。同时，适应企业发展和市场需要的管理制度是信息化成功的有效保障，因此企业信息化应当与制度创新、管理创新相结合。

---

① 薛晓燕，张晓华，段晓宇．完善新发地农产品电子商务平台的对策建议［J］．北京农业职业学院学报，2012（3）．

2. 找准定位，内升外扩

大多数企业在激烈的市场竞争中都会面临“不进则退”的境地，企业只有不断地提升自身内在水平，扩大经营范围，多地布局，协同发展，实现多种经营模式，才能更好地抵抗市场风险，增加市场份额。新发地市场就是坚持“内升外扩”的战略，将传统的农贸市场升级改造成集交易和展示功能为一体的新型农产品市场，实现生产基地精准对接消费终端。为解决北京“空间”危机，调整疏解非首都核心功能，新发地开始规划升级改造。新发地市场将保留北京地域的集散功能，同时将部分初加工和仓储等附加值较低的业务疏解到津冀两地。一方面，分市场成为辐射全国的流通主力节点市场，盘活了产地农产品流通，对农民增收发挥了至关重要的作用；另一方面，分市场距离北京车程较短，解决了雨雪、大雾等极端天气影响首都农产品正常供应的问题，避免了农产品价格的大起大落。所以企业在找准自身定位的同时应不断提升经营水平，外扩市场、业务，不断提高企业的综合竞争力。

3. 以客户和消费者为中心

随着社会经济发展，农产品消费市场整体呈现出较为迅猛的势头。伴随人们对高端农产品需求的增加，提供便捷、优质农产品和服务成为农产品批发市场发展的主流。以客户和消费者为中心的经营理念，赢得了消费者的信赖和赞誉，提升了新发地农产品市场的形象，增加了新发地农产品市场竞争力。立足于提高企业和消费者的便利程度，新发地市场始终坚持着区块化集约管理。市场分为冷链交易区、水果交易区、蔬菜交易区，从而实现企业集约化管理。同时方便了市场消费者快速寻找目标市场，提升消费者的购物体验，为商家及消费者都带来了便利。此外，新发地市场还为客户提供停车区，实现户户可停车，节约了商户成本。新发地市场共五层建筑，车辆将可以直接开到各层装卸货，大大节约了商家的物流、人工成本，使产品运输和流通更加便利，获得了客户和消费者好评。

4. 建立合作共赢的服务

“天下熙熙皆为利来，天下攘攘皆为利往”。在商业化的今天，经济效益是每一个经济主体最看重的，所以只有加强彼此之间的合作，建立合作共赢的服务体系才能使双方利益达到最大化。新发地市场为保障产品质量安全，建立了质量监督体系以及检验中心和全程可追溯系统，实行了“双查双验”制度，鼓励企业与市场的共同检验商品的质量。主营海南蔬菜和水果的商户在市场内建设海南厅，共同投资、共享利润。企业之间只有加强合作才能达到效益最大、最优化。

6.5　“寿光模式”

6.5.1　山东寿光蔬菜批发市场和寿光农产品物流园简介

山东省是我国蔬菜生产大省，位于其中北部的寿光市更是享有“中国蔬菜之乡”的美誉，是蔬菜生产与销售的杰出代表。20 世纪 80 年代，寿光市曾出现“大白菜滞销”事件，“菜贱伤农”使寿光市政府和人民深刻认识到建立和开拓蔬菜流通渠道的重要性。1984 年 3 月，寿光蔬菜批发市场应运而生，它从最初的几亩地，经过十次的拓展，到 2009 年逐渐形成了占地面积 600 亩、拥有 3.2 万平方米交易大厅的较大规模的蔬菜批发与交易市场，不仅能把当地生产的蔬菜销售殆尽，还有足够的能力“菜通天下”，能把全国各地难以售出的蔬菜销往全国二十多个省、市、自治区，还出口到韩国、日本、俄罗斯等十几个国家和地区。

2009 年，为进一步满足菜农、交易商等市场参与者对市场软硬件的需求，更好地做大做强蔬菜批发市场，寿光蔬菜批发市场整体搬迁至面积是原有 5 倍、占地面积 3000 亩、可实现年交易量 100 亿千克的寿光农产品物流园。该物流园打破了原市场只提供蔬菜交易的单一功能，建有酒店综合大楼、理货区、交易区、电子交易厅、生资交易中心、物流公司、业主仓库、汽修汽配、降温区、居住区等，可提供农产品交易、农产品加工、电子商务、农资交易、物流配送及配套服务等六大功能。单体面积和横梁跨度全亚洲最大的交易大厅、及时发布蔬果权威价格信息的 LED 显示屏、快捷便利的“一卡结算”、有效减少交易次数和流通环节的现代化配送中心、与国际市场接轨的检验检测中心、先进的电子交易系统、蔬果降温保鲜的优质服务以及解决市场参与者住宿、餐饮、车辆维修保养的一系列配套服务，使寿光农产品物流园成为亚洲最大的综合性农产品物流园，也是中国最大的蔬菜集散中心、价格形成中心、信息交易中心、物流配送中心，最权威的蔬菜标准形成中心。山东寿光蔬菜批发市场经过三十多年的发展，已真正形成蔬菜产供销的一条龙式产业链，有效地带动了当地农业的发展和农民的增收。

2009 年，寿光蔬菜批发市场整体搬迁到寿光市农产品物流园经营。物流园占地面积 3000 亩，配备总建筑面积近 140000 平方米的 6 栋交易大厅，可实现年蔬菜、水果及农副产品交易量 100 亿千克。并与 200 个大中城市建立销售网络，逐步确立联系全国的蔬菜供应网络。市场经营范围涉及蔬菜栽培、生产流通、加工出口、技术研究、国际交流与合作等整个蔬菜产业领域，构筑了复合型的大流通格局，带动了农业、加工、服务等产业的大发展。市场交易方式、交易过程中实行“一卡通”结算模式，蔬菜贸易实现全过程电子化。IC 卡交易时通过网络与电子结算中心相连，即时交易、即时结算。2000 年第一届“国际蔬菜科技博览会”顺利举办，已经连续举办 22 届的寿光国际蔬菜博览会，实现各类贸易额高达 2400 多亿元。在 2003 年，成立了国内首家蔬菜电子拍卖市场，以“包装规格化、重量标准化、质量等级化、客户会员化、交易电子化”的模式，促进了蔬菜标准化发展。

中国寿光农产品物流园园区总投资额超过 5 亿元，已发展成我国最大的农产品集散中心、价格形成中心、现代化信息交易中心、蔬菜物流配送中心和最权威的蔬菜标准形成中心，形成了以蔬菜为吸聚产业的产业集群。多年来，市场在社会各界的帮助下，始终坚持“服务、创新、笃信、共赢”的精神，坚持“服务客户，物流兴农”的宗旨，积极发挥龙头企业作用，带动了农业、加工业、服务等一、二、三产业融合发展，为促进农业增效、农民增收做出了突出贡献。

山东寿光蔬菜批发市场的流通模式见图 6 - 1。寿光本地产蔬菜销往外地的流通模式主要有大型批发市场流通模式、地头市场流通模式和“农超对接”流通模式①。

---

① 李崇光，肖小勇，张有望．蔬菜流通不同模式及其价格形成的比较——山东寿光至北京的蔬菜流通跟踪考察［J］．中国农村经济，2015（08）．

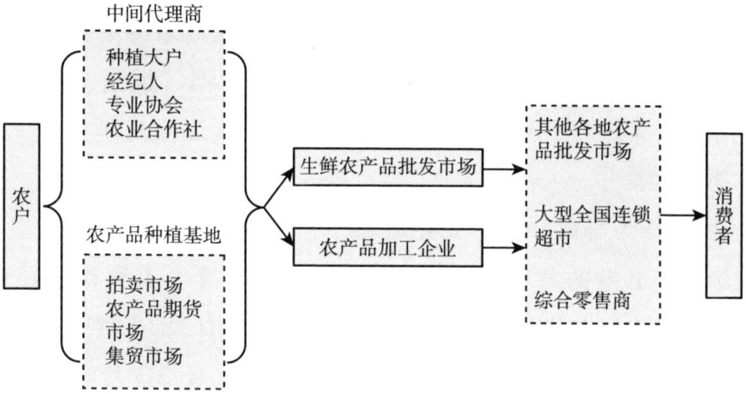

图 6－1　山东寿光蔬菜批发市场流通模式

6.5.2　“寿光模式”的特点

1. 创新组织、经营、管理主体模式

寿光蔬菜批发市场的投资主体是批发商，但以政府投资为主的名义进行建设。成立的寿光蔬菜批发市场有限公司负责市场的经营和管理，公司以企业化方式运作，但不参与市场交易，其性质是以社会效益为主的事业型企业。对于市场的管理实行总经理负责制，在总经理之下按蔬菜产地（即外省、本省、本地菜）设立管理科室，按蔬菜品种划分不同交易区。市场交易管理服务体系实行“一票、一秤、一员”的管理体制。这种模式极大地提高了寿光蔬菜批发市场各主体的积极性，为市场的发展增添了活力，这也是该市场成为全国最大的蔬菜集散中心的重要原因之一。

2. 依靠科技，引领高质量发展

从 20 世纪 90 年代中后期开始，寿光市场就开始注重对农民进行科技培训，现在已经做到每年对农民进行两次培训，成本由政府和市场支付。95% 的农民掌握了一种以上的农业技术，约十万名农民获得了绿色证书，一些农民已经能够作为该领域的专家去外地讲课。为预防和控制蔬菜病虫害，农民上网直接与专家沟通，实行网上诊疗，极大地方便了农民。为向消费者提供更高质量、更优价格的农产品，寿光市建设了农业大数据平台，消费者不仅可以通过该平台查询寿光蔬菜的种植信息、质量检测信息、交易信息、农业标准化技术等方面的信息，及时掌握消费者关心的蔬菜信息，还可以享受该平台提供的数据分析、数据可视化、数据成果转化、技术指导等多项服务，进一步推进了全方位动态监控和农产品质量与服务水平的再提升。

3. 以市场为导向，走产业化之路

农业生产分散的家庭经营方式在市场化潮流下，其弊端已经暴露无遗，成为阻碍农民收入的提高和市场发展的重要因素。要解决这一问题，必须走农业产业化道路。寿光市在建设蔬菜市场上有很深刻的体会。20 世纪 90 年代，寿光市场开始以市场为导向探索产业化道路，在生产上，打破菜农分散种植的模式，对农产品种植进行区域布局、实现了多个品种的上万亩连片的蔬菜生产基地，促进规模化和专业化生产，提高了生产效率。在经营上，采用企业管理模式，开展综合经营和社会化服务，同时积极探索并建立了“行业协会（专业合作社）+ 基地 + 农民”“公司 + 基地带农户”等多种行业合作模式，最大化了农民、协会等合作者的共同利益。通过这样的产业化发展模式，市场实现了区域化布局、规模化经营和专业化发展，成为一种产业协同发展的现代化模式。

4. 注重人才培养和品牌提升建设

山东寿光蔬菜批发市场作为国家农业产业化的龙头企业，不断加强微观管理，强调行业自律的同时加强市场内部自律。寿光蔬菜批发市场有限公司非常重视人才的储备和培养，以实用、实际、实效为目标，建立多层次的人才培养机制，并注重依托蔬菜产业加强菜农人才队伍建设，注重在种植中学习蔬菜种植技术。通过邀请专家授课，种植高手田头指导，连续多年组织实施“三创三带”工程（即创建科技示范基地、创立优质农业品牌、创新农业技术成果，带动推广信息技术或新品种、带动发展农业专业合作社或农业农头企业、带动培育农村实用技术示范带头户），举办菜王评比大赛，有效激发了菜农创立优质农业品牌的热情。同时，寿光市政府积极鼓励农产品品牌创建，近年来，寿光市累计认证“三品一标”农产品 397 个，在市场上形成了良好的声誉，大大提高了寿光蔬菜的知名度，成为市场巨大的无形资产。

6.5.3 “寿光模式”的经验借鉴

1. 建立多元化市场体系，促进农产品流通

为打造高效的蔬菜流通渠道，寿光市积极开拓多元化市场体系，充分发挥市区蔬菜市场、乡镇专业批发市场、镇村集贸市场功能，形成“市、乡、村”多层级市场体系；积极发动农户、协会等各类中介组织参与农产品流通，充分调动一切积极因素，不断提高农民的组织化、市场化程度。在国内其他城市和地区发展农产品特菜专销、专柜专销、直供直销等业务，建立网上专卖店，形成多渠道、多形式的蔬菜销售模式。在出口方面，通过开通海上航道和空中走廊，把寿光蔬菜出口到韩国、日本、俄罗斯等国家，促进寿光蔬菜进入国际市场。

2. 重视科技，提升核心竞争力

科学技术是推动寿光蔬菜批发市场发展的原动力。寿光市非常重视围绕蔬菜种植提高种植技术、大棚搭建技术、种子技术等，不断扩大在蔬菜种植领域的核心竞争力。早在 1999 年寿光建设的 1 万亩蔬菜高科技示范园，为寿光蔬菜产业的发展提供了雄厚的技术支持，使寿光在蔬菜种植技术上走在了全国前列。为提高产量，寿光菜农不断改进蔬菜大棚搭建技术，现在已更新到第七代的塑料大棚，使蔬菜种植更加智能化；在沿海盐碱地带，建起了无土栽培大棚；为了提高蔬菜种子质量，建立在蔬菜种子方面的优势，寿光积极吸引孟山都等国际大公司进驻寿光，同时积极建立自己的种子研发中心和育苗企业；在技术推广上，寿光市注重发挥政府的主导作用，坚持在农业园区试验新技术，降低农民采用新技术的风险；不断加大科技投入，加强与科研机构合作，邀请国内外知名专家学者当顾问，让市场的经营者和管理者接受世界前沿技术的同时，也接受新观念新理念。

3. 加强产业化升级，促进融合发展

近年来，山东寿光通过拉长产业链条，不断促进各环节紧密结合和提高农产品附加值，成为我国蔬菜产业最前沿、最有代表性的全产业链领航者。2018 年山东寿光着力促进农村一二三产业跨界融合发展，使菜农能够分享蔬菜生产、加工、营销服务等全产业链的各个环节的收益。寿光市通过拉长产业链条、加强产业化升级，促进融合发展的方式，为其他地区提供了借鉴，也为各地区以主导优势产业为依托，通过推动农业与旅游、健康养生等产业功能互补和深度融合，培育农业发展新动能，提供了有益尝试。

4. 始终坚持品牌提升战略

品牌是企业的代名词，集中体现了企业的经营理念、信誉形象。品牌是优质产品的标志，是进入市场的通行证。寿光蔬菜批发市场通过大力实施“品牌提升”计划，探索标准化、规模化、高端化、订单化、品牌化产业融合发展的模式，大大提升了经济效益。例如：寿光桂河芹菜、古城番茄等一个个耳熟能详的品牌都是寿光市场的精品，得到市场的广泛认可。目前，寿光农产品批发市场已累计认证“三品”农产品552个、国家地理标志产品16个①。

6.6 案例简要评价

“布吉模式”打破了国家提供市场管理服务的单一格局，布吉农产品批发市场的管理服务由企业（深圳农产品批发公司）提供。深圳农产品批发市场以用户需求为导向，不断提高管理和服务水平，为用户提供综合服务，实践显示，布吉“企业管市场”成效突出。政府追求公平与企业追求效率相得益彰，重视从内部效率提升，降低交易费用，让市民与商家受益，尤其是为具有公益性质的农产品市场提供了治理模式新视角，同时，也为我国深化农产品流通体制改革、现代化农产品市场体系建设提供了有益的经验和借鉴②。

“沃尔玛模式”告诉我们，第一，农产品流通体系创新是一个动态的过程，农产品流通体系变革与成长相关联；第二，农产品流通体系创新具

① 数据来源：搜狐新闻网，http://www.sohu.com/a/230192184_203533.

② 陈少群，江华.“布吉模式”应对入世挑战创新探析［J］.南方农村，2002（02）.

有多种形式，包括技术水平、劳动者素质、组织结构等方面。因此，农产品流通体系的创新也应是多方面的，可以通过各种途径实现。

“中粮模式”是以市场需求为导向，不断聚焦主业，通过顶层设计和机制创新，形成了以全产业链为核心的典型流通模式。中粮集团整合优势资源，通过专业化、市场化经营，成为中国粮食内外贸一体化经营的主渠道和粮食贸易物流行业的领导者，充分发挥了保障国家粮食安全和食品安全的示范作用。

“新发地模式”以流通模式创新为核心，通过内部升级与外部扩张并举，深度整合优势资源，不仅保障了首都农产品安全稳定的供应，更实现了农业提质增效。新发地批发市场的“新发地 + 互联网 + 品牌农业”的创新型农产品流通模式以及农副产品物流园的建设，为我国农产品流通体系的创新提供了有益的经验借鉴。

“寿光模式”依靠科技投入推动农业新业态的深入发展，拓展了农业产业的发展空间，并在农业新业态和蔬菜质量安全体系建设方面进行了有价值的制度创新与突破，为我国农产品市场创新提供了可复制、可推广的“技术示范”和“产业示范”。

经过多年的发展，我国的农产品市场已经初步形成体系。“布吉模式”“沃尔玛模式”“中粮模式”“新发地模式”“寿光模式”很好地反映了我国农产品市场体系建设的思路，在很长一段时间都主导着我国农产品市场的发展方向。虽然五种案例模式各有优势、各具特点，但是也有着自身的缺陷，这不利于我国农产品市场的长远发展。所以通过对以上五种案例模式的分析和总结，创新出更符合我国社会经济和农产品市场发展的新的农产品市场模式及运行机制是本课题的主要目标。

第 7 章　农产品市场体系的目标模式选择：联动模式

本章在吸取已有农产品市场模式优点和典型案例研究的基础上，提出统一开放、竞争有序的农产品市场体系目标模式——“联动模式”，并具体阐述了农产品市场体系“联动模式”的理论模型和运行机制。首先阐述“联动模式”提出的理论与现实意义，提出建设“联动模式”应遵循的基本原则，然后，着重构建了“联动模式”的基本框架和运行机制。

7.1　农产品市场体系“联动模式”的提出

党的十八大报告提出“促进工业化、信息化、城镇化、农业现代化同步发展”，强调“解决好农业农村农民问题是全党工作重中之重”，要求“构建集约化、专业化、组织化、社会化相结合的新型农业经营体系”。党的十八届三中全会的《决定》指出：“经济体制改革是全面深化改革的重点，核心问题是处理好政府和市场的关系，使市场在资源配置中起决定性作用和更好地发挥政府的作用。市场决定资源配置是市场经济的一般规律，健全社会主义市场经济体制必须遵循这条规律，着力解决市场体系不完善、政府干预过多和监管不到位问题。”以十八届三中全会《决定》有关全面深化改革为指导，商务部等 10 部门于 2015 年联合发布《全国农产品市场体系发展规划》，明确提出到 2020 年，初步建立起以产地集配中心和田头市场为源头，以农产品批发市场为中心，以农产品零售市场为基础，以高效规范的电子商务等新型市场为重要补充，有形和无形结合、线上和线下融合、产地和销地匹配，统一开放、竞争有序、布局合理、制度完备、高效畅通、安全规范的中国特色农产品市场体系。中央的战略部署必将推动农业生产经营方式发生重大变革。

长期以来，“三农”问题存在的深层次矛盾依然在于农业小生产与大市场的对立。当前，我国的农业生产总体上仍处在小规模、分散的一家一户小农经济状态，即生产环节是分散的，没有实现组织化。从国内外的研究和实践来看，解决这一问题的途径是在农户与市场之间构筑交易的中介桥梁，提高农户经营组织化程度（其具体实现途径可参见本书第六章的相关内容）。我国家庭联产承包责任制的农业生产方式，在促进粮食增产的同时也内在地分散了土地等农业生产要素，对重新将农民联合起来以提高农户经营组织化程度带来了困难，于是出现了当前各种流通领域的组织化以及流通组织创新。流通组织创新推动了流通领域各种资源的有效配置，提高了农产品流通的效率和效益。然而，随着我国农村经济体制改革的不断深入，农业生产经营组织形式——家庭经营成为束缚现代化农业发展的关键因素。小规模的家庭经营带有较强的自然经济色彩，单个的农户面临较高的农业生产成本和弱势交易地位的困境，导致农户的利益得不到保障。同时，生产的非组织化自然会导致市场的分散化，市场的分散化必然会推高农产品的交易费用。可见，解决小生产与大市场之间矛盾的关键，既要实现流通的组织化，更要实现生产领域的组织化。

目前在全国各地盛行的“农超对接”“批发商 + 第三方物流企业 + 零售商”“公司 + 基地 + 合作社 + 农户”“超市 + 农产品加工企业 + 农户”等任何一种形式并不能从根本上解决农产品供需失衡、流通不畅、运行机制不稳定等方面的主要问题。农产品市场体系是一项涉及农产品生产、购销整个流程的系统性工程，建设与完善统一开放、竞争有序的农产品市场体系有利于解决农产品生产和流通问题，成为加快农业现代化发展的重要支撑。本课题认为农产品市场体系的目标模式选择应以契约链为纽带，以农户、农业合作社、中小型公司/基地、大型企业集团、专业协会等为主体，以大型连锁超市、农贸市场、中小型超市、便利店、生鲜超市等为载体，消除区域性垄断，加快推进农产品内外贸一体化进程，完善农产品竞争机制和价格机制，通过零售、批发、物流等环节，把生产服务层、流通服务层、消费服务层三者有机结合，实现三者联动，建立统一开放、竞争有序、安全高效的农产品市场“联动模式”。该模式的理论构建以提高我国农业生产的组织化程度为出发点，以解决“三农”问题、切实增强我国农村的可持续发展能力为目标。在功能设计上，首先要求能把松散的农民组织起来以适应现代化大生产的需要，其次要求能通过全产业各类流通节点的联动来提高流通效率，最后要求能切实保障最广大农民的长远利益。农产品市场体系“联动模式”的提出基于农业生产产业化、农产品经营规模化、农产品流通市场化的要求，反映了农村改革与发展的基本趋势，有利于从根本上解决小生产与大市场的矛盾。

7.2 农产品市场体系“联动模式”的基本原则

7.2.1 遵循市场经济原则

市场原则要求必须尊重市场主体的自主权。农产品市场比较接近完全竞争市场，市场上各行为主体通过竞争来决策自己利益最大化的行为，同时通过利益协调机制来加强他们之间的合作，实现利益共享。在我国，农产品市场这种近似完全竞争的市场结构，使作为农产品主要生产者的农民处于天然的弱势地位。遵循市场经济原则，最重要的就是让农民自己决定如何发展自己、决定采用何种生产方式，让农民通过市场竞争与自主决策，自发自愿走向专业合作组织，由市场力量催生农产品生产和销售的组织形式，提高农业内部组织化程度，使农民能分享流通、加工环节的收益。同时，市场原则要求必须遵循平等原则，首先要求农民在身份地位上与城市居民平等，为此要彻底废除户籍制度，消除农民与城市居民的城乡身份差异，使农民和城市居民在谋求自我发展方面人人平等。市场原则要求实现农产品的商品化，即完全让市场来决定农产品的价格，遵循价值规律，避免市场以外的因素导致农产品和工业产品出现“剪刀差”现象。

7.2.2 降低农产品交易费用

根据科斯定理，资源可以通过企业或市场两种截然不同的方式进行配置，企业是通过契约建立科层关系，然后通过纵向的科层关系来组织生产和实现分配；市场则是通过价格机制实现生产和流通。企业和市场可以相互转化，企业和市场的边界由交易费用决定。交易组织的发达程度、交易关系的稳定程度、交易规则的有效性、交易技术的进步程度以及交易环节的多少都影响着交易费用的高低。

从我国农产品的生产过程来看，目前农业生产具有的小规模、分散化特征，不仅导致生产经营离散性强、组织化程度低，难以形成规模效应，也使得农户与购买方难以建立稳定的交易关系，必然会使农产品交易成本过高。另一方面，农户缺乏统一的指导，对市场需求缺乏清楚的认识，单个农户为了准确把握市场信息，不得不增加信息的搜寻成本。我国农产品的流通过程呈现“多阶段多元化”的状态，不仅需要经过多重流通环节，而且流通的时间和周期也较长。目前，我国农产品流通主要面临的是交易费用过高的问题。我国农产品流通产业仍处于粗放型发展阶段，由交易费用所引起的费用支出占据了农产品流通费用的较大份额，与发达国家相比，我国由交易费用引起的农产品最终价格大约高出其同期水平的 20%[①]。农产品交易费用过高不仅会阻碍农产品的流通，甚至会阻碍农业以及经济的稳定发展。为此，农产品市场体系目标模式的选择应以降低交易费用为核心。

7.2.3　降低物流成本，提高农产品流通效率

农产品物流是农产品从生产者到消费者之间的实体流动过程，包括农产品的运输、储存、包装、搬运、流通加工、配送、信息处理等一系列环节，并在实体流动过程中实现农产品的保值增值。

我国农产品物流发展比较滞后，流通成本偏高。2022 年，我国农产品物流总额为 5.3 万亿元，占全社会物流总额的比例只有 1.52%，这与同年农业总产值占 GDP 7.6% 的比重不相匹配。物流成本在我国一般约占总成

① 杨军，王厚俊．农产品流通的交易费用分析——基于电子商务和非电子商务的理论比较［J］．南方农村，2014（08）．

本的 20% ~30%，生鲜农产品的物流成本高达 42%。从交易成本的角度来看，运输成本就能解释交易成本 40% ~50% 的变差[①]。而在国外发达国家，物流成本一般在 10% 左右。物流环节的薄弱导致了农产品流通中的损耗增加，水果、蔬菜、肉类、水产运输损耗率分别高达 25%、30%、12%、15%，而美国农产品运输的损耗率仅有 2%，其他发达国家也只有 5%[②]。同时各流通环节层层加价，每一个环节都至少加价 5% ~10%，最终推高了农产品终端销售价格，导致“农民没得到实惠，消费者没少花钱”的顽症。总而言之，我国物流成本居高不下，严重削弱了农产品的市场竞争力，已经成为制约我国农业现代化的瓶颈。因此，农产品市场体系“联动模式”的构建，应当联系分散农户、整合农产品生产和流通参与主体、加强制度建设，以降低物流成本、提高农产品流通效率为基本原则。

7.2.4 确保农产品质量安全

民以食为天，作为满足人们生存的必需品，农产品的质量安全是首要保障。质量安全是农产品的生命线。近年来，随着我国农产品质量安全监管力度的不断加大，农产品质量安全水平得到了较快提升。2022 年农产品质量安全例行监测总体抽检合格率 97.6%。其中，蔬菜、水果、茶叶、畜禽产品和水产品抽检合格率分别为 97.1%、98.8%、98%、99.1% 和 95.8%，畜产品中猪肝全部合格，猪肉、牛肉、羊肉、禽肉和禽蛋的抽检合格率分别为 99.7%、98.2%、99.4%、98.7%、98.1%。[③] 然而，由于农业生产环境和制度环境的改善具有长期性，农产品质量安全隐患依然严重。农产品生产过程中，在农业保险机制不健全、农业生产比较利益下降、农产品可追溯制度不完善以及分散生产带来高昂监督成本的现实背景下，农户出于损失厌恶和对利益的追逐，很难自觉遵守国家制定的保障农

---

① 全世文，曾寅初，毛学峰．运输成本可以解释空间市场整合中的交易成本吗？——来自中国小麦和玉米市场的证据［J］．中国农村观察，2015（01）．

② 王静．现代物流产业链创新模式与运行机制——基于中国现代农产品物流需求与现行模式分析［J］．社会科学家，2014（06）．

③ 数据来源：中国政府网。

产品质量安全的法规和标准。在农产品流通过程中，市场准入制度的不健全、农产品质量安全监管制度的不完善、流通主体缺乏参与追溯的积极性等因素，导致农产品的质量安全问题。总体来说，无序、不合理的农产品市场体系会危及农产品的质量安全，尤其是农产品市场体系各环节之间的关系越松散，越容易出现农产品的质量安全问题。农产品市场体系“联动模式”，以保证农产品的质量安全为基本原则，实现了生产服务层、流通服务层的良性互动，经济主体之间或者相互监督、或者相互利益攸关，从而被迫或自觉地提高农产品的质量安全。

7.3　农产品市场体系“联动模式”的理论模型构建

农产品市场体系是由农产品市场主体、农产品市场载体、农产品流通渠道三大要素组合而成的一个有机系统（见图 7－1）。农产品市场主体类要素是指农产品的占有者或所有者，即农产品的生产和流通中的各类主体以及中介组织，具体包括农户、农业合作社、农民协会、大型企业集团、中小型公司/基地、经纪人队伍等。农产品市场载体类要素是指从事农产品交易的各类市场，如大型连锁超市、中小型超市、便利店、生鲜超市、农贸市场、批发市场、期货市场等。农产品流通渠道类要素指农产品从生产领域送达到消费领域的流通路径，表现为农产品生产、流通主体之间的关系，主要包括流通的途径、环节、形式等。我国农产品流通渠道基本上分为直销模式和有中间商参与的模式。在农产品市场体系中，三类要素之间是相互作用、相互联系的，并交织复合在一起。农产品市场载体的发达程度和农产品市场主体的组织化程度都会影响到农产品流通渠道模式的选择。从供应链的角度来看，农产品市场体系是一个具有五层结构的系统，具体包含生产层、生产服务层、流通服务层、消费服务层和消费层[①]。其

① 庄晋财，黄群峰．供应链视角下我国农产品流通体系建设的政策导向与实现模式［J］．农业经济问题，2009（06）．

中，农产品市场主体类要素构成生产服务层，旨在以多种形式将农户组织起来参与农产品加工和流通；农产品市场载体类要素构成消费服务层；农产品流通渠道中的中间商（包括仓储和运输商、采购代理商、流通加工商等专业化的物流组织）构成流通服务层，旨在提高农产品的流通速度和效率。

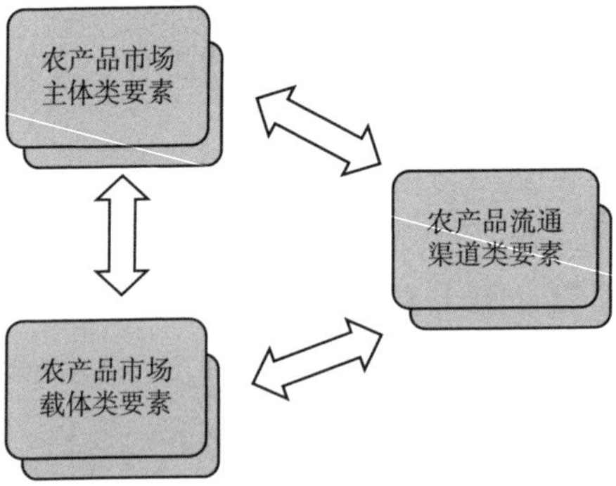

图7-1　农产品市场体系的基本框架

农产品市场体系联动模式是对农产品生产、加工和经营诸环节价值链的整合，以农业产业化、农村城镇化、产品市场化等为目的，有效支撑国家其他战略目标实现农业现代化和农村经济发展的模式。立足全产业流通节点视角，构建生产服务层→流通服务层→消费服务层的“联动模式”，实现信息链、供应链协同下中间层组织优化；同时，运用一体化理念与思想，构建农村联合经营有限公司，实现小农户和现代农业发展有机衔接，促进整个农业产业竞争力的提高。可见，该“联动模式”也可理解为农产品供应链协同模式，即对农产品供应链进行协同管理。因此，从战略上而言，农产品市场体系“联动模式”包含两个层次的协同：一是以农村联合经营有限公司这种新型经济组织为核心，通过提高农产品生产主体和流通主体、农产品流通过程以及农产品流通服务的组织化程度，对农产品供应链中的商流、物流、信息流进行整合和协调，实现商流一体化、物流一体化和信息流一体化；通过对农村联合经营有限公司内部的生产、加工、流通部门的联动，实现农产品产、供、销的一体化协同。二是通过建立全国骨干农产品批发市场、区域重点农产品批发市场、农产品零售市场以及公益性农产品市场和农产品分级市场网络，把农产品市场主体、农产品市场载体、农产品流通渠道三类要素有机整合，实现农产品市场体系要素链式优化联动，其联系的纽带可以是显性和隐性的契约关系或直接的市场交易关系（见图7－2）。

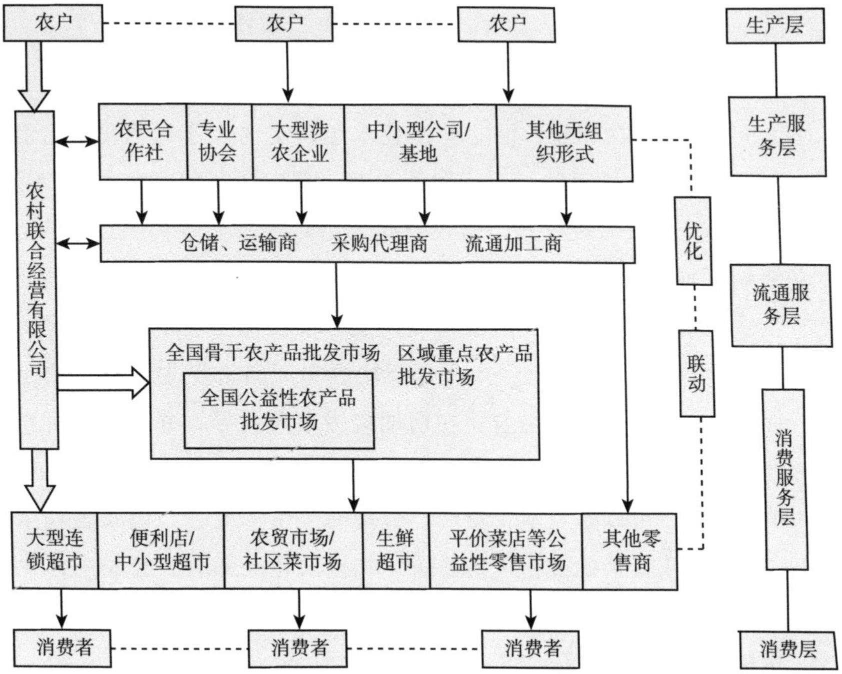

图7－2　农产品市场体系"联动模式"基本框架

7.4　农产品市场体系"联动模式"的运行机制

7.4.1　农村联合经营有限公司一体化协同的运行机制

农村联合经营有限公司（以下简称"农联"），是农户借助地方政府的力量，在专业协会的支持和帮助下，以包括土地、技术、劳动等各要素入股组建的"仿股制"企业。农村联合经营有限公司的构建，以现行政府职能的再定位为先决条件。首先，实现县（市）政府涉农机构的行政职能和经济社会事务职能分开。在经济职能得到强化的县发改委下成立“县农联规划与协调办公室”（简称“县农联办”）。另外，由“县农联办”的行政委与镇政府共同组建“镇农联办”，具体执行“县农联办”有关涉及本镇“农联”的事务。其次，充分发挥人才集聚效应，将分散的人才纳入政府管理，组建旨在指导农业生产、调查研究、市场规划、科学实验和科学咨询等为专职的“涉农专家委”（简称“专家委”）。同时，为了具体落实“县农联办”专家委的职能，设立驻镇技术组，实现人才的优化组合和再利用，解决农村人才缺乏的问题。最后，由“县农联办”行政委在专家委统筹规划、论证通过后授权其“镇农联办”出面组织全体农户自愿成立具有“仿股制”性质的农村联合经营有限公司。农村联合经营有限公司更多地具有股份合作的性质，是具有股份制内涵和实质的企业形态。它同大型企业集团、中小型公司/基地、专业合作社等农产品市场主体有本质上的区别，它是由分散农户自发结合，在初期接受政府引导，并通过多种组织方式形成的联合体。是享有独立法人权利的市场主体，独立经营、自负盈亏。其联系的纽带可以是资本、资产、劳动力等生产要素，以及各种生产要素产权的转让或直接的市场买卖关系。农村联合经营有限公司一体化协同的运行机制如图 7－3 所示。

1. 组织管理形式

农村联合经营有限公司作为“仿股制”农村企业，拥有现代公司制度的治理构架，内部设有董事会、经理、技术组、公用地管理小组、职员等。其组织管理形式是：(1) 董事会由各村村股东代表组成，村股东代表可由该村持股资产较多的股东组成或由全体股东选举产生。(2) 经理可以外聘，也可从董事会中产生（需半数以上职员通过），经理负责管理农村联合经营有限公司日常一切事务，其做出的重大决策需经过股东大会通过后才能执行。年终，董事会对经理的经营业绩进行评审。(3) 技术组人员由专家委和镇农联办共同决定，聘用的技术员承担技术服务工作以及对公用地管理小组的技术培训工作。(4) 公用地管理小组由通过技术培训的合格人员组成，该技术培训由聘用的技术员组织实施。(5) 职员由经理聘用，由农民自愿报名参加培训，并通过聘用技术员的考核后产生，根据岗

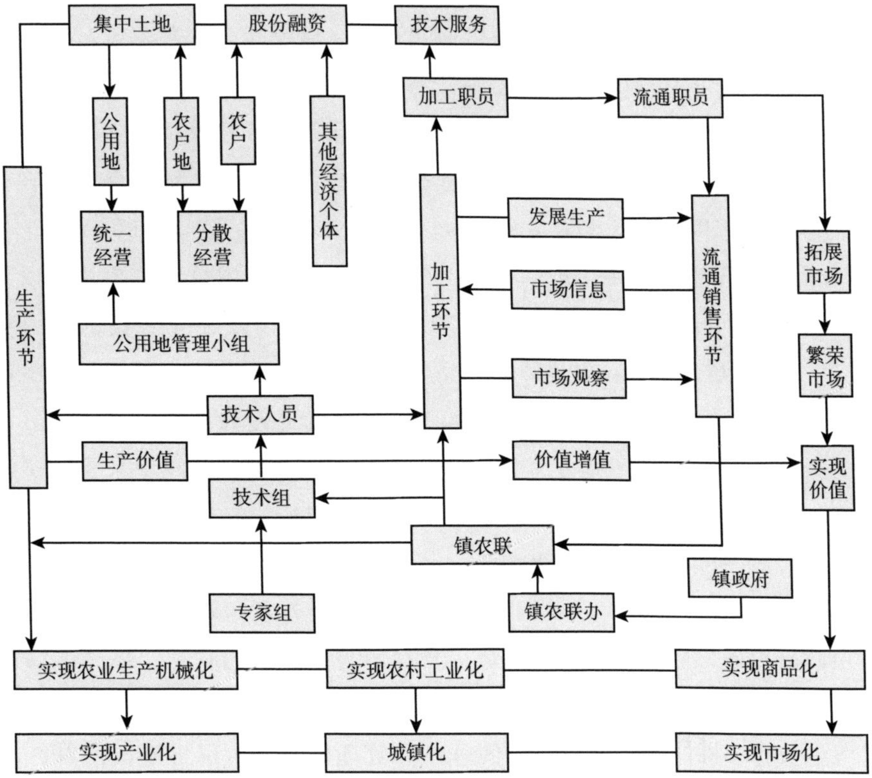

图 7－3　农村联合经营有限公司一体化协同的运行机制

位分工，职员分为生产职员、加工职员、流通职员。任何未进入农村联合经营有限公司工作的农民均可参加任何性质的其他经济组织。可见，农村联合经营有限公司内部组织设置能实现“层层监督、相互制约”的治理机制。

2. 经营机制与运作

从经营功能来看，农村联合经营有限公司有自己的农业产品，其按照公司的组织原则进行生产，并致力于通过实现生产的现代化来提高自身的竞争力。分散的农户通过出让、转让、出租或抵押承包经营权，入股农村联合经营有限公司，实现土地的集中使用；同时，对于不适合统一经营的、未能以土地作资产入股的分散耕作的农户，可将自己的农产品交由农村联合经营有限公司销售或再加工，通过入“业务股”与农村联合经营有限公司发生业务往来，按其提供农产品的货币数量享有分配后盈余的再分配权利。另外，分散的农户还可以通过选拔、聘用成为农村联合经营有限公司生产环节的工人、临时职员等，为农业生产提供市场服务。这样，每个农户都可与农村联合经营有限公司发生不同程度和层次的联系，这不仅大大提高了农民的组织化程度、实现农业社会化大生产，还能使农户在任何时候实现风险共担，利益共享。

从经营职能看，在其初始阶段，农村联合经营有限公司主要通过以下途径开拓农村市场空间，增强农民的组织化程度以及强化农民的市场观念：(1) 选派人员进驻本地区农产品分级流通网络的各个市场，在这些市场建立起固定的销售点。为降低成本，农产品的运输和销售由流通职员负责，此外，流通职员还需将商业信息迅速反馈给农民，并经专家委的权威论证，以市场需求为主导，及时调整生产方向和经营业务。(2) 由技术组负责指导统一经营用地的农业生产活动。(3) 聘用技术组的相关人员指导和参与市场业务。随着其市场业务拓展，在满足本地区城镇需求后，各地区由政府出面，协助实现农村联合经营有限公司的横向联动，提高市场运作效率以及总体市场竞争力。通过作为其外部管理者和服务者的办事处或经济事务管理机构提供信息、协调争议和管理监督，实现各地区在农产品市场信息平台的对接，在横向上突破农产品流通的区域边界，充分利用地区差异，最大限度地整合农村资源，以引导其发展规模经济和外向经济（见图7－4）。

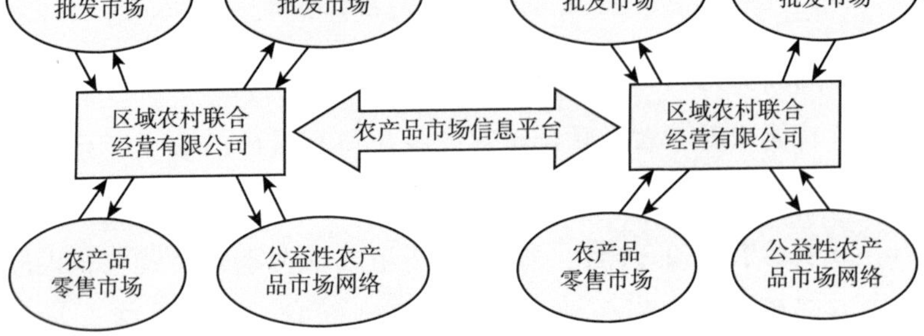

图7－4　农村联合经营有限公司的横向联动

3. 投融资机制

（1）分散农户的入股投资。农民自愿、自由入股农村联合经营有限公司，其股权证书具有资产性或类资产性，在农联办登记后，可以按双方的协议估价进行自由转让和交易。农民根据自身的情况，可以选择入资产股或业务股。同时将资产股分为优先股、普通股和累加股，农民可根据自己风险的偏好和实际承受能力自由选择资产股类型。入股业务股的农户则需要等到公司将其交付的农产品或再加工产品销售以后才能得到协议货款，或者也可以选择一次性连同货款和业务股红利的年度结算支付。分散农户的入股投资机制，给了农民更多自我选择、自我决策的自由，使得农民不再被土地等资源束缚，同时也满足了不同农民对资产变现的需求。

（2）其他经济个体的投资。允许并鼓励农村现存的一切其他经济组织、企业、个体工商户等购买农村联合经营有限公司的股份，成为其股东。这样不仅扩大了融资渠道，解决了资金来源问题，还便于其业务的开展。同时，更是加强了分散农户、个体户以及其他市场主体的利益一致性，促进了农村经济主体利益共同体的形成。

（3）金融市场的融资。农村金融借贷市场是农村联合经营有限公司资金来源的另一个重要渠道。农业适度规模经营要健康持续发展，必然需要金融作为后盾，因此，政府应允许农村联合经营有限公司享有同其他城市企业同等的融资方式和渠道。公司应充分利用农村金融体系所提供的资金平台筹集资金，在向各级银行申请贷款和向金融机构进行融资的同时，也容许金融机构以投资者身份入股。

（4）地方政府的惠农补贴。农村联合经营有限公司通过吸纳农民土地入股的方式集中了土地进行农业生产和加工，因此有关政府针对农业用地和农业生产的惠农资金和补助，应当由农村联合经营有限公司按照国家相关政策进行支配和使用。需注意的是，政府惠农补助的使用和管理，需要有公司外部主体的农联办进行监督，确保专款专用。

4. 人才开发与培养机制

农村联合经营有限公司的职员分为一般职员和技术服务人员两类。对于一般职员，可以是以土地使用权换工作岗位的农户，也可以是按照公司原则进行聘用的农民和其他社会人员，聘用员工也可以成为公司的股东，股东职员和非股东职员在公司内部具有相同的身份地位和权益。对于技术服务人员，应当根据其参与技术服务的方式进行薪酬支付和管理。对于公司经营发展需要长驻的人才，面向社会招聘，按照聘任制进入公司成为正式职员。同时，考虑到人才的流动性和技术服务的公益性，为了留住人才和更大地激发技术人员的才智，可以给技术人员以及一些重要岗位的人员配股。对于仅仅参与政府科技服务的指导、监督性工作的技术人员的报酬，应当由政府部门支付。

5. 生产运行机制

（1）农产品的生产和加工。农村联合经营有限公司实行统一的农业生产和统一的产品加工和深加工。关于农产品的生产，由生产领导小组负责全镇的农业生产，由公用地管理小组具体负责所在村的农业生产。在整个生产过程中，农村联合经营有限公司统一派相关技术员进行巡查、监督和指导。另外，农村联合经营有限公司根据市场需求对其农地的使用方向、使用范围进行统一部署；由公用地管理小组根据需要，编制相关的农田水利建设、种子、耕作器械和技术服务的需求计划，由农村联合经营有限公司统一审核落实。关于农产品的加工，根据市场的需求和自身的技术条件有选择地、统一由农村联合经营有限公司加工车间按照工厂车间组织的方式进行。加工环节主要包括农产品原料的来源、农产品和相应产成品的保管、生产工艺流程管理、产成品的管理和质量技术监督等。

（2）信息与技术的获取及运用机制。在农村联合经营有限公司发展初期，对信息与技术的获取主要依赖县政府的涉农专家委。专家委具体规划和设计该县农特产工业布局，经过科学论证和分析选择适合的产业进行培育。专家委通过驻镇技术组，以多种方式直接参与农村联合经营有限公司的内部技术服务工作，为其业务发展提供相应的市场信息和技术支撑。随着农村联合经营有限公司实力的增强，通过业务发展来获取市场信息并建立自身的人才培养体系，设立独立的市场开发、技术研发部门，培养自身的技术人才。同时，借助计算机，利用现代电子技术、互联网等高科技手段整合公司内部生产、加工、流通、技术研发等职能部门的相关信息，实现信息加工和管理的系统化，使农户基本身份信息、农产品基本属性信息、农产品的供应和需求信息、农产品价格信息、农产品物流信息、农产品质量信息等在公司内部能实时地、顺畅地流动。

（3）同其他经济体的生产与合作。农村联合经营有限公司可通过市场或各种契约关系、采取多种途径，实现外部生产和加工。在这一过程中，关键是要形成互赢互利的利益分配机制。农村联合经营有限公司根据自身的业务定位、资源禀赋等，可具体采用以下多种灵活多样的途径：与其他农村农产品加工企业或城市企业形成合作关系；接受订单委托加工；通过设备、厂房租借方式同其他企业合作；与其他企业形成股份合作；收购分散农户的初加工品或加工品进行深加工；委托分散农户散加工。所以，农村联合经营有限公司并不拘泥于统一或特定的外部加工模式，重要的是做好质量和卫生的统一标准和检验。

6. 流通运行机制

（1）组织农产品流通。农村联合经营有限公司的流通环节主要包括两个部分：原料或设备的采购和农产品或农副产品的销售。流通部门的主要作用在于开拓市场和销售产品。在采购环节，原料包括用于生产环节的种子、肥料等以及用于加工环节所需要的一切原料；设备包括生产用农机器材、农用消耗品以及加工车间用的机械设备和生产流水线等。因此，分别由生产部门和加工部门的技术人员作出原料和设备的需求计划报表，经理审核通过后，由流通部门落实并做好成本控制和质量把关。在销售环节，市场空间的开拓和业务范围的拓展，可以通过以下两个途径实现：一是农村联合经营有限公司根据自身的需求和能力，在各个农产品分级市场网络上的市场设立自己的定点销售网点，也可以转包批售、接受外地厂商的订单等，形成自身的稳定市场客户；二是由本地政府出面牵线搭桥，或通过市场准入政策的形式，为农村联合经营有限公司进入各个农产品分级市场网络上的市场提供便利，或者在本地城市的市场为各地农村联合经营有限公司预留销售点。

（2）市场与流通风险防范机制。农业生产具有地域性、季节性、周期性、不确定性以及时滞性，加之农产品自身的易腐蚀性，导致农村联合经营有限公司相比其他企业具有更大的市场风险，这种风险主要源自流通环节的不确定性。为此，流通部门需要承担风险防范的主要职责。首先，要确保能及时、准确地获取市场信息，主要包括含质量、价格以及厂家信息的设备、器材、农用消耗品的市场信息，产品销售市场信息，以及来自专家委的政策或技术信息。其次，在流通采购环节强化质量控制、寻找优质客商，并建立优良的采购和质检队伍。再次，在流通的销售环节，可以从宏观和微观两个方面来加强风险控制和防范：宏观上，紧密联系整个区域的总体规划和产业布局，重点抓地方特色，因地制宜地进行业务拓展，对于新开展的业务，要有专家委或技术组人员连同专家委联系的相对稳定的客户进行科学有效的市场论证；微观上，有效解决人才问题和激励问题。注重提高市场营销人员的市场应变能力，以及吸纳、培养高素质的市场规划人才，并同时防范董事会和经理的机会主义倾向。关于激励，农村联合经营有限公司内部治理结构要有防范和激励机制。

农村联合经营有限公司一体化协同，显著提高了契约内部的执行力。首先，通过“层层监督、相互制约”的治理机制，有效激励了农户入股的积极性，维护契约的稳定实施。其次，外部管理者和服务者（如镇办事处、经济事务管理机构等）起着协调争议、管理监督的作用，确保农户履约，维护了内外部契约稳定性。再次，农户作为契约主体，在统一的管理下从事生产活动，其信誉和履约资本可以确保并和产业链上的其他经营主体形成长期稳定的契约关系。最后，外围协会的主要职能是提供包括技术、标准制度在内的具体的专业化服务，因此，农村联合经营有限公司可以与外围的协会、合作组织形成更加稳定高效的契约关系。另外，农村联合经营有限公司一体化协同强调的是包括土地等生产资料在内的集约化经营和规模经济效益，使农户能分享土地增值带来的利益，增强了农户利益的一致性。因此，农村联合经营有限公司一体化协同是更富效率的利益联结机制。

7.4.2　要素链式优化联动的运行机制

要素链式优化联动是通过建立一种全国统一的农产品分级流通网络把农产品要素有机整合起来的新型市场交易机制。该分级流通网络是仿照我国公路系统国、省、县、乡道网络结构搭建而成。在该分级流通网络中，农产品市场主体、农产品市场载体、农产品流通渠道三大要素通过“契约链”进行链接、通过“供应链”进行协同、通过“信息链”进行驱动，促成全产业链的组织优化和各类“流通节点”的有机联动。从产业组织的角度来看，要素链式优化联动是一种以多维契约链和信息链等为纽带的虚拟组织。虚拟组织是在经济交往中，一些具有共同利益的独立企业，为实现共同利益而在一定时期内结成的利益共同体，通过组织内成员相互协助实现共同利益。供应链式的虚拟组织方式是先进企业之间常用的一种合作形式。因此，可将农产品市场体系要素链式优化联动看成是供应链式的虚拟组织。从农业产业化组织的角度来看，在这个虚拟组织里，组织内成员主要包括联结农产品市场生产层和消费层的生产服务层、流通服务层、消费服务层的中间层组织。这些中间层经济组织是介于纯粹的市场和完全的企业之间、受市场价格机制和企业行政命令共同作用的一种组织形态，是市场功能、企业功能和政治功能延伸的综合体。要素链式优化联动通过平衡中间层的利益关系和信息畅通，并保持农产品市场体系内中间层组织的优化和动态联接，提升农产品市场体系效率和创造更加有效率的市场交换。明确的运行机制是保证各方利益、协调各主体间关系、确保产销顺利进行的基本前提。本课题提出的要素链式优化联动机制，是在多维交互作用下，以契约链为纽带促进全产业各类流通节点联动，实现信息链 、供应链协同下的要素组织优化，其运行机制并不是同步发展、一蹴而就的，而是伴随着要素组织之间合作关系的深入，不断深化发展。因此，可以将要素链式优化联动的运行机制（见图 7－5）按不同的实施层次分为要素链式优化联动模式的形成机制、实现机制和保障机制三类。

1. 要素链式优化联动模式的形成机制

要素链式优化联动模式的形成机制，是要素链式优化联动模式构建的前提，各要素组织通过动因、自组织统一发展目标，实现资源配置合理化、资源运用最大化。

（1）动因。根据经济人假设，人们总是力图花费最小的成本去获取得最大的收益。在市场中，市场主体按利润最大化原则作决策。因此，对于农产品市场体系的各要素组织而言，农产品在生产、流通与消费过程中所展示的潜在利润空间是要素链式优化联动的根本动因。首先，农户生产的分散性，使各农户在独自参与农产品交易时，必然造成交易成本的大量重

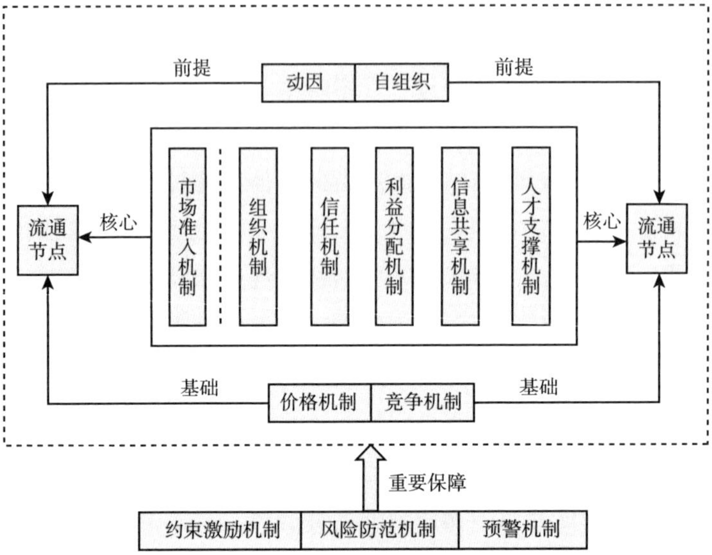

图 7-5　要素链式优化联动的运行机制

复叠加，增加交易成本。降低交易成本、增加利润空间的内在需求，必然将提高农产品市场体系要素组织的组织化程度。其次，农产品易腐蚀、不易保存的生物特性，决定了把农产品从生产地经过各环节输送到消费地，所用的时间越少，就越能够保证农产品的新鲜程度和品质。因此，提高物流效率成为农产品流通的关键环节之一，物流效率越高，就越能保证农产品的新鲜程度和品质。提高农产品的物流效率，主要包括提高农产品在供应链中不同主体之间物流的效率，以及产品在供应链主体企业之间进行交接的效率两个方面。降低物流成本，提高物流效率，寻求物流增值成为各类流通节点联动的又一动因。再次，农产品较低的价格弹性和收入弹性，造成农产品生产较小的产量变化会引起农产品价格的大幅度变化。保证农产品价值的有效实现，必然需要实现农产品市场体系始端的供给和终端的需求的匹配，这就从根本上要求实现农产品市场体系生产服务层、流通服务层、消费服务层三者的联动。最后，各要素组织对食品安全度的重视程度影响农产品市场体系的发展。对于农户而言，只有生产出高质量高安全的农产品，才不会被市场淘汰；对于具体的农产品市场而言，提高食品安全度给大部分主体带来利益时，才能保持该类农产品市场的持续繁荣；对于流通主体而言，只有保证农产品质量，才能进行有序的市场交易。当前消费者对农产品安全性的要求日益提高，促进农产品质量、安全水平提高成为实现素链式优化联动模式的另一动因。

(2) 自组织。根据哈肯（H. Haken，1988）对自组织的定义：如果一个体系在获得空间、时间或功能的结构过程中，没有外界的特定干预，我们便说该体系是自组织的。也就是说，如果一个系统没有外部指令的干扰，能够自动地按照某种规则形成一个有序结构，就是自组织。农产品市场体系的各类要素在共同利益驱使下，自发地合作，形成结构更为宽泛的虚拟组织。系统产生自组织的条件有开放性、远离平衡状态、非线性。首先，农产品市场的主体类要素、载体类要素和流通渠道类要素显然是开放的，各流通节点仅仅依靠自身资源已无法有效应对市场变化。一方面需要通过有效整合和纵向协调实现高度专业化分工，另一方面也需要与政府、金融部门、中介机构、研究机构等形成紧密合作关系，实现与外界的物质、能量和信息的交换。其次，农产品市场体系的各要素均处在远离平衡状态。各主体在物资、技术信息组织结构等方面的差异，导致它们之间发展不均衡，如单个农户和大规模农场的生产规模具有较大的差距；农产品分级市场网络中的各类市场的基础设施建设、发展政策和组织管理等也存在差异。再次，农产品市场体系是一个动态的非线性系统。各个要素之间相互作用、相互联系，存在行政联结、功能联结、资本联结等多种联结方式，实际上已经成为一个多层面的契约复合体，这个复合体中网络化的多层次契约关系构成了农产品市场体系内错综复杂的非线性作用关系。比如，在非线性作用的影响下，流通节点主体在农产品生产、流通、销售环节中各自追求自身利益最大化的同时，也需要通过协商与合作来实现成本的最小化，以提升整个农产品市场体系的市场绩效。

2. 要素链式优化联动模式的实现机制

要素链式优化联动模式的实现机制，是要素链式优化联动模式构建的核心。从总体上而言应包含两个部分，首先是要确保进入市场销售的农产品符合质量卫生安全指标要求，涉及政府职能定位，主要是指市场准入机制；其次是实现要素链式优化联动的机制设计与构建，主要包括组织机制、信任机制、利益分配机制、信息共享机制、人才支撑机制。

（1）市场准入机制。农产品市场准入，是指农产品经过有资质的认证机构或权威部门认证或检验检测，符合国家和政府制定的质量卫生安全指标要求，才准许进入市场经营销售。农产品市场准入机制，是政府在农产品市场准入规制中，以农产品交易为核心，政府、市场经营主体、生产者、消费者、中介组织等多种行为主体参与并相互作用的组织方式和运行规则，包括农产品市场准入规制的方式方法和若干相关制度①。在构建农产品质量安全市场准入机制中，加强制度建设是核心内容。首先，严把农产品供应的源头关，围绕农产品的源头，建立产地准出制度、市场检验检测制度、质量安全认证制度等，规定进入市场销售的农产品必须具备产地证明和质量安全证明。加快有关农产品质量标准的制定和完善。例如：围绕农产品的品种、产地、生产技术规范、产品质量与安全、包装标识与贮运、检测检疫技术等方面建立健全标准与规范。建立覆盖农产品产前、产中、产后每个环节的农产品质检体系。其次，在农产品交易环节中，一是为解决农产品信息不对称和农产品以次充好的问题，建立健全包含强制性标识和公共质量标识的标识信息制度；二是为防止市场环境对农产品的二次污染，建立包括验证产品抽检、标识信息检查、普通产品监测的市场巡检制度。再次，结合农产品特征完善农产品的退出制度，对检测不合格的农产品，做到妥善处理，坚决防止进入市场流通。最后，加快推进统一权威、职责明确、协调联动、运转高效的农产品追溯体系建设，建立健全包括生产记录、信息传递、信息载体和产品追溯信息平台的农产品追溯制度，实现能够及时查询农产品的生产源头、流向，保障公众消费安全。

（2）组织机制。对产业组织而言，要素链式优化联动是一种以多维契约链和信息链等为纽带的虚拟组织。要素链式优化联动模式组织机制的核心问题是基于农产品市场体系各要素主体的核心竞争力参与横向和纵向的协作，实现各要素组织所拥有资源的优化整合，实现对农产品市场需求的快速响应，满足消费者的个性化需求。虚拟组织内各成员之间并不存在产权上的联系，在组织中具有平等的地位，但彼此之间在经济上是相关的。

① 冯忠泽，万靓军，田莉．建立中国农产品质量安全市场准入机制框架分析［J］．中国农学通报，2008（05）．

因此，作为要素链式优化联动的具有独立法人资格的各节点企业，是通过建立并维持特定契约关系、依赖相互信任和较高的忠诚度，形成一种类似于企业的管理和协调机制，实现真正意义上的合作。由于每个要素主体都有追求自身利益最大化的动机，该动机有可能与整体利益相违背。为了实现生产服务层、流通服务层、消费服务层三者能更好地联动运行，需要建立各节点之间的沟通机制。首先，可由拥有突出能力的节点企业发起成立管理团队，该管理团队由各节点企业的经理组成，主要负责分析农产品市场体系面临的外部环境和各要素主体的能力和优势、规划各节点的战略定位、制定运行规则、评估各成员节点的任务完成状况，以及各种总体性的协调和沟通等领导任务，当出现不协调时，负责作出仲裁。更为重要的是，通过形成信息共享管理的组织管理模式，建立信息定期共享机制，缩短组织内部有效沟通时间，提升运作效率。其次，在节点之间设置协调专员岗位，由协调专员负责日常运作中常规性问题的处理。同时，在拥有突出能力的企业内部设置协调部门，凭借其对其他成员产生有力的影响，负责超出协调专员能力范围的例外性工作的有效控制和协调。

（3）信任机制。信任机制是指为了保证要素链式优化联动的高效、有序进行，以信任为主要手段来处理各节点成员间的关系，以减少契约性安排，从而维系节点成员间合作效能与连续性，降低交易成本，最终实现要素链式优化联动目标的一种机制。影响要素链式优化联动模式各节点成员之间信任的因素，主要有包括社会和文化等宏观因素、农产品供应链层面的中观因素、个体特征的微观因素。为了在各节点成员之间建立长期稳定的合作关系，主要从以下三个方面构建要素链式优化联动的信任机制：第一，建立信用档案，进行信用档案分类管理。信用档案是企业信用的载体，建立各节点成员的信用档案，客观及时地展示各节点成员的守信品质、守信能力、守信行为等信用状况，据此确定成员彼此之间建立何种信任关系。第二，建立信任产生机制，具体措施包括提高非信任成本和信任收益、完善机会主义防范机制、强化节点成员的声誉意识、利用合同条款阻止相互欺骗、推动各节点成员共同价值观的形成等。同时注重各节点成员之间在政策和程序上的公平，在处理问题及相互交往中做到平等对待。第三，建立信任保障机制，对信任风险进行管理与控制。从制度的角度来看，主要通过契约、合同的方式及激励、惩罚的手段来规范、约束各节点成员的行为；从声誉约束的角度来看，主要是完善社会信用体系建立、健全社会及行业网络监督系统，能够及时从平台查阅企业守信行为，对企业形成声誉约束；从社会关系的角度来看，以友情、面子为纽带，通过提高处理模糊性契约的能力来发挥约束人们行为、增加确定性、可预期性的功能①。

（4）利益分配机制。利益分配指各节点成员作为利益主体，对要素链式优化联动模式运行期间内所共同创造的总利润按照一定的形式、比例和原则进行分配的一整套制度或契约安排。公平、合理的利益分配是保证要素链式优化联动运行的关键。良好的利益分配机制应符合以下原则：地位平等原则、互惠互利原则、个体合理原则、考虑产业特点原则、收益与贡献相一致原则、风险与利益相对称原则、利益分配信息披露原则和利益分配结构最优原则。由于要素链式优化联动是以供应链协同农产品市场体系的三类要素，联系的纽带可以是显性和隐性的契约关系或直接的市场交易关系，其利益分配过程体现在各节点成员相互协商产品或服务的价格，直至各方都满意为止。在动态的市场交易过程中，主要从以下几个方面构建科学合理的要素链式优化联动的利益分配机制：第一，完善农户和企业间的利益分配模式，大力发展以合作型和返利型为主的利益分配模式。合作型的利益分配机制使农户与企业利益共享、风险共担；返利型的利益分配机制使农户能够分享到加工、流通环节的利润。两者都能提高农户在利益分配中的地位，调动农民的积极性。第二，大力发展农民专业合作组织，增强农户在联动中的谈判力和议价能力。提高农业生产的规模化程度，增强农户话语权及对风险的抗击能力。第三，政府相关部门应该建立完善的宏观调控体系。打造地区农业信息平台，建立健全农产品价格数据监控和预警体系，加大生产监控和信息引导力度，使农产品生产以市场为导向。此外，加大对农产品物流链的建设和政策支持力度；健全农产品资金扶持体系，通过财政补贴、保险等多种方式降低农户生产的高成本和高风险。

---

① 赵晓飞．农产品渠道联盟体系的构建及其运行机制研究［J］．云南财经大学学报，2011（05）．

（5）信息共享机制。信息共享机制是要素链式优化联动模式各节点成员之间以及成员与农产品市场之间为实现信息的交流与共用所采取的信息组织方式和运行模式。信息共享是要素链式优化联动模式运行的关键因素，各节点成员按照共享的信息安排生产和作业，可以有效地破解因信息不对称而产生的农产品卖难买贵困局。为此，基于信息系统层次的角度，各节点成员之间需要共享的信息包括三个层次：作业层信息、管理层信息以及战略层信息。作业层信息是指各节点成员的企业运营状态信息，包括原材料采购情况、农产品生产和加工情况、产品订单的下达情况与接收状况，以及农产品的运输配送情况等信息；管理层信息主要有仓储信息和物流机械设备状况信息；战略层信息主要有销售数据信息和决策计划信息，例如经营决策、市场预测、运输实施方案等。为了有效减少众多的不确定性引致的信息共享风险和阻力，关键在于构建要素优化联动信息共享的激励机制，以及采用必要的技术手段保障信息共享。首先，基于利益追求建立有效的激励机制，合理选择与规范信息共享的外在环境，降低信息共享的成本，确保信息质量的时效性、准确性和有效性。其次，强化对农产品物流动态监测技术和农产品物流溯源信息技术的开发和利用。通过对农产品的采购、运输、生产、包装、储藏、配送、销售等环节的监测，确立能够进行追踪的可追溯性结构，提高信息的可靠性、适用性。最后，构建农产品供应链信息共享综合模式，使各节点成员能及时捕获市场信息、响应市场需求，提高要素优化联动模式的市场绩效。

（6）人才支撑机制。随着知识经济时代的到来，人力资本越来越成为价值创造的主导要素。对于要素链式优化联动模式来说，其运行绩效很大程度上取决于各节点的人力资源的质量。构建要素链式优化联动的人才支撑机制可从两方面入手：

第一，构建多层次的人才支撑体系。一方面由于要素链式优化联动是由分散农产品市场三类要素自发地通过多种方式结合成的联合体，因此需要在联合体层面建立和完善包括战略层、管理层和操作层的人才层次体系。由战略层人才统筹管理联合体运行中的战略性事务，包括确立总体目标、建立运行制度等；管理层人才主要负责联合体运行过程中的综合管理、业务管理和技术管理；操作层人才主要是指在农产品生产、加工、运输、销售等环节执行具体任务的人员，如原材料采购、农产品生产和加工、运输配送、销售等作业人员。另一方面，努力提高各节点成员管理型人才、技术型人才、业务型人才的知识水平和专业技能，不断提高他们的业务素质和管理水平。建立相互学习机制，搭建形式多样的平台，促进成员之间的相互交流和学习，通过互学所长来提高成员的能力；建立相互学习的机制，通过吸收其他成员的知识来增加自身的知识基础和提高自身的能力建立学习型组织，营造良好的学习氛围，激励各成员不断追求进步；政府相关部门制订计划、政策，聘请专家定期开展培训。

第二，构建人才交流机制。专业人才在各节点之间的流动能够促进不同知识的扩散和融合，促使新知识的形成。可以通过各节点企业员工的非正式交流、专家指导小组、跨企业学习团队等形式，实现优秀人才在各节点成员之间的有效流动。在农产品市场体系中，最为突出的问题是农民自身知识文化上的缺陷导致的盲目生产，可由消费服务层的企业派出相关的市场行情研究人员指导农地的使用方向和使用范围，由生产服务层、流通服务层企业派出技术人员指导农民的采摘和贮藏。另外，政府要加大政策和金融扶持力度，实施新型职业农民培育工程。

3. 要素链式优化联动模式的保障机制

要素链式优化联动模式的保障机制，是要素链式优化联动模式构建的重点。只有通过长期公开透明的约束激励、对风险进行防范与控制、为管理活动提供有关条件，才可能达到真正意义上的要素节点成员的合作，保证要素链式优化联动模式的正常运行。

（1）约束激励机制。约束激励机制是一种对要素链式优化联动模式中各要素成员都适用的契约或合同，是用来规范要素成员行动的约束或制度。由于要素链式优化联动是由分散农产品市场三类要素自发通过多种方式结合成的联合体，其联系的纽带是直接的市场交易关系或契约性交易关系，其中契约性交易关系主要包括市场契约关系、生产契约关系和战略合作伙伴关系。因此，在要素链式优化联动模式运行的初期，一方面，通过利益激励在节点成员之间形成一种互惠互利的经济利益机制，进行科学合理的价格分配，提高节点成员合作的积极性；另一方面，由于节点成员之间交流少、不太了解，主要以合同约束作为保障。通过法律的手段保障合约的执行，防止机会主义行为。随着长期持续的重复交易，节点成员企业间了解增多、信任增强，并渐进形成了关系规范、具有共同的行为规范和价值观，其关系交换扩展到以无形的情感、承诺及信任为基础。此时，通过信任激励和声誉激励，增强相互间的信任关系，提高节点成员的交易绩效。同时，鼓励农产品行业协会等组织机构建立行业网络监督系统，丰富各节点成员的信息资源，使各节点成员处于较完善的对等监督机制的约束之中。一旦发现有不良信用记录的企业，运用淘汰机制进行及时惩戒。另外，从宏观层面而言，政府的相关部门通过制定相应的法律、法规，强化市场监管，对各节点成员进行监督与控制，从外部约束各节点成员之间的交易关系。

（2）风险防范机制。要素链式优化联动模式下的农产品市场体系是一个复杂的、动态性的、相互协作的有机系统，系统内各节点成员相互依赖、相互影响，其风险来源多种多样，相应地，其风险防范机制应该是多层次的。构建风险防范机制，首先需要对风险进行识别，然后对风险进行全面、客观、科学的评估，最后选择合理的措施有效控制风险。要素链式优化联动模式的运行面临系统的不确定性、外部环境的不确定性和内部环境的不确定性，据此可以将要素链式优化联动风险分为系统风险、外部环境风险和内部环境风险。其中，系统风险主要包括合作风险、市场风险、物流风险、技术风险和信息风险；外部环境风险主要包括自然环境风险、政治环境风险、经济环境风险和政策法规风险；内部环境风险主要包括经营决策风险、管理风险和质量安全风险。对于合作风险而言，除了建立信任机制和有效的利益分配机制（上文已作详细论述）外，还应建立完善的合作伙伴评估体系。对于市场风险的防范，一是需要加强价格监管和调节制度，加强对农产品市场的监管，遏制炒作行为和过度投机，并通过建立相应的制度来约束和制裁诸如“霸王条款”等行为；二是通过提高各节点成员的组织化水平和谈判能力，提高其主体地位；三是通过保持合理库存、提高各节点成员自身的柔性来保持农产品供应链的弹性。对于物流风险的防范，主要从构建快速响应能力的物流机制和构建农产品供应链的冷链物流系统两方面入手。对于技术风险的防范，一方面需要通过提高硬件设施设备水平、引进配套的流通加工技术和程序，提高流通加工的技术水平；另一方面要加强对科研、人才方面的资金投入来提高整体技术水平。对于信息风险的防范，除建立灵活的信息共享机制（上文已作详细论述）外，还应加强信息化建设，尤其是要建立农村信息网络和现代通信设施。对于经营决策风险、管理风险的防范，各节点成员各自按照自己的内部风险管控模式，消化各自分担的风险，确保风险在内部体系得到控制。对于质量安全风险的防范，除完善市场准入制度外（上文已作详细论述），还应当建立一个统一的农产品质量安全标准规划，形成一套全面的、系统的、协调的农产品质量安全标准；建立一个从国家级到省级再到县级的多层次的农产品质量安全管理体系，各部门各司其职，同时，部门间应加强沟通，对农产品从生产到消费领域的各个环节进行协同监管。

（3）预警机制。要素链式优化联动的预警机制是指对农产品生产、流通、市场等各种相关信息进行动态监测与分析，实施先期预警，从而保障要素链式优化联动模式顺利运行的一种机制。构建要素链式优化联动的预警机制主要包括四个方面的内容：第一，建立市场监测机制。目前，我国的农产品产业链由多个部门进行管理，为提高检测效率，需要构建跨部门的农产品预警组织协调机制，一是将农产品产业链的管理模式由分段管理转向联合管理；二是将不同类型市场的分化监测转向统一的共同监测。第二，建立警情发布机制。对发现的风险警情及时进行研判，并建立一整套的发布机制，规范发布的人员、时间、流程等。第三，建立应急处理机制。应对农产品市场体系各节点主体出现违约或败德行为等，以及农产品生产、流通、销售过程中某个环节的突发状况，建立预警机制，及时做出调整。第四，增强应对突发事件的能力。充分发挥相关政府部门职能作用，提高突发事件应对能力。同时充分调动农产品市场体系内各主体参与应对突发事件的积极性。

7.5 农产品市场体系联动模式的运行功能

功能是事物客观上会产生的特定行为的统称。对于农产品市场模式来说，其功能就是指市场模式在农产品从生产到消费全产业链中所承担的职能。农产品市场体系联动模式的运行功能具体可以概括为媒介交换、时空调节、强制均衡和利益实现及分配。

7.5.1 媒介交换功能

农产品市场体系联动模式有效整合、协调全产业链各类流通节点的相互联系和相互作用，是多维的、网络型的和立体的，强调各环节的专业化分工与合作，其机制创新从根本上改变了原有流通单向中介模式，实现了农产品生产者和消费者全方位、多元化的交换，进而实现供需高效匹配。当前，在农产品市场由卖方市场向买方市场过渡、消费结构决定生产结构的市场环境下，农产品市场体系联动模式可以使农户从流通服务层、消费服务层甚至消费者处及时掌握农产品需求信息，同时消费者也可获取关于农户、农产品生产、农产品物流配送等信息。由于商品交换一般有数量、时间、空间、比例等具体的形态，通过农产品市场体系联动模式运行过程的中间商优化，降低了交换双方的差异所产生的交换费用。

7.5.2 时空调节功能

在农产品市场体系联动模式中，各流通节点的高效联动，能有效克服农产品的生产和消费在时间和空间上的差异和分离，引导农产品的时空配置方向与时点。从空间并存的角度来看，通过生产服务层、流通服务层和消费服务层三者的联动，使农产品在空间上流向趋于均衡，有利于实现农业资源的优化配置、促进农业经济结构的调整与升级。从时间继起的角度来看，农产品市场体系联动模式机制的运行，能够对市场需求作出及时、正确的反应，减少了农产品生产和消费之间的时延和停顿。这种农产品在空间和时间上的准确供给，有效克服了农产品生产的季节性和农产品易腐易损性缺陷。

7.5.3 强制均衡功能

一方面，从农产品的供给来看，由于农产品的生产在很大程度上仍然依赖地理自然条件，致使农产品的供给弹性较小；从农产品的需求来看，由于大多数农产品是生活必需品，其需求也缺乏弹性。农产品的供给弹性和需求弹性都很小的特性，容易导致农产品价格的大幅波动。农产品市场体系联动模式的运行机理是以契约链为纽带促进全产业各类流通节点联动，不仅能够降低农户面临的市场不确定性、生产不确定性等，也能降低各节点企业面临的市场不确定性、技术不确定性等，更是确保了农产品流通的有效性，从而增强了农产品交易的稳定性，达到农产品量的均衡。另一方面，在市场决定价格与政府适度调控下，农产品市场体系联动，提高了生产服务层、流通服务层主体的规模与组织化水平，强化了消费服务层在信息传递、价格指导、供给保障等方面的功能，保障了农产品质量安全，最终有效防止农产品价格大幅波动。

7.5.4 利益实现和分配功能

农产品市场体系联动模式，各节点成员通过核心竞争力（如特定的资源、技能和知识等）的互补和资源（如信息、经验和知识等）的共享，达成高度专业化分工基础上的密切合作，实现了信息、技术、资金等资源的优化配置，最终通过创造关系租金、能力提升、关系技能改进以及业务能力整合创造价值①，并促进利益的循环传递，有效实现消费者与生产者的利益。农户通过生产满足消费者需求的农产品，当农产品经过市场流通进入消费领域后，实现其产品价值，也就实现了农户的利益。中间商通过实现农产品生产与消费的有效衔接来创造价值，同时通过在流通环节创造形态效用、时间效用、地点效用、获取效用和知觉效用实现价值增值，实现自己的利益。例如，中间商通过将初级农产品经过初加工和细加工后向消费者提供最终产品，为农产品增加形态效用；中间商通过持有存货的储藏活动来延长农产品的有效使用时间，创造农产品的时间效用；中间商通过将农产品从生产地运送到消费地，创造地点效用；处于消费服务层的各类农产品零售终端市场能够使消费者非常容易地购买到所需的农产品，从而

① 杜红梅．我国农产品绿色供应链耦合机制：制度经济学视角［D］．湖南农业大学，2010.

创造出获取效用；中间商为消除产品质量信息不对称所做的努力，就是在创造消费者的知觉效用，其中创建品牌的行为是最重要的创造知觉效用活动①。而消费者通过支付一定的货币，换回自己所需的农产品，以满足自己的需求，实现自己的利益。

农产品市场体系联动模式保证了利益在生产者、中间商和消费者之间的合理分配，主要是基于以下几个方面的因素：第一，农产品分级市场网络的建立，解决了农产品市场结构不均衡问题；第二，通过与政府、金融部门、中介机构、研究机构等支撑机构形成紧密合作关系，提高了农业产业化程度；第三，通过提高农户的组织化程度，促进了节点成员的权利均衡和市场地位对等。

① 涂传清．基于农户增收的生鲜农产品流通价值链分工与组织优化研究［D］．华南理工大学，2014.

第8章 中国农产品流通效率的测度及评价

对中国农产品流通效率的测度和评价是衡量农产品市场体系建设成败的关键。构建科学合理的农产品流通效率评价的指标体系及评价方法是本课题要解决的主要问题之一。本章首先构建了农产品流通效率的指标体系及评价方法，对农产品整体流通效率进行了测算和评价。在此基础上，分别从农产品批发环节和零售环节对农产品流通效率进行了测度和评价。无论是农产品流通效率的整体评价，还是从批发环节和零售环节，都从静态和动态两个方面对中国农产品流通效率进行了测度和评价。最后对如何提高中国农产品流通效率提出了相关政策建议。

8.1 问题的提出和已有研究述评

改革开放以来，中国农产品流通体制发生了巨大的变革，从计划经济时期的“统购统销”、合同订购和市场订购的“双轨制”逐渐演变到以市场化为核心的农产品流通体制（蔡荣等，2009），当前中国已逐渐建立了以国家宏观调控为基础、以市场为导向的农产品流通体系（夏春玉，2009）。但是当前中国农产品流通仍然面临组织化程度低、基础设施与物流技术较落后、供应链信息体系不健全、流通信息化薄弱、流通层级多和流通距离远等问题（龚梦和祁春节，2012；孟雷，2013；毛学峰等，2015）。

随着党的第十五次全国人民代表大会提出要建设统一开放，竞争有序的现代市场体系，并在党的十七大报告、十八届三中全会、国家“十二五”规划等重要文件进一步强调建设和完善现代市场体系的基础性作用，农产品市场体系逐渐完善，农产品流通量也呈快速增长趋势。据《中国贸易外经统计年鉴》统计显示，2006—2015 年中国农产品批发和零售额均呈快速增长趋势，其中农产品零售额年均增速 26.83%，农产品批发额年均增速 16.80%。[①] 农产品流通体系是农产品市场体系重要组成部分，农产品流通效率的高低是农产品市场体系是否有序高效运行的重要体现；而且，粮食流通和贸易问题已经成为未来粮食不安全的重要影响因素（毛学峰等，2015）。为此，如何进一步提高农产品流通效率、完善农产品流通体系，不仅是解决城乡经济发展不均衡不充分的重要环节，也是确保农产品供给和流通安全、构建和谐社会的重要保障。

当前学术界关于农产品流通体系和效率的研究主要可以划分为三个方面[②]。第一方面是讨论农产品流通体系构建、现状以及优化路径，如原梅生和弓志刚（2005）、王晓红（2011）、龚梦和祁春节（2012）、孟雷（2013）等讨论了农产品流通体系的现状和制约因素，汪旭晖（2008）、孙涛（2011）提出了农产品流通体系的优化路径。第二方面是尝试构建农产品流通效率的评价指标和分析框架，如寇荣和谭向勇（2008）从 4 个层面提出了农产品流通效率的评价指标体系，该指标体系涵盖了 26 具体的指标，刘天军等（2013）讨论了农产品流通体系机制创新问题，王娜和张磊（2016）从产业链角度讨论了农产品流通效率评价的分析框架。

第三方面是通过构建指标体系利用不同方法评价农产品流通效率，这是近些年关于农产品流通效率的主要研究趋势和热点。基于数据限制以及特定的研究目的，当前主要利用三种方法展开评价。其中利用综合评价法进行评价的，包括孙剑（2011）基于速度、效益和规模三个方面构建 12 个评价指标体系利用因子分析来测算 1998—2009 年我国农产品（食品、饮料和烟草）流通效率，涂洪波（2012）通过构建 11 个指标体系利用综合评价法评价了我国农产品流通现代化水平，郭守亭和俞彤晖（2013）基于 15 个指标利用因子分析评估了农产品流通效率，王伟新和祁春节（2013）从 8 个层次 23 个指标综合评价了我国农产品现代化流通水平，周

① 限于数据的限制以及前后的一致性，本章所指的农产品为限额以上食品饮料烟酒制品，详见后文说明。

② 卢凌霄和周应恒（2008）、赵锋（2013）详细概述了当前学界关于农产品流通效率概念界定、评价指标和评价方法的进展。

丹等（2016）基于省级面板数据综合评价了农产品流通现代化的水平，张永强等（2017）进一步从流通速度、流通规模、流通成本和流通效益四个方面利用因子分析法测算2000—2014年我国总体农产品流通效率。

利用数据包络分析（DEA）进行评价的，包括欧阳小迅和黄福华（2011）、王仁祥和孔德树（2014）、程书强和刘亚楠（2017）、何小洲和刘丹（2018）等，这些研究与本章的研究最接近。基于DEA的分析方法是一种非参数的评估方法，基于线性规划的方法来判断决策单位（DMU）是否处于相对有效的生产前沿面，其存在的困难是寻找合适的投入产出指标。对于农产品流通领域来说，要找到关于农产品流通投入与产出的准确统计数据是相对困难的。为了解决投入产出指标问题，现有这些研究都是通过间接推算得到的。如欧阳小迅和黄福华（2011）利用农村居民家庭平均每人出售主要农产品（粮、油、水果、蔬菜）数量与各地区乡村人口相乘来估算农村农产品流通量。王仁祥和孔德树（2014）讨论现在大量关于农产品投入与产出指标的估算问题，并进一步利用更为复杂的算法来估算相应数据，如文章关于农产品流通从业人员数量是通过最终消费率、居民消费占比、恩格尔系数等来指标衡量。程书强和刘亚楠（2017）利用居民食品消费占总消费比重作为权重间接测算劳动力、固定资产投资总额的投入变量和农产品物流增加值的产出变量。何小洲和刘丹（2018）利用农业生产总值占GDP的比值作为权重来估算各省农产品电子商务水平。

与以往相关研究所不同的是，本章所选取的投入产出指标并不是通过推算得到，而是综合考虑农产品流通的典型特征而选择批发环节和零售环节的投入产出来衡量，这样的处理方法既能避免由于数据估算所产生的原始偏差问题，也能避免不同流通环节投入产出重复计算问题。同时，本章不仅能够测算中国农产品流通的整体效率，而且能够测算和比较不同流通环节的效率，这能弥补当前大部分研究仅局限于某一环节或关注整体流通链的空白。此外，本章除了测算中国农产品流通不同区域不同环节的静态流通效率，并进一步利用DEA窗口分析查看不同区域不同环节农产品流通的动态变化特征，这对于研判农产品流通效率的整体以及区域演变趋势，进一步调整相应配套政策措施具有重要意义。

8.2　农产品流通效率的评价指标体系构建与评价方法

8.2.1　评价指标体系

如何科学构建农产品流通的投入和产出指标体系是准确衡量流通效率的基础。农产品流通效率代表了农产品从生产到消费过程关于时间、资源等成本的消耗，体现了资源是否有效配置（宋则和张弘，2003）。虽然先前大量研究通过构建诸如劳动、资本等投入指标和农产品流通量、流通业产值等产出指标作为农产品流通效率的衡量指标体系，包括欧阳小迅和黄福华（2011）、王仁祥和孔德树（2014）、程书强和刘亚楠（2017）、何小洲和刘丹（2018）等研究，但是由于当前没有专门针对农产品流通的劳动力、资本投入的统计数据，现有这些研究都是通过不同的推断手法估计投入产出指标数据，虽然这是一种权宜的处理办法，但难免会产生较大偏差。借鉴孙剑（2011）、王伟新和祁春节（2013）、周丹等（2016）构建的农产品流通综合评价的指标体系以及王晓东和王诗桪（2016）评价中国商品流通效率的指标体系，考虑中国农产品流通的主要通过批发市场流向零售市场的基本特征，基于利用非推断数据估计农产品流通效率的基本思路，本章通过构建如表 8.1 所示的投入产出指标体系来评价中国农产品整体、批发环节和零售环节的流通效率。

假定市场主体在批发环节和零售环节各自投入一定的人力和物力，产出是各自环节的农产品销售额。其中，批发环节的投入主要是批发市场主体投入的各项费用（销售费用、管理费用和财务费用）和从上一级市场主体购进的商品额（本章用库存表示），产出是向下一级市场主体（零售环节）的销售额（批发市场商品销售额或者零售市场商品购进额）；零售环节的投入是零售市场主体投入的各项费用和从批发环节购进的商品额，产出是商品销售额。在农产品价值链构成中，虽然批发市场和零售市场主体并不参与产品的生产活动，但这些主体通过提供市场信息、场地等流通服务实现产品的增值，并赚取价差。本质上，在商品价值中很难将市场服务的增值与商品原本价值区别开来，为此这也是要在投入指标中加入库存的原因（王晓东和王诗桪，2016）。具体投入产出指标见表8－1。

表8－1　农产品整体流通的投入产出变量

一级指标	二级指标	计算方法
投入指标	批发业年平均库存	限额以上农产品批发企业（上年末库存＋本年末库存）/2
	批发业销售费用	限额以上农产品批发企业本年销售费用
	批发业管理费用	限额以上农产品批发企业本年管理费用
	批发业财务费用	限额以上农产品批发企业本年财务费用
中间产品	零售业商品购进额	限额以上农产品零售企业本年商品购进额
	零售业销售费用	限额以上农产品零售企业本年销售费用
	零售业管理费用	限额以上农产品零售企业本年管理费用
	零售业财务费用	限额以上农产品零售企业本年财务费用
最终产出	零售业商品销售额	限额以上农产品零售企业本年商品销售额

注：该指标体系主要参考王晓东和王诗桪（2016）的研究。

8.2.2　评价方法

现有研究评价商品流通效率主要有以下三种方法：综合评价法（如周丹等，2016；王伟新和祁春节，2013；孙剑，2011）、DEA及其变形（如程书强和刘亚楠，2017；王晓东和王诗桪，2016；孙金秀，2014；王仁祥和孔德树，2014）以及随机前沿模型（如王良举和王永培，2011）。考虑到DEA方法可以针对多投入多产出的决策单元进行效率评价，而且同随机前沿模型相比，由于不用界定具体模型形式和估计具体参数，具备一定的客观性和经济逻辑，为此本章利用该方法评价农产品的流通效率。

假定决策单元i的投入和产出变量分别为：$X_i = (X_{1i}, X_{2i}, \cdots, X_{ni})^T$和$Y_i = (Y_{1i}, Y_{2i}, \cdots, Y_{mi})^T$，基于产出导向的规模报酬可变的BCC－DEA模型可写为：

$$\begin{cases}\min[\theta - \varepsilon(e_1^T S^- + e_2^T S^+)] \\ s.t.\ \sum_{i=1}^{n} \lambda_i X_i + S^- = \theta x_0 \\ \sum_{i=1}^{n} \lambda_i Y_i - S^+ = y_0 \\ \sum_{i=1}^{n} \lambda_i = 1,\ i = 1,2,\cdots,n \\ S^- \geqslant 0, S^+ \geqslant 0, \lambda_i \geqslant 0 \end{cases}$$

其中，θ 表示每个决策单元的综合效率值，ε 表示阿基米德无穷小量，S^-、S^+ 分别表示投入冗余和产出不足，e_1^T、e_2^T 分别表示权重系数，λ_i 表示具体指标的权重。当 $\theta=1$ 且 $S^-=0$，$S^+=0$ 时表示该决策单元为 DEA 有效，也即投入产出效率达到最优状态。当 $\theta\neq1$ 时表示该决策单元为 DEA 无效。该模型可进一步将综合效率分解为纯技术效率和规模效率，其中纯技术效率衡量的是流通投入资源配置的有效性，而规模效率衡量的是流通投入规模的有效性。

8.2.3　数据来源及处理说明

基于上述构建的指标体系以及不同流通环节的连续性和可比性，本章采用狭义农产品的范畴，也即所研究的农产品为食品、饮料和烟草制品。由于统计口径的调整，基于数据的一致性和可获得性，本章的研究期间为2006—2015 年，具体数据来源于《中国贸易外经统计年鉴》。

部分省份部分年份数据缺失，本章以近邻数据的均值补齐。由于部分企业的财务费用为负，为了适应 DEA 的计算要求，借鉴王晓东和王诗桪（2016）的做法，将财务费用为负的指标设为0。具体指标的描述性统计见表 8 - 2。

表 8 - 2　投入产出变量的描述性统计　单位：（万元）

指标	样本量	均值	标准差	最小值	最大值
限额以上农产品批发企业平均库存	330	643159.6	748726.8	4388	3526339
限额以上农产品批发企业销售费用	330	289985.3	399872.8	2382	2859520
限额以上农产品批发企业管理费用	330	232427.7	197598.1	3056	1188602

续表

指标	样本量	均值	标准差	最小值	最大值
限额以上农产品批发企业财务费用	330	11804.31	22882.78	0	226289
限额以上农产品零售企业商品购进额	330	465129.6	713823.5	591	4447834
限额以上农产品零售企业销售费用	330	33481.6	54505.3	87	353692
限额以上农产品零售企业管理费用	330	20286.56	28592.25	24	158857
限额以上农产品零售企业财务费用	330	3666.283	7870.394	0	94051
限额以上农产品零售企业商品销售额	330	538980.8	815265.1	3102	4508178

8.3 农产品整体流通效率评价

8.3.1 整体流通效率的静态特征

基于两阶段的以产出为导向的 BCC - DEA 模型，估算 2006—2015 年中国农产品整体的流通效率。从表 8 - 3 的结果可以看出，研究期间中国农产品流通的综合效率、纯技术效率和规模效率平均分别为 0.813、0.873 和 0.93，说明总体上农产品流通并非处于 DEA 有效状态，存在一定的改进空间。同时，从纯技术效率和规模效率的比较看，规模效率大于纯技术效率，这说明农产品流通综合效率的损失主要来自纯技术无效，而规模无效的影响程度较低。该结果与其他相关研究的结果接近，如何小洲和刘丹（2018）基于电子商务视角测算中国农产品流通效率，其估计得到的综合效率、纯技术效率和规模效率平均分别为 0.847、0.897 和 0.944，本章的估计略低于该结果，可能的原因是该文关于电子商务数据是通过农业 GDP 占 GDP 的比值推算得到，可能导致结果的高估。

表 8 - 3　　2006—2015 年中国农产品整体流通效率

省份	综合效率	纯技术效率	规模效率	规模报酬	省份	综合效率	纯技术效率	规模效率	规模报酬
安徽	1	1	1	—	内蒙古	0.837	0.871	0.96	irs
北京	1	1	1	—	宁夏	0.958	1	0.958	irs

续表

省份	综合效率	纯技术效率	规模效率	规模报酬	省份	综合效率	纯技术效率	规模效率	规模报酬
重庆	0.624	0.625	0.999	irs	青海	1	1	1	—
福建	1	1	1	—	山东	0.821	1	0.821	drs
甘肃	0.922	1	0.922	irs	上海	1	1	1	—
广东	1	1	1	—	山西	0.581	0.891	0.653	drs
广西	0.819	0.826	0.992	drs	陕西	0.356	0.413	0.863	irs
贵州	1	1	1	—	四川	0.619	0.624	0.991	drs
海南	0.986	1	0.986	irs	天津	1	1	1	—
河北	0.301	0.303	0.991	drs	新疆	1	1	1	—
黑龙江	0.462	0.515	0.898	irs	西藏	0.217	1	0.217	irs
河南	0.956	1	0.956	drs	云南	0.444	0.54	0.822	drs
湖北	1	1	1	—	浙江	0.908	1	0.908	drs
湖南	1	1	1	—	东部	0.886	0.911	0.975	
江苏	1	1	1	—	中部	0.823	0.880	0.929	
江西	1	1	1	—	西部	0.714	0.820	0.877	
吉林	0.574	0.642	0.894	irs	均值	0.813	0.873	0.930	
辽宁	0.801	0.801	1	—					

注：综合效率 = 纯技术效率 × 规模效率；规模报酬部分，—表示规模报酬不变，irs 表示规模报酬递增，drs 表示规模报酬递减；东部地区省份包括：北京、福建、广东、广西、海南、河北、江苏、辽宁、山东、上海、天津和浙江；中部地区省份包括：安徽、黑龙江、河南、湖北、湖南、江西、吉林、内蒙古和山西；西部地区省份包括：重庆、甘肃、贵州、宁夏、青海、陕西、四川、新疆、西藏和云南。下同。

从各省（市）综合效率的特征看，北京、福建、广东、江苏、上海、天津、安徽、湖北、湖南、江西、贵州、青海和新疆的综合效率为 1，说明这 13 个省（市）的综合效率达到最优（东部 6 个，中部 4 个，西部 3 个），属于 DEA 有效状态，而其余省（市）的综合效率低于 1，说明其处于 DEA 非有效状态。对 18 个 DEA 非有效省份的综合效率进行分解看，浙江、山东、海南、河南、宁夏和西藏的纯技术效率为 1，说明这 6 个省（市）处于纯技术效率有效状态，其农产品流通的投入产出结构达到最优状态，而剩余 12 个省（市）的投入产出结果还不合理，需要进一步实现资源的优化配置。同时，辽宁省的规模效率为 1，说明辽宁省农产品流通的投入产出规模已达到最优状态，而其他 17 个省（市）规模水平还存在改进空间，需要进一步调整。

从分区域看，总体上三大区域的综合效率、纯技术效率和规模效率呈现东部最高、中部次之、西部最差的区域分布特征，这与各区经济发展水平、基础设施等现实一致，也与何小洲和刘丹（2018）、陈宇峰和章武滨（2015）等的研究结论相同，而与王仁祥和孔德树（2014）的部分结论有略微不同。王仁祥和孔德树（2014）发现广东、江苏、福建和浙江等东部沿海省份的农产品流通效率不高，其全国排序仅分别列位于第 10、13、18 和 20 位，特别是福建和浙江的综合效率低于全国平均水平，这与现实不符。可能原因是该文的投入产出数据都是经过多重推算得到，如农产品流通的从业人员是通过流通业中交通运输仓储、邮政业、批发零售业、住宿和餐饮业从业人员与最终消费率、居民消费占比以及恩格尔系数推算得到，该推算的每个参数又是经过其他数据推算得到，这样可能导致最终的推算结果与现实差距较大，进而导致估算的偏差。

8.3.2 整体流通效率的动态特征

由于传统的 DEA 效率分析只是总体均值的静态比较，无法查看不同时期的动态演变特征。此外，静态的 DEA 效率分析容易忽略了时间的作用，因为部分投入要素发挥作用具有滞后性或长期性（李谷成等，2013）。比如农产品批发市场在当期投入了信息交易平台，虽然在该期 DMU 并没有处在投入最小化或产出最大化的前沿面，但对未来却可能产生正向作用，为此静态的技术效率可能被低估。

为此，借鉴王晓东和王诗桪（2016）的研究思路，本章进一步进行 DEA 窗口分析，以查看中国农产品流通效率的动态变化。DEA 窗口分析实质上是将同一 DMU 不同时期视为不同 DMU 来处理。由于窗口宽度为 3 期或 4 期时测算的效率稳定性较好，也能平滑一定的波动，可靠性较强（王锋和冯根福，2013），为此本章选择的窗口宽度为 3 期。本章研究的时间期限为 2006—2015 年，合计 10 年的数据，为此上述研究期限可分为 8 个窗口期。

由图 8－1 的结果可以发现，第一，研究期间内中国农产品流通综合效率、纯技术效率和规模效率平均为 0.836、0.881 和 0.950，均略高于静态 DEA 所估计的结果。第二，研究期间中国农产品流通综合效率和纯技术效率总体呈波动性上升趋势，而规模效率一直在高位相对稳定，综合效率和纯技术效率的变异系数分别为 5.12% 和 3.70%，均明显大于规模效率 1.85% 的变异系数。第三，研究期间中国农产品流通的规模效率均高于纯技术效率，说明综合无效率主要来自纯技术无效率。

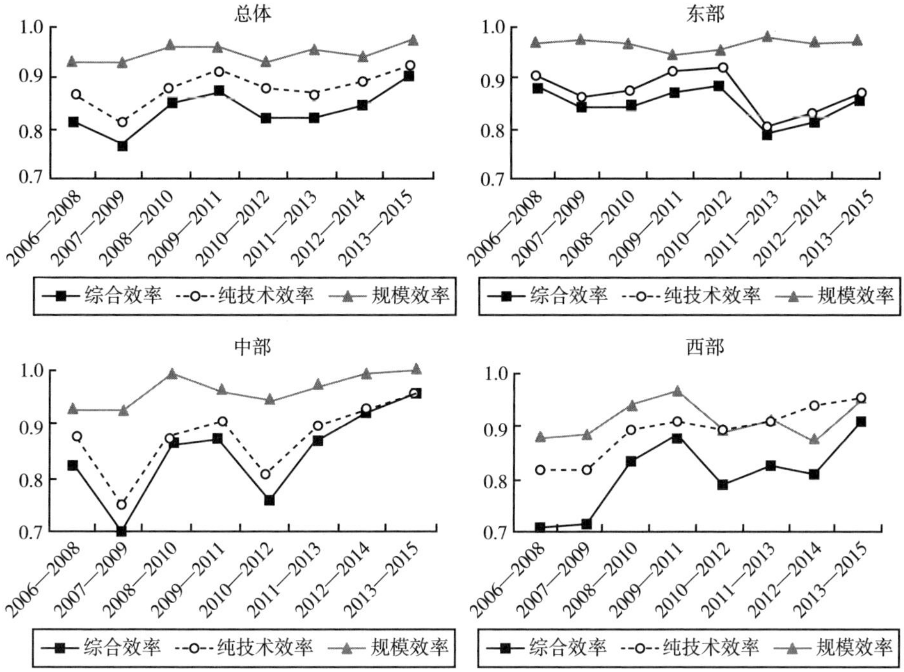

图 8－1　2006—2015 年中国农产品流通效率的动态特征

从各区域的变化趋势看，东中西部的综合效率、纯技术效率和规模效率呈现较为丰富的演变特征。第一，从总体变化趋势看，中部和西部地区的综合效率均呈波动性上升趋势，年均增幅分别达到 0.39% 和 1.79%，而东部地区的综合效率呈波动性恢复特征。第二，从效率构成看，东部和中部地区的规模效率总体都在高位运行，且中部地区的规模效率呈上涨趋势，并在 2013—2015 年达到 DEA 有效率状态；而西部地区的规模效率呈波动性上涨态势，2013—2015 年的规模效率基本达到 2009—2011 年的高峰值。第三，东部和中部地区的纯技术效率波动趋势与综合效率基本一致，这表明纯技术效率是影响东部和西部农产品流通综合效率变化的主要因素；反观西部地区，其纯技术效率并没有与综合效率呈相同的变化趋势，而是呈持续的增长趋势，年均增幅达5.44%，而同期规模效率与综合效率的变化趋势一致，这表明西部地区农产品流通综合效率主要受到规模效率的影响。

8.4 农产品批发环节流通效率评价

8.4.1 批发环节流通效率的静态特征

基于两阶段DEA模型进一步测算中国农产品流通在批发环节的效率。从表8-4的结果可以看出，研究期间中国农产品批发环节的综合效率、纯技术效率和规模效率平均分别为0.685、0.806和0.855，说明中国农产品批发环节并不是处于DEA有效状态，而且各效率均低于整体流通效率，这表明批发环节效率改进空间比较大；同时，规模效率高于纯技术效率的结果，表明提高经营管理水平是减小综合效率损失的主要方向。该评价结果与其他相关研究的结果非常接近，如张浩等（2009）基于2005年全国30个省份187家的调研数据，测算农产品批发市场的综合效率、纯技术效率和规模效率平均为0.594、0.751和0.778，这说明本章估计相对可靠。当然本章的估计略高于张浩等（2009）的估计结果，可能的原因是该文估计的是2005年的截面数据，而本章是2006—2015年的综合数据。理论上随着国家增加基础设施的投入以及信息化水平的提高，相应效率应该呈上升趋势。当然本章下一部分对此进行进一步验证。

表8-4　　2006—2015年中国农产品流通批发环节效率

省份	综合效率	纯技术效率	规模效率	规模报酬	省份	综合效率	纯技术效率	规模效率	规模报酬
安徽	0.521	1	0.521	drs	内蒙古	0.573	0.604	0.949	drs
北京	0.741	0.769	0.964	drs	宁夏	0.911	1	0.911	irs
重庆	0.379	0.396	0.956	drs	青海	1	1	1	—

续表

省份	综合效率	纯技术效率	规模效率	规模报酬	省份	综合效率	纯技术效率	规模效率	规模报酬
福建	0.984	1	0.984	drs	山东	0.845	0.904	0.935	drs
甘肃	0.544	0.585	0.929	drs	上海	1	1	1	—
广东	0.896	1	0.896	drs	山西	0.551	0.896	0.616	drs
广西	0.85	0.976	0.87	drs	陕西	0.724	0.787	0.921	drs
贵州	0.381	0.439	0.868	drs	四川	0.692	0.7	0.989	drs
海南	0.849	1	0.849	drs	天津	0.689	0.718	0.96	drs
河北	0.799	1	0.799	drs	新疆	0.758	1	0.758	drs
黑龙江	0.499	0.523	0.956	drs	西藏	0.203	1	0.203	irs
河南	0.583	0.652	0.893	drs	云南	0.548	0.678	0.809	drs
湖北	0.357	0.446	0.799	drs	浙江	0.978	1	0.978	drs
湖南	0.497	0.597	0.833	drs	东部	0.838	0.917	0.909	
江苏	1	1	1	—	中部	0.558	0.710	0.807	
江西	0.908	0.913	0.995	drs	西部	0.614	0.759	0.834	
吉林	0.534	0.759	0.704	drs	均值	0.685	0.806	0.855	
辽宁	0.426	0.634	0.671	drs					

从各省（市）的特征看，江苏、上海和青海的综合效率为 1，说明这 3 个省（市）的综合效率达到最优，属于 DEA 有效状态；而其余省（市）的综合效率低于 1，特别是西藏、湖北、重庆和贵州等省份的综合效率低于 0.4，说明其效率改进空间非常大。同时基于 DEA 效率分解看，除上述 3 个省（市）的综合效率为 1 外，广东、福建、浙江、海南、河北、安徽、宁夏、新疆和西藏的纯技术效率为 1，说明这 9 个省（市）处于纯技术效率有效状态，其投入产出结构达到最优状态，而剩余 19 个省（市）批发环节的投入产出结果不合理，特别是中部和西部地区的纯技术效率均低于平均水平，诸如重庆、贵州、湖北、黑龙江等省份的纯技术效率非常低，说明其投入产出优化空间非常大。规模效率方面，除江苏等 3 个省（市）处于 DEA 有效率之外，其余省（市）规模效率均低于 1，特别是西藏的规模效率非常低，说明市场规模还存在较大的改进空间。

从各省（市）的评价结果看，本章的评价结果与其他就单独省（市）的评价结果大体一致。如周静和李珍（2014）利用随机前沿模型估计的辽宁省水果批发市场综合效率为0.59，本章估计得到辽宁省农产品批发环节的综合效率为0.426，本章估计结果略低于该文，可能的原因是果蔬产品属于易腐产品，只有较高的效率才可能满足其基本运营，为此其综合效率可能高于一般农产品。该发现也可以从寇荣和谭向勇（2008）的研究结论得到。寇荣和谭向勇（2008）、张磊等（2009）利用随机前沿模型分别估计得到北京市蔬菜和猪肉批发主体综合效率分别为0.826和0.706，其中蔬菜的综合效率高于本章估计得到北京市农产品批发环节综合效率的0.741。

从三大区域的特征看，东部地区的综合效率、纯技术效率和规模效率均明显高于中部和西部，这与前面的整体流通效率相一致。但有意思的是，西部地区农产品批发环节的综合效率、纯技术效率和规模效率均高于中部地区。这与李秋萍和肖小勇（2013）的研究结论一致。该文基于随机前沿模型分析中国农产品批发市场的技术效率，发现农产品批发市场技术效率区域差异明显，呈现东高西低中部塌陷的特征。虽然张浩等（2009）的研究发现批发市场技术效率呈现东中西部递减的规律，但中部与西部地区的纯技术效率差异并不大，分别为0.708和0.698，而差异较大的是规模效率，分别为0.805和0.681。但该文分析的是2005年全国以及各个地区的状况，随着近些年国家增加西部地区的投入，其规模效率可能增速更快，进而提高了相应的规模效率水平。具体从规模报酬类型可得到验证，本章发现中部地区所有省（市）都是规模报酬递减，其说明增加投入并不能带来产出的增加，反而可能带来规模效率的损失，进而影响整体效率水平。而西部地区有2个省份属于规模报酬递增，1个省份属于规模报酬不变，使得相应的规模效率相对较高。张浩等（2009）的研究也指出西部地区的市场规模偏小影响了规模效率的提高。此外，西部地区批发环节的纯技术效率高于中部的可能原因是，随着近些年国家对西部地区基础设施的投入，其信息通讯的技术水平逐渐增加，进而提高了西部地区的资源优化配置效率。

8.4.2 批发环节流通效率的动态特征

由图8-2的结果可以发现，第一，研究期间中国农产品流通批发环节的纯技术效率呈持续性上升趋势，而规模效率呈波动性下降趋势，而且规模效率的变化幅度大于纯技术效率，相应的变异系数分别为 4.25% 和 4.18%，从而导致综合效率呈波动性下降趋势。第二，研究期间纯技术效率与规模效率与 2010—2013 年期间发生交叉，在此之前规模效率大于纯技术效率，此后纯技术效率大于规模效率，这意味着 2010 年之前中国农产品批发环节综合无效率主要来源于纯技术无效，此后主要来自规模无效。该结论也在一定程度上体现了中国农产品批发市场的整体变迁规律。胡丽芳和曾寅初（2018）发现 2009 年开始中国农产品批发市场呈现集团化、“网络化”发展趋势，以深圳市农产品股份有限公司、雨润控股集团有限公司、北京市新发地农产品股份有限公司为代表的批发市场领军企业对外大举并购扩张，以凸显批发市场的网络化和规模化。随着这些竞争新格局的形成，其规模效应和信息化效应逐渐显现。此外，2013 年国务院下发的《关于印发深化流通体制改革加快流通产业发展重点工作部门分工方案的通知》，鼓励流通企业建立电子商务的网上交易平台以及公益性农产品批发市场建设进程的加快，提高了农产品批发市场信息技术水平和技术效率。

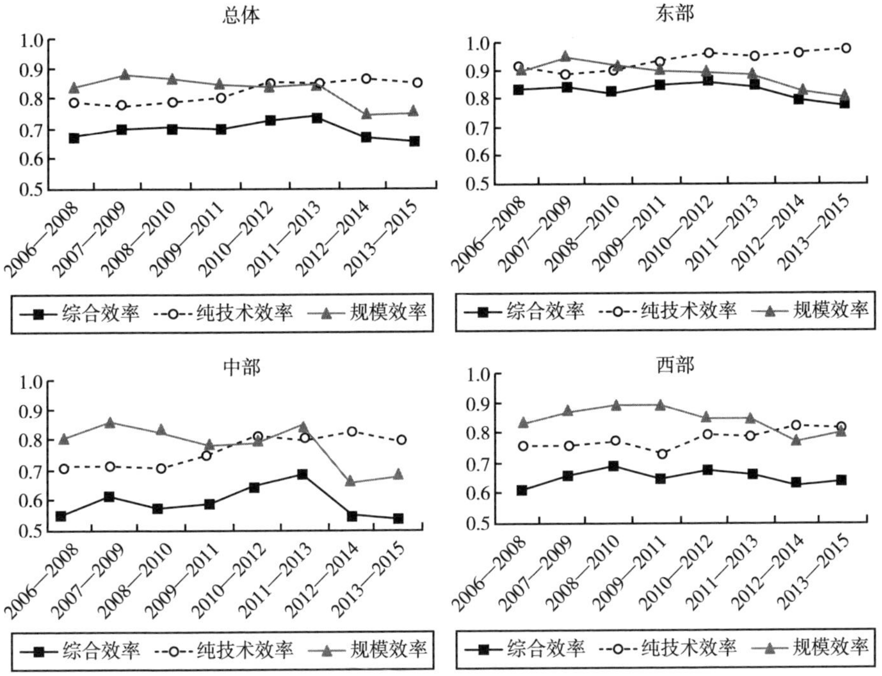

图 8－2　2006—2015 年中国农产品批发效率的动态特征

从各区域的变化趋势看，东中西部综合效率、纯技术效率和规模效率的演变特征与整体的演变特征类似：第一，三个区域的纯技术效率均呈波动性上升趋势，而规模效率呈波动性下降趋势，进而导致综合效率呈下降趋势。第二，纯技术效率与规模效率均有交叉点，但时间不一致，东部、中部和西部的交叉点分别发生于2008—2010年、2010—2013年和2011—2014年区间，这说明三个区域农产品批发环节综合效率变化的主要来源均发生变化，而且东部地区时间点发生最早，而西部地区最晚。

8.5 农产品零售环节流通效率评价

8.5.1 零售环节流通效率的静态特征

同样利用两阶段DEA模型测算农产品流通在零售环节的效率，具体结果见表8－5。

表8－5　　2006—2015年中国农产品流通零售环节效率

省份	综合效率	纯技术效率	规模效率	规模报酬	省份	综合效率	纯技术效率	规模效率	规模报酬
安徽	1	1	1	—	内蒙古	0.791	0.814	0.972	drs
北京	0.853	1	0.853	drs	宁夏	0.825	1	0.825	irs
重庆	0.867	0.899	0.965	drs	青海	0.821	0.823	0.998	drs
福建	0.863	1	0.863	drs	山东	0.794	1	0.794	drs
甘肃	0.752	0.766	0.982	drs	上海	0.966	1	0.966	drs
广东	0.968	1	0.968	drs	山西	1	1	1	—
广西	0.88	0.894	0.985	drs	陕西	0.687	0.757	0.908	irs
贵州	1	1	1	—	四川	0.83	0.868	0.957	drs
海南	1	1	1	—	天津	0.98	1	0.98	drs
河北	0.673	0.679	0.991	drs	新疆	0.878	0.881	0.997	irs
黑龙江	0.985	0.987	0.998	drs	西藏	1	1	1	—
河南	0.821	1	0.821	drs	云南	0.845	0.901	0.938	drs
湖北	1	1	1	—	浙江	0.843	1	0.843	drs

续表

省份	综合效率	纯技术效率	规模效率	规模报酬	省份	综合效率	纯技术效率	规模效率	规模报酬
湖南	0.853	1	0.853	drs	东部	0.887	0.960	0.927	
江苏	0.96	1	0.96	drs	中部	0.933	0.973	0.959	
江西	1	1	1	—	西部	0.851	0.890	0.957	
吉林	0.943	0.959	0.983	drs	均值	0.889	0.941	0.946	
辽宁	0.866	0.946	0.916	drs					

可以看出，研究期间中国农产品零售环节的综合效率、纯技术效率和规模效率平均分别为 0.889、0.941 和 0.946，这表明中国农产品零售市场并非处于 DEA 有效状态。同时，零售环节的效率均高于批发环节的效率，这说明农产品批发环节的技术、管理以及规模有待改进。此外，规模效率高于纯技术效率，说明零售环节的纯技术无效影响了综合效率的改进。雷蕾（2014）测算所有零售业的技术效率为 0.877，本章的估计结果与该文接近。

从各省（市）的评价结果看，海南、安徽、湖北、江西、山西、贵州和西藏的综合效率为 1，说明这 7 个省（市）的综合效率属于 DEA 有效状态；而其余省（市）的综合效率低于 1，说明其效率存在改进空间。进一步对非 DEA 有效的省份进行效率分解，发现北京、广东、福建、浙江、天津、山东、上海、河南和宁夏的纯技术效率为 1，说明这 9 个省（市）处于纯技术效率有效状态，剩余 15 个省（市）零售环节的纯技术效率还有待提高。规模效率方面，除上述 3 个省（市）处于 DEA 有效率之外，其余省（市）零售环节的规模效率均低于 1，说明整体市场规模还需进一步调整。

从分区域看，零售环节呈现的特征与批发环节不同，表现为中部地区的综合效率和纯技术效率最高、东部次之、西部最低，而规模效率中部和西部大体相当，而东部地区相对较低。从规模报酬类型看，陕西、宁夏和新疆属于规模报酬递增，说明这些省份增加投入能够增加产出，海南、安徽、湖北、江西、山西、贵州和西藏属于规模报酬不变，而其余 21 个省（市）都属于规模报酬递减。

8.5.2　零售环节流通效率的动态特征

由图 8－3 的结果可以发现，第一，研究期间农产品零售环节的综合效率、纯技术效率和规模效率均呈先上升后下降的变化特征，且综合效率和规模效率更为明显。第二，研究期间规模效率均高于纯技术效率，说明纯技术无效是综合效率损失的主要来源。

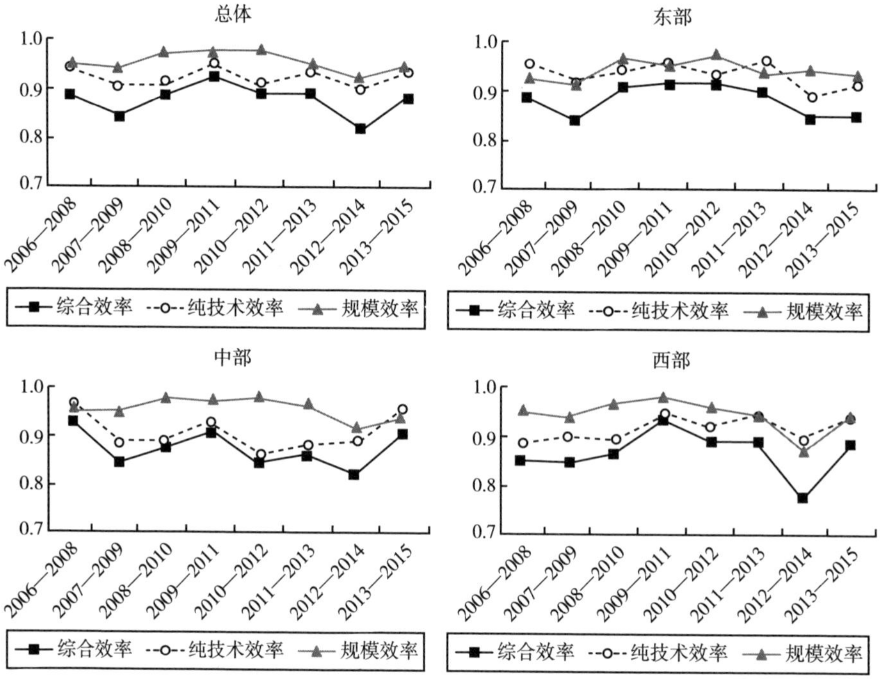

图 8－3　2006—2015 年中国农产品零售效率的动态特征

从各区域的变化趋势看（见图 8－3），东中西部零售环节的综合效率、纯技术效率和规模效率也呈现出较为丰富的特征。第一，东部地区的综合效率的变化特征呈倒 U 形，而中部和西部地区却呈 U 形，这体现了不同区域综合效率不同的演变特征。第二，东部地区的纯技术效率和规模效率呈现交叉更替的状态，这表明东部地区纯技术效率和规模效率均是综合效率变化的主要来源；而中部和西部地区的纯技术效率和规模效率均只在后半期呈交叉状态，而大部分时间均是规模效率高于纯技术效率，说明这两个地区农产品零售环节的综合效率损失的来源于纯技术无效，但近期有转为规模无效的趋势。

8.6 研究结论与政策启示

8.6.1 研究结论

本章基于投入产出视角，利用以产出为导向的两阶段 BCC - DEA 和 DEA 窗口分析，估算了 2006—2015 年中国农产品整体、批发和零售环节的流通效率，总体研究结论可以归结为以下几方面。

（1）总体上中国农产品流通整体、批发和零售环节的综合效率、纯技术效率和规模效率不高，均处于 DEA 非有效状态，但规模效率均高于纯技术效率，这表明综合无效率主要来自纯技术无效。分区域特征看，整体东部地区的综合效率和规模效率最高、中部次之、西部最差，纯技术效率西部最高、东部次之、中部最差；批发环节东部地区的综合效率、纯技术效率和规模效率均明显高于中部和西部，而西部地区的综合效率、纯技术效率和规模效率均高于中部地区；零售环节中部地区的综合效率和纯技术效率最高、东部次之、西部最低，而规模效率中部和西部大体相当，而东部地区相对较低。

（2）总体动态变化特征上，研究期间农产品总体流通综合效率和纯技术效率呈波动性上升趋势，而规模效率则在高位平稳运行。分区域特征看，中部和西部地区的综合效率均呈波动性上升趋势，而东部地区的综合效率呈波动性恢复特征；东部和中部地区的纯技术效率波动趋势与综合效率基本一致；西部地区纯技术效率呈持续增长趋势，规模效率与综合效率的变化趋势一致；东部和中部地区的规模效率总体都在高位运行，且中部地区的规模效率呈上涨趋势，而西部地区的规模效率呈波动性上涨态势。

（3）批发环节的动态变化特征上，总体上批发环节的纯技术效率持续性上升趋势，而规模效率呈波动性下降趋势，且规模效率的变化幅度大于纯技术效率，从而导致综合效率呈波动性下降趋势。同时，纯技术效率与规模效率与2010—2013年期间发生交叉，表明批发环节综合无效率的来源发生了变化。分区域特征看，三个区域的纯技术效率均呈波动性上升趋势，而规模效率呈波动性下降趋势，进而导致综合效率呈下降趋势；纯技术效率与规模效率均有交叉点，但发生时间呈东中西部往后延迟的特征。

（4）零售环节的动态变化特征上，研究期间农产品零售环节的综合效率、纯技术效率和规模效率均呈先上升后下降的变化特征，且规模效率均高于纯技术效率，说明纯技术无效是综合效率损失的主要来源。分区域特征看，东部地区与中西部综合效率的变化特征呈相反变化特征，其中东部呈倒U形，而中部和西部地区呈U形；东部地区的纯技术效率和规模效率呈交叉更替的状态，而中部和西部地区的纯技术效率和规模效率均只在后半期呈交叉状态，大部分时间均是规模效率高于纯技术效率，不同区域零售环节综合效率的变化来源呈现不同的特征。

8.6.2 政策启示

基于上述结论可以得到的政策启示是：（1）完善基础设施建设，构建现代物流体系。完善中部和西部地区道路、网络等基础设施建设，消除区域内外部的市场壁垒；完善物流作业的技术、计量和服务标准，积极推进农产品产地预选分级包装和冷链运输，提高农产品包装标准化、加工配送一体化、运输网络化和交易电子化水平，构建和完善现代物流系统。

（2）加强农产品流通体制创新，提高信息技术水平。强化农产品产地、批发与零售环节之间的有效对接和整合，倡导农产品流通模式、管理模式的体制创新，进一步理顺农产品流通渠道，打破农产品流通区域、行业壁垒，提高农产品流通效率；充分利用互联网、物联网等信息技术，搭建集成信息共享平台和集中电子交易平台，鼓励电子商务在不同流通环节的利用水平，提高东中西部批发市场、零售市场的信息化水平和流通技术效率。

（3）坚持市场化导向，强化宏观调控能力。坚持农产品市场化改革的导向，利用市场机制提高农产品流通的资源配置效率；同时强化国家宏观调控能力，统一各区域各部门产业规划布局，统筹各方资源，形成全国一盘棋，实现农产品流通的高速、高效。

第9章　农产品市场体系支撑系统设计与优化

目前，我国农产品市场体系建设虽然取得了一定的进步，但由于起步较晚，仍然存在着结构不合理、市场主体发育迟缓、制度性缺陷、法律法规不完善、农产品价格形成机制缺失、农产品质量监督机制不完善、农产品交易的信息流通不畅、农产品流通的基础设施建设滞后等问题。农产品市场体系建设是一项比较复杂的系统性工程，只有在相对完善的支撑保障系统下才能顺利完成。因此，要加强顶层设计，充分发挥制度和体制对农产品市场体系建设的重要保障作用，通过加强法制建设和规划指导促进公平交易和提高效率，健全符合现代市场要求的体系架构和运行机制，加大政策支持力度，逐步优化农产品市场发展环境，从而构建一个科学、合理、高效的农产品市场体系建设支撑系统。

9.1　建立和完善统一开放、竞争有序的农产品市场体系的制度和体制系统

制度作为一种“公共品”，一直被视作稀缺性资源。科学的、系统的、配套的制度和体制不仅对我国农产品市场体系建设起到强大的保障作用，更对我国农村经济的健康发展起到重要的促进作用。当前，我国虽然已初步形成以农产品批发（交易）市场为核心，以农贸市场、农产品超市为基础，农产品经销商队伍为主体，农产品加工企业销售为辅助，供应出口为补充的多层次、多形式、多渠道的农产品流通体系[①]，但由

① 汪腾．我国农产品市场体系发展存在的主要问题及对策探析［J］．特区经济，2011（05）．

于各种体制和机制问题的存在，还尚未形成真正的统一开放、竞争有序的农产品市场体系。因此，必须要进一步加强制度建设，正确处理好政府与市场的关系，逐步破除影响农产品市场体系建设的制度和体制障碍，增加相关的制度和体制供给，逐步形成一个同市场完全对接、充满内在活力的制度体制，从根本上促进统一开放、竞争有序的农产品市场体系的建设。

9.1.1 正确处理好政府与市场的关系，建立和完善发挥市场在资源配置中起决定作用的制度和体制

经济活动的根本目的是如何有效地配置资源。作为配置资源的两种力量，政府是一只“看得见”的手，市场是一只“看不见”的手，“两只手”进行资源配置的机理、手段、方式大相径庭。政府主要根据全局和公益性需求，发挥制度优势，利用行政职能从宏观层次上对重要资源进行配置，以保持社会经济长期健康稳定发展；市场则主要通过价值规律、竞争规律和供求规律等市场经济规律对资源进行配置，调节各方利益关系，提高经济效率。可见，政府和市场作为经济发展的两个重要手段，各有长处但功能不同。因此，在市场经济的发展过程中，政府和市场不应是相互隔绝、各行其是，而应更加科学有效地整合市场和政府的作用，使其优势互补、彼此配合、协同发力。既要充分发挥市场对资源配置的决定性作用，增强市场经济的活力，还要更好地发挥政府的作用，有效弥补市场的不足。因此，要让政府和市场更好地服务于农产品市场体系建设，必须要做好以下三个方面的工作：

1. 处理好政府和市场的关系

处理好政府与市场的关系，实际上就是要明确政府和市场的定位，实现政府和市场的良性互动，最大程度地发挥出政府和市场的综合作用。

首先，要充分发挥市场在资源配置中的决定性作用。市场是配置资源最有效率的形式，能够以最小的成本获得最大的效益，因此要深化对市场决定性作用的认识，激发发展的内生动力，促使经济发展更富活力、更加快速和更具效益。

其次，要更好地发挥政府的作用。党的十八届三中全会《决定》指出："政府的职责和作用主要是保持宏观经济稳定，加强和优化公共服务，保障公平竞争，加强市场监管，维护市场秩序，推动可持续发展，促进共同富裕，弥补市场失灵。"具体到农产品市场体系建设，政府应更好地发挥四个方面的作用：第一，维护农产品市场秩序。主要着力维系农产品生产者和消费者之间的供求交换关系，以及农产品生产者和经营者之间的竞争关系，实现农产品和农业生产要素的自由流动和平等交换，能够对农产品市场实行有效监管。第二，推进公益性农产品市场建设。有效解决农产品市场外部性问题，重点支持检验检测中心、消防安全监控中心、废弃物处理设施等公共服务设施建设，完善农产品供求和价格信息服务体系建设等。第三，调节城乡收入分配。出台各项惠农政策，给予农民更多权利，在农民利益分配中发挥主导作用，保护农民在农产品产业链附加值分配中的应得利益。第四，因地制宜、因时制宜地对农产品市场体系进行调控。以经济手段和法律手段为主、以行政手段为辅，结合不同地区、不同村组的具体情况在不同时期进行适宜的宏观调控，充分发挥在保障农产品市场供应、稳定农产品价格和促进食品安全等方面的作用。

最后，要把市场和政府有机地结合起来。政府与市场是相互联系、不可分割的整体，不能割裂地看待二者的关系，既不能只讲市场而忽略政府，一味追求市场化，也不能只讲政府而忽略市场，一切都交由政府。市场调节具有自发性、盲目性和滞后性等特点，单一的市场调节可能会导致社会分配不公，扩大贫富差距，更有可能造成经济波动，破坏宏观经济稳定。政府在信息掌握和认知能力等方面也存在局限性，政府的过度干预可能会在一定程度上扭曲市场，束缚市场经济的活力，更有可能诱发贪污腐败问题。所以，要把市场和政府有机地结合起来，加强政府和市场间的互动。政府应该充分尊重市场经济规律，及时纠正市场失灵，市场应该受政府监管，在政府制定的制度规范下运行，从而保障农产品市场的平稳发展，从根本上保护广大人民群众的切身利益。

2. 深化行政审批制度改革

行政审批制度改革是全面深化改革和简政放权的重要组成部分，其核心在于理顺政府与市场、社会之间的关系，厘清政府职能的合理边界，弄清楚哪些职权应当取消和下放，哪些职权应当保留和修订①。对于农产品市场体系建设来说，所涉及的审批手续更为烦琐，审批流程更为复杂，因此更应该深化改革和完善行政审批制度。党的十八大以来，经过各级政府的共同努力，行政审批制度改革成效显著，人民满意度明显提升。但随着改革的逐步深入，改革难度逐渐加大，一些问题也逐渐凸显出来：如对改革的质量重视度不够、改革的法治化程度不高、改革的程序不够完善、上减下增的现象依然存在等，这些问题都严重影响了改革的质量和效果，导致社会的感受度不明显，未能很好地激发市场活力和创造力。

因此，要坚持以问题、目标和成效为导向，推动行政审批制度改革，重点解决改革过程中存在的突出问题。首先，要转变改革思路。不能仅从行政审批事项的削减数量方面对改革的成效进行判断，还要从质量上进行判断，看改革是否提升了效率，节省了群众的时间和成本。对于事关企业生产经营和百姓就业创业的行政审批事项，可以最大限度地缩小项目核准的范围，缩短项目审批的时间，使得人们的投资、生产、经营活动更加便利。其次，继续加大放权力度。对于可以下放给地方的审批事项要坚决地放出去，让地方政府拥有更多的决策权；对于必须保留的审批事项，要统一标准，简化流程，提高效率。再次，完善行政审批制度改革程序。可以建立由公众参与和专家论证的风险评估机制，广泛听取市场主体和人民群众对改革的意见，并定期组织专家学者对改革的内容和成效进行科学、全面的论证，使改革更加科学化、合理化、民主化。最后，要统筹进行政府机构改革。相关行政审批事项被取消后，对与之对应的政府机构和职能部门要及时进行调整，使这些审批事项取消的决议真正得到贯彻执行。

3. 进一步完善市场机制

市场机制就是各种资源在市场上通过自由竞争和交换来实现有效配置的机制，市场机制在农产品价格形成、抑制农产品价格波动、促进农产品流通等方面发挥着极其重要的作用。但目前我国的市场机制还存在许多的短板，市场的自发调节功能还比较弱，这些都不利于农产品市场体系的建设。应该从完善市场运行和调控机制、营造有序的市场环境等方面入手，

① 沈毅，宿玥．行政审批局改革的现实困境与破解思路［J］．行政管理改革，2017（05）．

更大程度地发挥出市场机制的作用，这对于新时代背景下调动农民生产积极性、保障国家粮食安全具有重要意义。

（1）完善生鲜农产品的市场运行机制。针对生鲜农产品易腐难存的特点，一方面要拓宽产品的销售渠道，通过组织开展“农超对接”“农批对接”“农商联手”等多种产销对接方式，提高农产品流通效率；另一方面要强化信息引导作用，使各市场主体正确掌握农产品市场信息的查询和使用方法，更好地发挥供求、价格、交易信息等指导生产、引导流通和交易的重要作用。

（2）完善大宗农产品的市场调控机制。要结合农产品市场结构变化的新形势和新要求，加快构建分品种、多层次、多主体的农产品市场调控体系。对粮、棉、油、糖等关系国计民生的重要农产品，通过目标价格、最低收购价、储备制度和进出口调控等手段，引导和规范大中型企业积极发挥稳定市场和价格的作用，促进产业稳定发展①。

（3）优化市场经营环境。一个稳定有序的农产品市场环境的形成，既需要农业、公安、工商、质监、卫生等多部门发挥合力，切实加强农产品市场监管，坚决打击各类违法行为，形成有序的竞争机制，又需要广大消费者积极参与，学会正确使用手中的权利，及时投诉和举报经营者的违法行为，保护自身的合法权益。

9.1.2　破除建设统一开放、竞争有序的农产品市场体系的制度体制障碍

坚决破除各种制度和体制障碍，就是要对不符合我国当前发展所需的各种制度和体制及时进行改革。从制度层面来说，要深化农村经济体制改革，特别是要推进土地制度改革和集体产权制度改革，加快农村经济发展，减小城乡贫富差距，实现城乡一体化发展。

1. 改革农村土地制度

土地是从事农业生产最基础性资料，土地问题始终是我国经济改革的

① 农业部农村经济研究中心发布——2010 年我国农村经济形势分析报告［J］. 经济，2010（12）.

重点和难点问题，也是解决“三农”问题的根本和核心问题，农村土地制度的变革直接影响着农民的切身权益。随着我国经济社会的巨大变革，家庭承包经营制度还没有充分发挥出农村土地制度的创新潜力，其局限性也逐渐暴露出来，特别是在保障农民权益和促进农民收入增加方面还存在明显的不足，突出表现在：土地平均而又细碎化的经营、土地流转困难使得规模经营难以形成，导致农业竞争力不强，农民增收困难；农村集体产权不清晰，经济发展过程中易导致农村集体财产流失、人地矛盾加剧，农民的财产权利得不到有效保障等。因此，应该加快农村土地制度改革，重点在于推进农村土地所有权、承包权、经营权的“三权分置”，在实现土地优化配置的基础上，可以适度发展规模经营。

首先，要加快农村土地确权登记颁证工作，地方政府要加强组织领导，明确工作流程，运用科学方法，提高工作质量，同时要做好政策宣传，推动登记颁证工作有序开展。对于确权工作中遇到的问题和困难要更多地通过农民自主协商的方式解决，对于确权工作所需的经费可由中央财政安排资金进行统一补助。

其次，健全土地承包权和经营权的流转机制。在进行土地承包权流转时，要时刻坚持依法、自愿、公正的原则，在保证土地承包关系稳定的前提下，将流转对象严格限定为本集体经济组织成员，同时禁止以入股、抵押、担保等方式进行承包权流转，推动流转程序规范化。在进行土地经营权流转时，可以采取转让、入股、合作等多种流转方式，更多向农户以外的新型农业经营主体流转。同时，相关部门要加强对土地流转的监督和管理，流转双方要自觉按规定行事，严禁利益输送和损害农民利益的现象发生。

最后，构建土地经营权抵押机制。通过设立抵押评估机构、农村法律援助机构等为农村土地抵押工作提供服务，同时鼓励和支持农业银行、农村信用社、小额信贷公司及其他各类新型农村金融机构积极开展农民土地经营权和住房财产权抵押贷款业务。

2. 改革农村集体产权制度

产权是所有制的核心。明晰的产权，可以使得各种资源和生产要素在城乡间自由流动，更好地促进城乡经济协调发展。农村集体产权制度改革不仅是建设社会主义新农村的必然要求，更是发展农村集体经济的有效措施。近年来，随着我国市场化改革不断深入推进，农村集体资产归属不清、权责不明、保护不严、流转不畅等问题也逐渐凸显。2016 年 12 月，国务院颁布了《关于稳步推进农村集体产权制度改革的意见》，明确提出要逐步构建归属清晰、权能完整、流转顺畅、保护严格的中国特色社会主义农村集体产权制度。全面深化农村集体产权制度改革，需要坚持以推进农业供给侧结构性改革为主线，通过调整和改革相关体制机制，使农村的生产关系与生产力更加相适应，促进社会生产力的极大解放。具体需要做好以下几方面的工作：首先，要确认好集体经济组织成员身份，明确村集体资产所有权归村民共同拥有，只是由村集体经济组织代为行使。其次，推进农村集体经营性资产股份合作改革，要充分尊重农民群众的意愿，以股份或者份额形式将经营性资产量化到集体成员，同时积极发展多种形式的股份合作，来做大做强集体经济。再次，完善农村集体经济组织治理机制，通过优化治理结构和强化制衡机制来保护组织成员的合法权益，通过民主决策和科学管理让广大农民获得更多的参与感，使他们真正成为集体经济组织的决策者和受益者。最后，培育和发展符合农村实际需要的集体产权流转交易市场，健全市场交易规则，完善市场运行机制，拓展市场服务功能，并积极探索多样高效的集体产权交易方式。

3. 推进城乡一体化

推进城乡发展一体化，是突破制约我国发展体制机制障碍的重要着力点，更是转变我国经济发展方式的重要举措。长期以来，我国城乡二元结构没有发生根本改变，这严重妨碍着我国城乡资源平等交换和优化配置，导致城乡之间的发展差距不断拉大。因此，要从我国城乡二元结构和发展不平衡这个基本国情出发，统筹城乡发展，形成以工促农、以城带乡、工农互惠、城乡一体的新型工农城乡关系，建立新的适应我国城乡发展实际的一体化发展模式，实现城乡居民基本权益平等化、城乡公共服务均等化、城乡居民收入均衡化、城乡要素配置合理化以及城乡产业发展融合化[①]。首先，加强制度创新。逐步改革土地制度、就业制度、户籍制度、

① 习近平：《在十八届中央政治局第二十二次集体学习时的讲话》（2015 年 4 月 30 日）

保险制度等阻碍城乡一体化的制度障碍，促进卫生、教育、医疗等资源在城乡间的均衡分布，使农村居民享受到与城市居民同等的社会公共福利。其次，加快农业现代化建设，构建新型农业经营体系。要及时更新农业发展理念，将更多先进科学技术运用到农业发展过程中，提升农业生产效益和综合竞争力；同时，要积极开展对农民的组织培训，积极培育新型农民，赋予农民更多财产权利。最后，以新型城镇化推动城乡一体化。城镇化建设是改变城乡二元结构和解决“三农”问题的重要举措，更是推动城乡一体化的关键途径。要坚持“以人为本”的理念，加强设计规划，完善体制机制，调整产业结构，推进城乡要素平等交换和公共资源均衡配置，实现更加科学、更高水平的城镇化。

从体制层面来说，要进一步健全影响农产品市场体系建设的相关机制，特别是农产品价格机制和农产品流通机制，确保农产品价格稳定，在各地区间可以自由流通，从而保护农民利益，促进农业现代化发展。

4. 健全农产品价格机制

农产品价格不只是生产者、消费者所关注的问题，更是影响农民收入和农村经济发展的重要问题。2015 年 1 月，政府放开了烟叶收购价格，这样在农产品价格领域已不存在政府定价，农产品的价格全都实行市场调节，同时针对粮、棉、糖、生猪等重要农产品，政府出台了最低收购价、临时收储等专项政策，这些政策在一定程度上起到了稳定农产品价格、提高农民生产积极性的作用。像种粮和良种补贴、最低收购政策稳定了粮食生产，增加了农民收入，但这些政策在连续实施多年后，其弊端逐渐突显出来。另外，对于蔬菜、水果、猪肉等农产品的价格管理，目前只是针对价格波动采取的一些临时性市场干预措施，尚未出台一个全国性、系统性的调控措施。因此，针对我国农产品价格机制存在的诸多问题，必须进一步改革完善。2014 年中央一号文件明确提出，继续坚持市场定价原则，探索推进农产品价格形成机制与政府补贴脱钩的改革，逐步建立农产品目标价格制度。目前，针对棉花、大豆、玉米的临时收储政策已先后被取消，被市场化收购、补贴等新政策替代。今后，我国将继续以市场为导向完善农产品价格机制，逐步改革最低收购价和临时收储政策，综合运用农业补贴的方式，建立起目标价格制度，保护农民的利益不受损害，从而保证农产品供给的稳定。

5. 健全农产品流通机制

当前，我国农产品流通体系经过多年的市场化改革，已经由国家统购统销的流通体系发展到与家庭式生产经营相对应的“小规模、大群体”性的流通体系。不过当前这一体系存在着诸多问题，并不能适应我国未来农产品市场发展的需求。一是，以批发市场为枢纽的流通体制虽已形成，但地方保护主义的存在，导致了各地区市场之间的联系不强，至今尚未形成全国互流互通的大市场。二是，农村经纪人、农民专业合作组织、农业产业化龙头企业等市场流通主体发育程度较低，带动能力不强；农民专业合作组织普遍缺乏管理和指导，很难引导和组织分散的农民进入市场；农民经纪人普遍文化素质不高，缺乏必要的生产经营技能，在农产品流通领域发挥的作用不强。三是，农产品流通过程中的信息服务薄弱，缺乏相关信息化硬件设施，供求信息不能在各市场主体间快速传递，价格发现功能不能很好起作用。

因此，必须要进一步加快农产品流通体系的建设。首先，要加强仓储物流基础设施建设，促进农产品流通体系的转型升级，同时利用物联网、大数据等技术，积极发展低成本、高效率的“互联网+农业”的新型农产品流通方式，大力发展连锁超市、便利店等新型流通业态。其次，大力发展龙头企业，充分利用其在资金、技术、信息等方面的优势，最大程度发挥其带头引领作用。再次，加快发展专业协会、专业合作社和股份合作社等新型合作经济组织，有效地组织农民进入市场，这样既减少了中间环节，又保护了农民利益。最后，利用信息网络技术创新农产品交易渠道和方式，积极探索信用交易、委托交易、电话交易、网上交易等新的流通方式，从而减少交易环节、节省交易时间、降低交易成本，最终促进交易效率的提高。

9.1.3　增加建设统一开放、竞争有序的农产品市场体系制度供给

在农产品市场体系建设的过程中，不仅要破除各种制度和体制障碍，

更要增加制度供给，增强制度的有效性，以制度为农产品市场体系建设提供支撑。增加制度供给可以从以下三个方面入手：

1. 完善农产品质量安全制度

俗话说，“民以食为天，食以安为先。”农产品安全问题不仅关系到消费者身体健康，更有可能引发严重的公共卫生和公众安全问题。当前人们的收入普遍提高，更加关注农产品的质量问题，但由于安全制度不完善、质量检测水平不高、相关部门执法不严等原因，造成我国的农产品质量安全问题日益突出。因此，开展全方位的农产品监管工作，完善农产品质量安全制度迫在眉睫。首先，要加大监管力度。要明确各部门职责，加强部门间的协调合作，努力实现农产品从生产到销售环节的全过程监管以及每一个环节全程可追溯，同时建立农产品质量安全网站，每日公布检测不合格的农产品，并接受消费者的举报。其次，不断完善检测体系。加大购买检测设备的资金投入，以改善检测条件，同时检测机构要加强同科研院校的合作，增强检测队伍专业水平，从而实现检测质量和服务水平的综合提升。再次，要完善信息公布渠道。通过电视、报纸、手机、网络等多种方式公布检测结果，让消费者能够随时知晓农产品的质量情况，从而起到引导消费的作用。最后，有关部门要加强执法工作，严惩各种生产、销售假冒伪劣产品的行为，保护消费者的利益。

2. 完善农产品市场信息体系

农产品市场信息体系解决的是信息流的问题，能促进农产品产销的有效对接，提高农产品市场流通效率。准确及时的农产品市场信息有利于农民充分了解市场需求，及时调整农业生产活动，从而促进农业产业结构的调整；有助于促进均衡市场价格的形成，避免农产品价格的大幅波动，从而保障交易双方的利益。建立一整套完善的农产品市场信息体系，既有助于农产品市场体系的建设，又有助于农业现代化建设。当前，我国农产品市场信息体系的建设还存在许多不足，如信息基础设施落后，信息传播渠道不畅通，信息的收集和发布机制不健全，信息服务内容不完善，相关信息专业人才匮乏，缺乏信息资源共享机制等，这些问题都阻碍了高效畅通的市场信息体系的形成。加快农产品市场信息体系建设，应该做好以下几方面工作：首先，要形成正确的市场信息采集机制。要在充分了解市场主体对信息的需求基础上，为各市场主体提供从生产到加工、销售的全方位、多层次、一体化的农产品信息，特别是市场主体比较关注的农产品，要广泛搜集信息，在确保真实性和准确性的情况下，及时向公众发布。其次，完善市场信息发布机制。要选择形式灵活多样的信息发布渠道，其中要充分发挥中介组织的作用，并进一步完善信息发布流程，提高信息发布频率，最大程度发挥信息引导生产和消费的作用。再次，加快信息传递的基础设施建设。对于传播信息所需购买的设施，要加大资金投入力度，并进一步拓宽信息传播渠道，采取网络、电视、广播、手机等多种方式进行市场信息传播。最后，培养专业信息人才，信息人才既要熟悉信息知识，又要熟悉市场知识；既要能够对当前的市场信息进行分析，又要能够对市场前景做出适当的判断和预测。

3. 建立农产品风险基金和保险制度

农产品的生产由于受诸多不确定因素的影响，因而具有一定的风险性。现阶段，家庭式小规模农业生产经营仍占据主体地位，农民在从事农业生产时往往要面对市场风险、自然风险、技术风险、决策风险等多种风险，由于农民的抗风险能力有限，稍有不慎，这些风险都会给农民带来巨大经济损失。因此，如何解决农产品生产所面临的风险问题，防止农民在生产经营中利益受损，不仅是农产品市场体系建设的关键，更是影响我国农业现代化发展的主要因素。在这方面，我国完全可以借鉴发达国家的先进经验。首先，建立农产品生产、销售风险防范机制。组织有经验的农业科技人员，全方位地为农民提供有针对性的防灾减灾培训和指导，以增强农民防御风险的能力。其次，建立农产品风险基金制度，构建农产品生产的“保护伞”，当自然灾害的发生严重扰乱农业生产活动时，要及时向农户提供援助，保证他们不会因为自然灾害而陷入生活困境。最后，完善我国的农产品保险制度。由于农产品生产面临着诸多风险，因此发达国家都通过建立农产品保险制度来规避风险。我国目前还没有建立起相应的农产品保险制度，我国可以借鉴发达国家的经验建立农产品保险制度，可以由中央财政拨付专项资金建立专门的农业保险公司。同时，加大中央、省级财政对主要粮食作物保险的保费补贴力度，逐步扩大保险补贴覆盖范围，稳步提高农产品风险保障水平；针对新型农业经营主体，提供多种档次的保费保额选择，探索开展产量保险、价格保险、收入保险等新型保险产品试点①，从而保护农业生产经营活动，从根本上保护农民的利益。

9.2 构建统一开放、竞争有序的农产品市场体系的法律法规

完善的法律法规体系既是维护市场秩序的有力措施，也是促进市场体系建设的重要手段。只有健全法律法规体系，最大程度地发挥出法律的效力，才能有效地规范市场主体的行为，才能保证市场健康有序地运转。当前，中国特色社会主义已经进入新的发展时代，但经济领域的法制进程明显滞后于经济发展水平，尤其在农产品领域，相关的法律法规体系建设依然存在着滞后性、立法不足、体系不健全等问题，全国还没有出台统一的《农产品市场管理法》，而已经出台的相关法律、法规、条例、办法存在着可操作性差、效力较低等问题，已经无法适应和满足当前农产品市场发展的需要。因此，及时修订和完善农产品市场的法律法规体系是非常必要和适时的。

完善农产品市场法律法规体系，要以稳定农产品价格为主题，以保障农民利益为核心，以机制和谐、公平公正、竞争有序为理念，从我国的基本国情出发，并借鉴发达国家的经验，构建具有现代性和适当超前性的现代农产品市场法律法规体系。对此，我们不仅要做加法，对法律法规体系中的空白和薄弱领域进行补充完善，更要做减法，及时废除妨碍市场体系建设的法律法规条款。修订和完善后的法律法规要更加具体、更易于操作、更具前瞻性，必须更好地满足市场竞争的需要，更好地鼓励和保护公平竞争，更好地保护各市场主体的合法权益。在完善中国农产品市场法律法规体系过程中，最首要的任务就是健全粮食安全的法律保障体系，确保人民群众不为粮食问题而忧心，把中国人的饭碗牢牢端

① 田新宇．农民奔小康 这关怎么闯——访农业部农村经济体制与经营管理司张红宇司长[J]．领导文萃，2016（12）．

在自己手中。其次要完善农产品市场流通法律法规，进一步健全相应的司法程序，使得法律法规体系可以随着市场的发展而形成自我调节完善的体制和机制。

9.2.1　完善粮食安全法律保障体系

粮食安全问题是关系到亿万人民群众的生计问题，一直受到党和政府的高度重视。党的十八大以来，以习近平同志为核心的党中央，适时地提出了“以我为主、立足国内、确保产能、适度进口、科技支撑”的国家粮食安全新战略，以及确保“谷物基本自给、口粮绝对安全”的国家粮食安全新目标，努力走出一条具有中国特色的粮食安全之路。近年来，中国粮食产量形势良好，其中 2017 年全国粮食产量创造了 1.24 万亿斤的历史新高，同时粮食安全形势持续向好。但这并不能说明粮食问题已经不存在了，粮食大量进口、粮食库存积压、流通成本偏高、财政负担过重等问题日益凸显。因此，要紧紧围绕国家粮食安全战略，继续构建更高层次、更高质量、可持续的粮食安全保障体系。

构建粮食安全保障体系，最重要的就是通过法律法规去保护我国的粮食安全。当前，粮食安全保障体系还存在一定的法律空白，全国统一的《粮食法》尚未出台。现行的《粮食流通管理条例》和《粮食流通监督检查暂行办法》颁布了多年，已经无法满足当前粮食安全工作的新要求。另外，粮食安全监管机制也存在缺陷，粮食部门监管执法定位不够清晰，法定执法权限和处罚手段较少。因此，针对目前我国粮食安全法律保障体系存在的缺陷，应当加快粮食安全立法，健全粮食安全保障的法律框架。首先，要树立法律保障粮食安全理念，加强粮食安全法律保障理论研究，尽快制定以《粮食法》为核心的一套完整的法律保障体系。其次，要对现有的事关粮食安全的法律法规进行整合，对互相矛盾、互相冲突的法律条款进行修改和完善，以达到法制统一的要求。最后，要加强安全监管工作，加强监管力度，对粮食生产、运输、交易过程进行全方位监督，突出执法督查重点，强化分类监管，落实粮食巡查制度，健全督查督办机制。

9.2.2 完善农产品市场流通法律法规体系

目前，我国还没有建立起系统性的农产品流通法律法规体系，在专门调整农产品物流关系、农产品物流企业资质、农产品市场准入机制、农产品市场竞争规则以及如何与国际农产品市场接轨的法律方面均为空白。虽然已经颁布了一些与农产品流通相关的法律法规，但大多是对流通体制及有关制度的原则性规定，分散于各个部门法中，像《粮食流通管理条例》《农副产品购销合同条例》《流通环节食品安全监督管理办法》，这些法规相对比较陈旧，而且效力不高。另外，农产品流通所涉及的农产品包装、运输、仓储、电子商务等环节，也缺乏相应的配套法规，这些都严重阻碍了农产品正常的流通和交易。因此，国家要加强综合规划，充分发挥发改、农业、工商、监察、卫生、质检等相关部门的作用，逐步完善农产品市场流通法律法规体系，促进高效、畅通的农产品市场流通体系的形成。

1. 健全农产品市场准入法规

制定完整统一的农产品市场准入法规，既是政府加强食品安全管理工作的基本方法，又是确保入场农产品质量安全的有效措施，对于保护消费者利益和稳定社会发展具有重要意义。2016 年出台的《食用农产品市场销售质量安全监督管理办法》虽然对市场准入做了相关规定，但并未确立具体的操作细则。另外，我国许多地区尽管已出台了相关的农产品市场准入法规，但这些法规大多是针对当地实际情况所制定的，要求不尽相同。因此，制定全国统一的农产品市场准入法规迫在眉睫。新制定的法规既要明确各级农产品准入管理机构的职责和任务，各机构要完善的管理程序、管理方法以及处罚措施，又要明确各类农产品入市的条件和程序，其中对于进口食用农产品进入国内市场更要做重点规定。

2. 健全农产品市场交易法规

我国农产品市场参与主体数量众多，成分比较复杂，加之缺乏统一的交易规则，导致农产品交易呈现一种无序的状况，不公正竞争和强买强卖等现象依旧存在，这严重扰乱了农产品市场的秩序，损害了相关市场主体的利益，所以要尽快健全农产品市场交易法律法规，从根本上保证农产品公平交易，提高农产品流通效率。要尽早出台《农产品市场公平交易法》，配合一些临时性的措施，来规范农产品市场上的交易行为，从而为农产品市场的竞争机制和交易机制提供法律保障，促进各市场主体之间公平竞争和交易，保护各市场主体的合法利益。

3. 健全农产品市场监管法规

良好的秩序离不开外部力量的监管和维护。当前我国农产品市场秩序还比较混乱，哄抬价格、强买强卖、不当竞争、售卖劣质农产品等现象屡见不鲜，所以必须要健全相关的农产品市场监管法规，以法律来规范市场参与者的行为，确保农产品市场安然有序。要尽早出台《农产品批发市场管理办法》《城乡农贸市场管理办法》和《农产品检验检测条例》等相关维护农产品市场秩序的法律法规，制定扰乱农产品市场秩序行为的认定标准和处理办法，严厉打击不法经营、操纵市场等破坏农产品市场秩序的行为，从而为各类市场参与者提供一个良好的环境。

9.2.3　完善相关司法程序

作为行使司法权的法定方式，完善的司法程序是维持司法公正的可靠保障，同时也对我国法治社会建设具有重要的作用。对于农产品市场体系的建设，不仅要设计一个相对稳定的法律法规体系，还要完善相应的司法程序，增强司法的公正性，不断提高司法公信力，努力让人民群众在每一个司法案件中感受到公平正义，切实提高我国的法治建设水平。当前，社会不断发展进步，人们的意识观念有了很大的转变，法律意识、权利意识、公平意识等得到显著提高，同时越来越多的人参与到公共活动中去，对司法公正的要求越来越高，而对司法不公现象的容忍度越来越低。因此，必须要在坚持以人为本，尊重和保障人权的理念下，进一步完善司法程序，建议从以下几个方面着手：第一，加强司法体制建设，不断完善各部门组织体系，改革内部管理机制和流程，统一法院的行政管理权；同时公安机关、检察机关、审判机关之间要加强配合，不断提高司法效率。第二，建立科学合理的司法程序和透明公开的诉讼机制，积极引导诉讼双方正确使用法律武器，来维护自己的合法权益。第三，深化司法责任制改革，司法人员要严格按照程序和规定来处理案件，确保谁办案谁负责，谁违规谁担责。第四，完善对司法程序的监督管理机制，在强化内部监管的同时，要主动接受人民监督，广纳人民的建议，从而激发人民群众参与司法程序的积极性，提升司法程序的权威性和公信力。

9.3 构建统一开放、竞争有序的农产品市场体系的政策支撑系统

完善政策支持体系，既需要对现有的各种惠农政策进行整合，发挥政策的合力作用；还要根据当前我国农业现代化发展的需要，尽快出台一批适应新常态的新的政策，进一步加大政策支持力度，提高政策支持效益，发挥政策的引导作用。全面完善政策支持体系，对于全面建设统一开放、竞争有序的农产品市场体系具有重要的促进和支撑作用。

9.3.1 围绕“统一”“开放”“竞争”“有序”四个维度构建政策支撑系统

统一开放、竞争有序的农产品市场体系应该具备以下四个特征：统一的，而不是分割的；开放的，而不是封闭的；竞争的，而不是垄断的；有序的，而不是混乱的。统一、开放、竞争、有序，是市场经济的本质要求。在经济发展的过程中，统一是经济发展的基础，开放是经济活力的前提，竞争是经济效率的源泉，有序是经济秩序的保障。只有构建统一开放、竞争有序的农产品市场体系，才能更好地发挥市场机制的作用，才能更好地保护市场主体的合法权益。因此，完善农产品市场体系的政策支持系统应该从以下四个方面做好工作：

1. 打破市场分割，建设统一的市场体系

所谓“统一”，是指各类农产品市场在国内地域间是一个完整体，不存在对农产品市场进行地区分割而导致的封闭状态，更不存在由于地方保护而造成农产品无法在各地区间自由流通的情况，各地区的农产品市场实

现互联互通。当前，传统集贸市场和小型批发市场仍然是我国农产品市场体系的主体，大型农产品批发市场数量较少，虽然这些市场具有一定的价格形成机制，但市场功能比较单一，空间分布极不均衡，而且某些地区之间农产品生产和流通壁垒依然存在，限制了农产品和农业生产要素在不同地区间的自由流动；同时中西部地区的各类市场发育缓慢，同东部地区的市场联系较少，这些都制约着统一的农产品市场体系的形成。因此，要加强对全国农产品市场的统一规划和建设，确定一批全国性农产品流通骨干市场和市场集群，并以此为节点搭建全国农产品流通骨干网络，打破出于地方保护等人为因素造成的地区封锁，逐步形成连接东西、贯穿南北、辐射内外的全国农产品流通骨干网络，促进农产品和各种要素在全国范围内自由流动，将全国农产品市场建设成为相互联系的统一整体。

2. 打破市场封闭，建设开放的市场体系

所谓“开放”，不仅指国内各个市场间的相互开放，更是指国内市场的对外开放，积极参与国际分工和合作，在国际竞争中不断提升发展水平。建设开放的农产品市场体系，一方面要加快构建各区域市场间的合作机制，进一步提高区域合作水平，将国内各市场衔接起来，实现农产品和农业生产要素在各市场间的自由流通。另一方面，要积极与国际市场对接，提高市场对外开放程度。我国虽然较早就对农产品市场进行了改革，但直到 2001 年中国加入世界贸易组织之后才开始对农产品市场进行全面的、全方位的对外开放。近年来，越来越多的进口农产品进入国内市场，我国已经成为农产品国际贸易的进口国，对外开放程度显著提升。国内许多批发市场、零售市场、连锁超市也都设置了进口产品销售专区和专柜，这些进口产品不仅质量有保证，而且价格也比较优惠，在国内市场上获得热销。但是，农产品市场的开放不能仅仅是引进产品，也要吸收、借鉴发达国家在农产品市场体系建设方面的经验，引进先进的流通模式，加快农产品批发市场升级优化和功能转变，由传统的组织交易功能逐步转变成引导消费、延伸产业链和增加附加值的功能。

3. 打破市场垄断，建设竞争的市场体系

所谓“竞争”，是指公开、公正、公平的竞争，反对人为垄断、限制竞争和不公平竞争。公民从事经营活动最基本的要求就是公平公正。公平的市场竞争环境，不仅可以促进资源自由流动，合理、有效地配置社会资源，还可以调动经营者的积极性，向市场提供更质优价廉的农产品，最终为消费者和全社会带来福利。但当前，我国农产品市场依然存在着欺行霸市、排除和限制竞争等不正当竞争行为，一些地区甚至搞起了行业垄断和地区封锁，排斥外地产品，对外来农产品实行歧视性待遇，这严重损害了外来厂商的权益。因此，必须采取相关措施来构建公平竞争的市场体系。首先，各地要废除对于外地农产品不合理的、歧视性的、排斥性的规定，保证不同产地的农产品都能够在市场上公平竞争。其次，严厉惩处垄断行为和不正当竞争行为。依照《反垄断法》《反不正当竞争法》《价格法》的有关规定，严肃查处损害竞争、损害消费者权益以及妨碍创新和技术进步的垄断协议、滥用市场支配地位行为；执法机关加大对虚假宣传、价格欺诈、商业贿赂、违法有奖销售、商业诋毁、销售无合法进口证明商品等不正当竞争行为的打击力度①，保护农民和农产品企业合法权益；同时加强对经营者的教育，引领他们自觉地公平参与市场竞争。最后，要建立长效监督机制，有关部门要加强协作配合，组织不定期对市场进行督导检查，对于查处的不正当竞争行为，要及时向社会公众通报，以此起到警示的作用。

4. 规范市场秩序，建设有序的市场体系

所谓“有序”，是指市场秩序的规范化、法制化，各项经济活动有条不紊地进行，市场井井有条。井然有序的市场秩序，既有利农产品市场的发展，又有助于社会的和谐稳定。近年来，非法经营、缺斤少两、偷税漏税、售卖低劣产品等现象在农产品市场上依然屡见不鲜，既破坏了市场氛围，又扰乱了市场秩序。因此，政府必须要做好“监管者”的角色，规范农产品的销售者、中间商、消费者等市场主体的行为，采取有效措施来进一步整顿农产品市场秩序。要在加强对市场主体教育的同时，进一步加大监管和执法力度，把打击非法添加剂、加大食品安全等监管和执法工作做实、做细，营造出和谐有序的市场环境，促进农产品市场健康有序地运转。除了要发挥政府的作用外，还要充分利用电视、报刊、网络等媒体，

---

① 《国务院关于促进市场公平竞争维护市场正常秩序的若干意见》国发〔2014〕20号。

多多报道政府在打击各种破坏农产品市场秩序的行为方面所做的努力和取得的成效，使各市场主体能够自觉规范自己的行为；还要发挥人民群众的作用，激发人民群众参与农产品市场秩序监督工作的积极性，在农产品市场上多设举报电话和信箱，并认真受理群众举报的各类破坏市场秩序的行为。

9.3.2　形成财政、税收和金融等协调配合的政策支持体系

农产品市场体系的建设既需要各政府部门的通力协作，更需要财政、税收和金融等协调配合的政策支持。为此，国家出台了一系列的财政、税收和金融等优惠政策，用于保障农产品市场体系建设，但是这些政策普遍力度过小，各政策间缺乏联系配合，而且各地落实情况也存在明显差异，这些问题都削弱了政策的效用。因此，不断完善财政、税收和金融等支持政策，加快构建财政、税收和金融等协调配合、良性互动的政策支持体系，对于促进农产品市场体系建设具有重要意义。

一是加大财政投入。国家财政投入是支持农产品市场体系建设的一种重要方式。首先，各级政府可以设立农业专项资金，增加对农产品市场中的水、电、路等基础设施和产品储存、保鲜、检验检测等服务设备的资金投入，使市场更好地服务于群众。同时，对于发展规模达到一定水平的商家，政府可以予以资金扶持、租金补贴、物流补贴等，充分调动其参与市场经营的积极性。对于大型农产品运输车辆的购买可以给予一定的资金补助，对用于农产品市场建设的资金可以实行贴息贷款。其次，创新财政投入方式，探索采取以奖代补、PPP 模式、建立基金等方式支持农产品市场体系建设；同时积极发挥财政资金的示范作用，通过投资补助、抵押担保、风险补偿等方式，引导更多的民间资本投入到农产品市场体系的建设。最后，加强涉农资金统筹整合，规范资金投向，提高资金的整体合力，最大程度地发挥资金的使用效率；同时加强对涉农资金的管理，对于违规使用涉农资金、非法挪用涉农资金、造成涉农资金严重损失的行为，必须给予严惩。

二是加强金融支持。农产品市场发展也离不开金融行业的支持，同时

金融行业也将在支持农产品市场发展中受益。加强对构建农产品市场体系的金融支持，要从以下几个方面着手：首先，加大信贷支持。农户、小微企业和农民专业合作社由于规模较小、信息透明度低、抵押能力较弱，很难获得银行中长期贷款，同时在办理贷款的过程中也面临着程序复杂、环节繁多、时间过长等问题，因此融资难度比较大。所以，要充分发挥各地农村信用社、农业发展银行、城市商业银行、小额信贷公司等金融机构的功能，加大对家庭农场等新型农业经营主体的信贷支持。其次，拓宽抵押范围。鼓励金融机构开展土地经营权抵押、农用设备抵押、住房财产权抵押等多种抵押信贷方式，鼓励融资担保公司为农民提供担保增信服务，以此来扩大信贷资金供给，用以进行农业现代化建设。最后，加强金融服务。由于多数农民的文化水平不高，可能对抵押贷款政策不太熟悉，在进行业务办理的过程中会遇到很多困难，这就要求金融机构加强对抵押贷款政策的宣传，简化相关的审批流程，提高服务的质量，同时降低抵押贷款的利率，减轻农民的融资成本，让金融更好地服务于农产品市场体系建设。

三是完善税收政策。目前我国虽然出台了一些支持农产品市场建设的税收政策，但随着农产品市场的发展壮大，这些政策并不能满足当前市场发展的需求。因此，政府要制定具有针对性、系统性的税收政策，支持统一开放、竞争有序的农产品市场体系的建设。因此，要积极落实完善有利于农产品市场和批发商发展的税收政策；对于专门经营农产品的批发市场、农贸市场使用的房产、土地，按规定享受税收支持政策①。对于使用电子结算的批发商和符合规定的小微企业，给予相应的企业所得税优惠政策。积极落实针对农产品初加工企业的所得税优惠政策，以及针对蔬菜流通环节的增值税免征政策，落实鲜活农产品运输“绿色通道”政策。严格执行针对小微企业和农村金融发展的税收优惠政策，以减轻企业和农民的融资成本。对于具有明显垄断行为的市场主体，减少或终止政策补贴，而对采用农超对接、农餐对接等新型农产品流通模式的零售企业与农户则要

① 商务部等13部门关于进一步加强农产品市场体系建设的指导意见［J］．中华人民共和国国务院公报，2014（04）．

继续加大补贴力度。与此同时，要加强对税收政策的宣传，国税和地税部门可以联合起来，深入到乡村、街道开展税收政策的宣传和税务知识的辅导，帮助农民和企业解决税务难题。税务部门也要积极与农业部门加强沟通，及时掌握农产品生产、销售等各类信息，从而为制定灵活可变的税收政策提供依据。

9.3.3　构建完整的农业支持政策的评估系统及实时反馈与改进机制

农业支持政策是国家加强“三农”建设的一项重大举措。近年来，我国先后出台了粮食最低收购价、临时收储、粮食直补、良种补贴、农资综合补贴、农机具购置补贴等各种价格政策和补贴政策，形成了价格政策和各项补贴相结合的农业支持政策体系，这在一定程度上调动了农民生产积极性，促进了农业发展。但是，当前我国农业农村进入新的历史阶段，有些政策同农业供给侧结构性改革和全面建成小康社会的要求并不完全适应：一是有些政策未能充分考虑区域差异、品种特性，政策时效性不强，缺乏灵活性，政策落地不畅；二是部门分割、职责交叉、机制不衔接、业务不配套，涉农项目资金使用过于分散、效率不高的问题依然存在；三是部分农业产业政策边界不清晰，支持方式有偏差，“挤出效应”明显；四是一些农业补贴政策精准性有待提高；五是政策顶层设计联动性有待加强，需更充分考虑政策措施的衔接配套问题。因此，就农业支持政策来说，全面评价政策执行情况并不断完善政策内容是十分必要而紧迫的。应该从政策的设计出发，进一步完善政策评估机制，优化政策反馈机制，增强政策落实力度，使这些政策真正造福于广大农民，从而促进我国农业现代化建设。

1. 改进政策设计机制

当前，我国农业政策设计机制还存在许多缺陷，设计理念比较落后、设计流程不规范、政策效应可持续性差等问题依旧突出，因此要进一步改进农业政策的设计机制。首先，统筹设计支持政策。随着我国行政体制改革的逐步深入，各部门的职能划分更加明确，要加强对农业支持政策的统筹规划，由中央进行统一安排，对分散在各部门和各地区的职能进行整合，从中央层面对相关政策进行衔接；同时，对于可以下放给地方的职能要坚决下放给地方政府，以提高政策设计的针对性。其次，优化政策制定机制。农业政策的制定必须要有相关数据作为支撑，多借鉴来自基层的实践经验，多听取市场主体的诉求和意见，通过自上而下与自下而上相结合的方式，使得制定的政策更具有普惠性，满足更多市场主体的需求。再次，增强政策设计的科学性。不能仅从政策的收益、当前作用来判断一项政策的好坏，忽视了政策的执行成本、长远作用以及对整个国民经济发展的影响，导致政策实施难以取得预想中的效果。只有充分考虑综合因素，权衡不同政策设计的利弊，才能保证政策设计发挥最大作用，更接近政策设计的初衷，让政策红利惠及更多的农民群众。最后，逐步推动政策向普惠性过渡。逐步削减专项转移支付，加大一般性转移支付的力度，设计项目时要以数字为支撑，更多考虑客观性标准，减少主观性判断，对于达到标准的主体给予更多普惠性支持政策①。

2. 完善政策评估机制

一项政策是否真正促进了社会经济发展和提高了人民生活水平，直接决定了该项政策继续推行的必要性。因此，需要对农业支持政策的绩效进行全面评估，以此来判断政策是否发挥了应有的积极作用。第一，实现政策评估制度化，以制度来规范评估过程，评估组成员要坚持公正的原则，以客观事实为依据，按照规定的程序进行评估工作，确保评估活动有序开展。第二，建立多元化的评估组织，进一步丰富组织的成员结构，广泛听取多方建议和意见，使评估更准确地反映政策所带来的利与弊，为下一步的政策制定提供有效依据。第三，建立科学合理的评估指标体系，可以构建事前、事中、事后政策评估的不同指标体系，对政策目标的实现程度和实施结果进行监督、考核和评价，并据此调整和优化政策结构。第四，运用多元化评估方法，评估工作既可以由中央相关部门组织开展，也可以交由第三方评估机构进行，可以采取以下几种方法：一是成本与效益比较

---

① 宋洪远，沈泽江．进一步完善“三农”政策执行机制——新世纪新阶段强农惠农富农政策绩效评估研究［J］．农村实用技术，2014（10）．

法，就是对在整个政策运行过程中所投入的成本和所取得的收益进行综合对比分析，然后对政策做出评价；二是对象评定法，就是政策对象通过亲身了解和感受对政策及其效果进行评价；三是专家判断法，相关专家通过开展实地调查研究，与政策对象进行沟通交流，以此来评判政策是否得到了贯彻落实，取得了应有的效果；四是自评法，通过政府自身对政策的影响以及达成预定政策目标的进展情况进行评估。

3. 优化政策反馈机制

近年来，党和政府制定了一系列科学合理的农业支持政策，但部分政策在实施以后却达不到预期的效果，究其原因在于这些政策没有得到有效的反馈。当前农业政策的决策过程只有中央政府自上而下的政策传输通道，而少有基层自下而上的政策反馈通道。因此，为保证地方的声音能够顺利上传到中央，使得政策效果得到有效反馈，必须要进一步健全信息反馈机制。一方面，要完善反馈渠道，建议由农业管理机构成立专门的信息科负责对反馈信息进行收集、整理和分析，要积极听取评估过程中各级政府、各部门、各农业经营主体等反映的问题以及给予的建议，据此对政策的设计机制、执行机制和反馈机制加以完善，以此来增强政策的科学性和效用性。另一方面，可以根据评估结果建立奖惩机制，对执行较好的部门给予适当的奖励，对执行不力的部门加强督促指导，如有必要可以给予一定的惩处，起到宣传先进、鞭策后进的作用，从而确保政策得到有效的执行。

参考文献

［1］Ahumada，Omar；Villalobos，J Rene. A tactical model for planning the production and distribution of fresh produce［J］. Annals of Operations Research，2011（10）.

［2］Alessandro Olper，Jan Falkowski and Johan Swinnen，（2009），"Political Reforms and Public Policies：Evidence from Agricultural Protection"，LICOS Centre for Institutions and Economic Performance.

［3］Alvarez，Humberto R A；Orozco，Andrés. Modeling a distribution network of agricultural products in Panama［J］. lle annual conference proceedings，2013（02）.

［4］Bardos，Krisztina & Ferto，Imre，（2006），"The Contract Choice of Retailers in Hungarian Beef Sector，" European Association of Agricultural Economists.

［5］Beckmann，Volker and Boger，（2002），Contract enforcement in transition agricultural theory and evidence from Poland，Annual conference paper of international society for the new institution economics.

［6］Boehlje M. and Schrader L，（1998），"The Industrialization of Agriculture：Questions of Coordination"，In the Industrialization of Agriculture，eds. S. Royer and R. C. Rogers，Great Britain：The Ipawich Book Company.

［7］Bogetoft，Peter and Olsen，Henirik（2002），"Ten Rules of Thumb in Contract Design：Lessons from Danish Agriculture"，European Review of Agricultural Economics，Vol. 29（02）.

［8］Coase，R. H，（1937），"The nature of the firm"，Economic.

［9］David A. Hennesy，（1999），"The Taxpayer Relief Act，Estate Planning and Resource Mobility in U. S. Agriculture"，American Journal of Agricultural Economics，Vol. 81，Issue.

[10] Den Ouden M. A. A. Dijkhuizen, R. B. M. Huime, P. J. P. Zuurbier, (1996), "Vertical Cooperation in Agricultural Production – Marketing Chains with Special Reference to Product Differentiation in Pork", Agribusiness.

[11] Dias C, Franco M. Cooperation in tradition or tradition in cooperation? Networks of agricultural entrepreneurs [J]. Land Use Policy the International Journal Covering All Aspects of Land Use, 2018: 36 –48.

[12] Duke, Borchers et al., (2012), "Sustainable agricultural management contracts: Using choice experiments to estimate the benefits of land preservation and conservation practices", Ecological Economics, Vol. 74.

[13] Elizabeth, & Reardon. Agrifood grades and standards in the extended mercosur: Their role in the changing agrifood system [J]. American Journal of Agricultural Economics, 2000, 82 (05).

[14] Frank and Henderson, (1992), "Transaction Costs as Determinants of Vertical Coordination in the U. S. Food Industries", American Journal of Agricultural Economics, Vo1. 74.

[15] Gigler, Hendrix, Heesen, van den, Hazelkamp & Meerdink. On optimisation of agri chains by dynamic programming [J]. European Journal of Operational Research, 2002, 139 (03).

[16] Hendrikse, & Bijman, Ownership structure in agrifood chains: The marketing copperative [J]. American Journal of Agricultural Economics, 2002 (8), 84 (1), 104 –119.

[17] Kuwornu, Freeman et al., (2010), "Farmers' Behaviour In Relation In Dynamics In Contracts: The Case Of Cassava Farmers In Ghana", Franklin Business & Law Journal, Issue 3.

[18] Mighlell Ronald L. and Lawrence A. Jones, (1963), Vertical coordination in agriculture", Washington: U. S. Dept. of Agr.

[19] Mintu – Wimsatt & Gassenheimer. The impact of demographic variables on negotiators' problem – solving approach: A two country study [J]. journal of marketing theory and practice, 2002 (10).

[20] Oliver Hart John Moore, (1990), "Property Rights and the Nature of

the Firm", The Journal of Political Economy, Vol. 98, No. 6. 1119 – 1158 (Dec).

[21] Olper, A., Falkowski, J., & Swinnen, J. F. M. Political reforms and public policies: Evidence from agricultural protection. Rochester [J]. Social Science Research Network, 2010 (05).

[22] Procopie, Roxana; Bobe, Magdalena, (2008), "The Logistics of Information Flow in Managing the Quality of Food Products", Amfiteatru Economic.

[23] Roxana Procopie, Magdalena Bobe. The logistics of information flow in managing the quality of food products [J]. The Amfiteatru Economic Journal, 2008 (10).

[24] Soboh, R. A. M. E Lansink, A. O Giesen, & van Dijk. Performance measurement of the agricultural marketing cooperatives: The gap between theory and practice [J]. Review of Agricultural Economics, 2009 (02).

[25] Soboh, Rafat A. M. E.; Lansink, Alfons Oude; Giesen, Gerard; van Dijk, Gert (2009), "Performance Measurement of the Agricultural Marketing Cooperatives: The Gap between Theory and Practice", Review of Agricultural Economics.

[26] Sykuta & James, Harvey. Organizational Economics Research In The U. S. Agricultural Sector And The Contracting And Organizations Research Institute [J]. American Journal of Agricultural Economics, 2004 (05).

[27] Tan, Dan. Developing Agricultural Products Logistics in China from the Perspective of Green Supply Chain [J]. International Journal of Business and Management, 2012 (05).

[28] Wiggins. Smallholder cash crop production under market liberalisation: A new industrial economic perspective [J]. The Journal of Development Studies, 2000 (10).

[29] Williamson O., (1981), "The economics of organization: the transaction cost approach", The American Journal of Sociology, Vol. 87, No. 3.

[30] YIN, R. H, "Discovering the future fo the case study method in evaluation research" [J]. Evaluation Practice, 1994, vol. 15.

[31] 安希伋. 我国农产品市场的建立于发展前景 [J]. 农业现代化研究, 1986 (02).

[32] 白娜. 山西省农产品流通体系建设 [D]. 山西财经大学, 2011.

[33] 白世贞, 詹帅, 霍红. 农产品市场体系研究 [M]. 科学出版社, 2016.

[34] 蔡荣, 虢佳花, 祁春节. 农产品流通体制改革: 政策演变与路径分析 [J]. 商业研究, 2009 (08).

[35] 岑丽阳. 论农业产业化与农产品流通体系建设 [J]. 山西财经大学学报, 2011 (01).

[36] 陈佳贵. 论中国特色经济制度改革道路 (上) [J]. 经济研究, 2008 (09).

[37] 陈姗姗. 谈农产品流通渠道模式与变革路径 [J]. 商业时代, 2012 (07).

[38] 陈少群, 江华. "布吉模式" 应对入世挑战创新探析 [J]. 南方农村, 2002 (02).

[39] 陈水乡. 北京市农民专业合作社农产品流通的实践与探索 [M]. 中国农业出版社, 2012.

[40] 陈小静. 基于优质农产品供应链的我国农产品流通体系研究 [J]. 农业经济, 2010 (07).

[41] 陈耀庭, 蔡贤恩, 戴俊玉. 生鲜农产品流通模式的演进——从农贸市场到生鲜超市 [J]. 中国流通经济, 2013 (03).

[42] 陈宇峰, 叶志鹏. 区域行政壁垒、基础设施与农产品流通市场分割——基于相对价格法的分析 [J]. 国际贸易问题, 2014 (06).

[43] 陈宇峰, 章武滨. 中国区域商贸流通效率的演进趋势与影响因素 [J]. 产业经济研究, 2015 (01).

[44] 陈璋, 龙少. 从蔬菜价格透视农产品价格上涨趋势的深层次原因 [J]. 经济纵横, 2013 (12).

[45] 程国强. 我国农村流通体系建设: 现状、问题与政策建议 [J]. 农业经济问题, 2007 (04).

[46] 程少峰. 浅农村经济组织制度创新 [J]. 农业经济, 2000 (06).

[47] 程书强，刘亚楠. 西部地区农产品物流效率及省际差异动态研究——基于 DEA - Malmquist 指数法 [J]. 统计与信息论坛，2017 (04).

[48] 池泽新. 农户的影响因素、基本特点与制度启示 [J]. 农业现代化研究，2003 (05).

[49] 戴强. 我国的农产品市场体系建设 [J]. 农业展望，2007 (06).

[50] 戴孝悌. 产业链视角下的中国农业产业成长机制探析 [J]. 世界农业，2013 (11).

[51] 邓彬. 博弈论视角下农产品供应链管理利益协调机制反思 [J]. 贵州社会科学，2015 (06).

[52] 丁国颖. 浅议新时期农产品流通体系的建设 [J]. 网络财富，2009 (05).

[53] 丁建吾. 农产品批发市场发展模式及信息化发展战略研究 [D]. 中国矿业大学，2011.

[54] 丁丽芬. 农村经济发展与经营管理丛书·农产品市场营销策略 [M]. 中国社会出版社，2010.

[55] 杜红梅. 我国农产品绿色供应链耦合机制：制度经济学视角 [D]. 湖南农业大学，2010.

[56] 杜华民. 农业结构与市场经济规律的协调发展分析 [J]. 农业经济，2012 (12).

[57] 杜辉. 城市圈农产品流通体系发展思路探讨——以武汉城市圈为例 [J]. 广西经济管理干部学院学报，2009 (04).

[58] 樊端成. 对我国小宗农产品市场建设问题的探讨 [J]. 农业技术经济，2011 (32).

[59] 范存军. 基于规模经济和交易费用的新型生鲜农产品供应链体系构建 [J]. 物流技术，2013 (03).

[60] 费建. 农产品流通新体系建设研究——以上海大宗农产品市场“百县百品”工程为例 [J]. 中国流通经济，2011 (08).

[61] 冯忠泽，万靓军，田莉. 建立中国农产品质量安全市场准入机制框架分析 [J]. 中国农学通报，2008 (05).

[62] 高艳，刘芳. 环京津地区农产品物流发展现状与对策 [J]. 中

国农业资源与区划，2016（07）.

［63］龚芳，高帆．中国粮食价格波动趋势及内在机理：基于双重价格的比较分析［J］．经济学家，2012（02）.

［64］龚梦，祁春节．我国农产品流通效率的制约因素及突破点——基于供应链理论的视角［J］．中国流通经济，2012（11）.

［65］龚勤林．论产业链构建与城乡统筹发展［J］．经济学家，2004（03）.

［66］古川．社区蔬菜直销模式的形成与运作机制研究——以北京绿富隆合作社为例［J］．农业经济问题，2013（01）.

［67］郭冠男．我国农产品流通产业发展的现状、问题及政策建议［J］．外资经贸，2013（11）.

［68］郭守亭，俞彤晖．中国流通效率的测度与演进趋势［J］．北京工商大学学报（社会科学版），2013（06）.

［69］郭永田，张蕙杰，远铜．中国主要农产品生产与市场［M］．中国农业科学技术出版社，2013.

［70］国家现代农业科技城领导小组联合办公室．中国农产品流通产业发展报告［M］．社会科学文献出版社.

［71］国务院．国务院办公厅关于加强鲜活农产品流通体系建设的意见［Z］，2011－11－21.

［72］国务院．国务院关于完善粮食流通体制改革政策措施的意见［Z］，2006－05－13.

［73］韩俊．农业供给侧结构性改革是乡村振兴战略的重要内容［J］．中国经济报告，2017（12）.

［74］韩一军．加快新型农产品流通体系建设刻不容缓［J］．中国发展观察，2008（02）.

［75］韩永飞．我国农产品流通中的问题及对策研究［J］．价格理论与实践，2011（09）.

［76］何丽丽，王飞．农产品流通体系创新研究［J］．物流工程与管理，2013（10）.

［77］何明珂．第三方物流主导的大城市鲜活农产品流通模式［J］.

广东农业科学，2013（06）.

［78］何蒲明．粮食安全与农产品期货市场发展研究［M］．中国农业出版社，2009.

［79］何小洲，刘丹．电子商务视角下的农产品流通效率［J］．西北农林科技大学学报（社会科学版），2018（01）.

［80］何晓爽．“一带一路”背景下的海南农产品第三方物流［J］．农业展望，2015（08）.

［81］贺登才，查迎新，李锦莹，洪涛，朱守银，程庆新，刘改芝．中国农村物流发展报告［J］．中国合作经济，2013（09）.

［82］候建均，霍学喜．交易成本与农户农产品销售渠道选择——来自7省124村苹果种植户的经验证据［J］．山西财经大学学报，2013（07）.

［83］胡历芳，曾寅初．我国农产品批发市场集团化发展的多维特征及对策建议［J］．中州学刊，2018（02）.

［84］胡铭．以第三方物流为中心的农产品交易规制研究——基于交易费用理论的分析［J］．农业经济问题，2012（03）.

［85］胡书金，赵李纯．农产品流通体系的现状及优化对策［J］．安徽农业科学，2007（17）.

［86］胡跃，赵丙奇．我国大宗农产品市场时空差异及影响因素［J］．农业技术经济，2017.

［87］黄彬红，李晓．“农超对接”下的农产品冷链物流发展研究［J］．广东农业科学，2013（17）.

［88］黄春铃．农产品流通组织创新的途径和对策——基于市场结构理论和组织创新的成本收益分析［J］．生产力研究，2007（01）.

［89］黄季焜．四十年中国农业发展改革和未来政策选择［J］．农业技术经济，2018（03）.

［90］黄树卿．论我国建立开放式粮食市场体系的实践策略［J］．经济研究参考，2014（35）.

［91］黄祖辉．论生鲜农产品物流链的类型与形成机理［J］．中国农村经济，2006（11）.

［92］黄祖辉．市场化、国际化背景下中国粮食安全分析及对策研究

[M]. 浙江大学出版社，2007.

[93] 黄祖辉. 我国土地制度与社会经济协调发展研究 [M]. 经济科学出版社，2010.

[94] 黄祖辉. 中国三农问题解析：理论述评与研究展望 [M]. 浙江大学出版社，2012.

[95] 黄祖辉. 中国新农村建设：基于村官和村民的访谈与问卷调查 [M]. 浙江大学出版社，2007.

[96] 纪良刚，刘东英. 农产品流通的关键问题与解决思路 [J]. 中国流通经济，2011 (07).

[97] 贾敬敦等. 国家现代农业科技城流通研究院. 农产品流通蓝皮书：中国农产品流通产业发展报告 (2013) [M]. 社会科学文献出版社，2013.

[98] 姜长云，洪群联. 2012 年农产品流通政策回顾与评述 [J]. 经济研究参考，2013 (56).

[99] 姜长云，赵佳. 我国农产品流通政策的回顾与评论 [J]. 经济研究参考，2012 (33).

[100] 姜长云. 完善我国农产品流通政策的若干建议 [J]. 宏观经济管理，2012 (08).

[101] 蒋明琳，舒辉，林晓伟. 农产品物流云服务协同管理体系研究 [J]. 中央财经大学学报，2015 (04).

[102] 金辉. 打造现代农业：制度创新要有突破 [N]. 经济参考报，2012-06-06 (007).

[103] 金赛美. 现代农产品市场体系构建研究 [D]. 华中农业大学，2006.

[104] 金廷芳. 农产品供应链模式创新研究 [J]. 商场现代化，2011 (02).

[105] 金彦平. 论我国农产品市场的目标模式 [J]. 农业经济问题，1996 (01).

[106] 荆林波，王雪峰. 我国流通业发展现状存在的问题及对策 [J]. 中国流通经济，2012 (02).

[107] 孔繁涛，沈辰，李辉尚等. 中国鲜活农产品调控目录制度建设

的思考［J］．中国食物与营养，2016（06）．

［108］寇建中．我国农产品市场体系建设的对策［J］．陕西农业科学，2008（05）．

［109］寇荣，谭向勇．论农产品流通效率的分析框架［J］．中国流通经济，2008（05）．

［110］寇增胜，肖卫东．农产品价格波动的原因与政策选择［J］．经济管理与研究，2013（12）．

［111］兰录平．从粮食购销政策演变看我国粮食购销市场化［J］．农业经济，2013（01）．

［112］雷蕾．我国零售业技术效率及影响因素的实证研究——基于2001—2012年30个省份限额以上零售业的数据［J］．北京工商大学学报（社会科学版），2014（06）．

［113］李炳坤．农产品流通体制改革与市场制度建设［J］．中国农村经济，1999（06）．

［114］李炳炎．论尽快建成统一开放、竞争有序的市场体系［J］．经济问题，1998（01）．

［115］李崇光，肖小勇，张有望．蔬菜流通不同模式及其价格形成的比较——山东寿光至北京的蔬菜流通跟踪考察［J］．中国农村经济，2015（08）．

［116］李崇光等．中国农产品流通现代化研究［M］．学习出版社，2016.

［117］李创．基于DEA的河南省农产品批发市场模式和第三方物流模式的效率评价研究［J］．现代管理科学，2012（12）．

［118］李凤荣．超市实施“农超对接”实证分析——一物美商业集团为例［J］．流通经济，2012（11）．

［119］李福忠，张云华．我国农产品市场体系建设研究［J］．中国流通经济，2007（05）．

［120］李谷成，范丽霞，成刚等．农业全要素生产率增长：基于一种新的窗式DEA生产率指数的再估计［J］．农业技术经济，2013（05）．

［121］李国祥，杨正周．美国培养新型职业农民政策及启示［J］．农业经济问题，2013（05）．

［122］李秋萍，肖小勇．我国农产品批发市场技术效率区域差异分析

[J]. 华中农业大学学报（社会科学版），2013（01）.

[123] 李圣军. 农产品流通环节利益分配机制的实证分析 [J]. 农业技术经济，2010（11）.

[124] 李松皓. 创造平等竞争环境形成统一开放竞争有序的大市场 [J]. 宏观经济管理，1993（12）.

[125] 李武强，孙荣庭，刘德智. 丝绸之路经济带背景下的农产品供应链一体化模式 [J]. 中国流通经济，2017.

[126] 李宪宁，安玉发. 基于协议流通的中国生鲜农产品供应链管理策略——案例研究 [J]. 现代管理科学，2013.

[127] 李煜. 中日生鲜农产品流通体系的比较研究 [D]. 西南交通大学，2011.

[128] 李政. 农超对接有效运行途径的研究 [J]. 生态经济，2013（05）.

[129] 李志博，米新丽，安玉发. 农产品流通政策体系的现状、问题及完善方向 [J]. 价格理论与实践，2013（08）.

[130] 李志萌. 现代农产品流通体系的构建与完善 [J]. 江西农业大学学报，2005（01）.

[131] 林伯勤，陈共炎. 关于健全农产品市场法规的基本设想 [J]. 经济研究参考，1992（23）.

[132] 林德萍. 博弈视角下农产品流通利益协调机制构建 [J]. 商业时代，2017（10）.

[133] 林家宏，温思美，罗必良. 企业办市场企业管市场市场企业化——“布吉模式”的创新价值及对中国农产品流通体制改革的启示 [J]. 中国农村经济，1999（09）.

[134] 林敏. 黑龙江省现代农产品流通体系建构的研究 [D]. 齐齐哈尔大学，2011.

[135] 刘福祥，姚晶晶. “农超对接”研究最新进展 [J]. 安徽农业科学，2013（36）.

[136] 刘刚. 基于农民专业化合作社的鲜活农产品流通模式创新研究 [J]. 商业经济与管理，2013（08）.

[137] 刘刚. 鲜活农产品流通模式演变动力机制及创新 [J]. 中国流通经济, 2014 (01).

[138] 刘慧波, 黄祖辉. 产业链协同整合实证研究——个循环经济的视角 [J]. 技术经济, 2007 (09).

[139] 刘绍文. 我国农产品物流研究 [D]. 山东大学, 2007.

[140] 刘天军, 胡华平, 朱玉春等. 我国农产品现代流通体系机制创新研究 [J]. 农业经济问题, 2013 (08).

[141] 刘向东、赵伟华. 农业信息化在农产品流通服务体系中的建设分析 [J]. 科技传播, 2010 (10).

[142] 刘洋. 黑龙江省农产品流通信息化建设初探 [J]. 商业经济, 2013 (04).

[143] 刘颖. 湖北省农产品流通信息服务体系发展研究 [J]. 物流工程与管理, 2013 (10).

[144] 刘志伟. 人民币汇率波动对农产品价格的影响研究 [J]. 价格理论与实践, 2012 (12).

[145] 刘志雄. 中国农产品市场发育研究 [M]. 中国农业出版社, 2007.

[146] 卢凌霄, 周应恒. 农产品流通效率衡量的研究: 一个文献综述 [J]. 财贸研究, 2008 (06).

[147] 卢奇, 洪涛, 张建设. 我国特色农产品现代流通渠道特征及优化 [J]. 中国流通经济, 2017 (09).

[148] 罗必良. 契约资本非对称性、交易形式反串与价值链的收益分配: 以"公司+农户"的温氏模式为例 [J]. 中国农村经济, 2009 (08).

[149] 吕建兴, 胡历芳, 曾寅初. 中国 FTA 中农产品市场准入的例外安排: 基于产品层面的分析 [J]. 国际贸易问题, 2017 (01).

[150] 马述忠, 屈艺. 市场整合与贸易成本——基于中国粮食市场空间价格传导的新证据 [J]. 农业经济问题, 2017 (05).

[151] 毛学峰, 刘靖, 朱信凯. 中国粮食结构与粮食安全: 基于粮食流通贸易的视角 [J]. 管理世界, 2015 (3).

[152] 孟雷. 我国农产品现代流通体系建设中的问题与对策 [J]. 中国流通经济, 2013 (1).

［153］闵耀良. 构建农产品市场体系的几个问题［J］. 理论探索，1995（05）.

［154］倪洪兴，于孔燕，韩一军等. 农业贸易政策选择要注意把握的若干问题［J］. 农业经济问题，2013（08）.

［155］倪秋萍. 我国农产品流通体系发展现状及对策［J］. 技术与市场，2011（07）.

［156］农业部市场与经济信息. 中国农产品市场报告（2012）［M］. 经济管理出版社，2012.

［157］农业部市场与经济信息司. 中国农产品批发市场发展报告（2010）［M］. 北京：中国农业大学出版社，2010.

［158］农业部市场与经济信息司. 中国农产品市场报告［M］. 经济管理出版社，2013.

［159］农业部市场与经济信息司. 中国农产品市场分析报告（2011）［M］. 中国农业出版社，2011.

［160］欧阳小迅，黄福华. 我国农产品流通效率的度量及其决定因素：2000—2009［J］. 农业技术经济，2011（02）.

［161］欧阳小迅，黄福华. 入世对我国农村农产品流通效率的影响［J］. 农业技术经济，2013（01）.

［162］普莫喆，程郁，郑风田. 以政策性信贷优化农业支持政策：美国镜鉴［J］. 农业经济问题，2017（12）.

［163］齐力，于明霞. 农超对接：基于组织治理结构的营销创新研究［J］. 商业研究，2012（09）.

［164］祁春节，蔡荣. 我国农产品流通体制演进回顾及思考［J］. 经济纵横，2008（10）.

［165］钱淼，李中华，王伟. “产销对接”与“产消对接”模式的比较与实用性分析——基于对合作社农产品流通路径的考察［J］. 市场营销，2013（05）.

［166］乔娟，索志林. 培育和发展全国统一农产品市场的思考［J］. 农业现代化研究，1997（05）.

［167］乔榛，焦方义，李楠. 中国农村经济制度变迁与农业增长——

对1978—2004年中国农业增长的实证分析［J］. 经济研究，2006（07）.

［168］卿硕. 美日农产品流通模式及其在中国的发展前景［J］. 世界农业，2013（05）.

［169］全国城市农贸中心联合会. 中国农产品批发市场行业通鉴1984—2005［M］. 中国农业科学技术出版社，2007.

［170］全世文，曾寅初，毛学峰. 运输成本可以解释空间市场整合中的交易成本吗？——来自中国小麦和玉米市场的证据［J］. 中国农村观察，2015（01）.

［171］任保平，洪银兴. 新型工业化中经济效益提高的途径：一种产业链视角的分析［N］. 西北大学学报（哲学社会科学版），2005（01）.

［172］任博华. 中国农产品流通体系的现状及优化建议［J］. 北方经济，2008（10）.

［173］芮明杰，刘明宇. 产业链整合理论述评［J］. 产业经济研究，2006（03）.

［174］商务部. 商务部办公厅关于2013年加强农产品流通和农村市场体系建设工作的通知［Z］，2013－10－28.

［175］商务部等. 商务部等13部门关于进一步加强农产品市场体系建设的指导意见［Z］，2014－02－27.

［176］邵昶，李健. 产业链"波粒二象性"研究［J］. 中国工业经济，2007（09）.

［177］沈毅，宿玥. 行政审批局改革的现实困境与破解思路［J］. 行政管理改革，2017（05）.

［178］生秀东. 订单农业的契约困境和经济组织的演进［J］. 中国农村经济，2007（12）.

［179］石岿然，孙玉玲. 生鲜农产品供应链流通模式［J］. 中国流通经济，2017（01）.

［180］时燕君. 我国农产品流通的法律缺位与完善［J］. 商业经济研究，2017（5）.

［181］舒歆. 完善农产品流通体系中农信社金融中介组织的构想［J］. 征信，2010（01）.

[182] 斯普尔伯. 市场的微观结构——中间层组织与厂商理论 [M]. 中国人民大学出版社, 2002.

[183] 宋洪远, 沈泽江. 进一步完善"三农"政策执行机制——新世纪新阶段强农惠农富农政策绩效评估研究 [J]. 农村实用技术, 2014 (10).

[184] 宋洪远. 深化中国农村改革的思考与建议 [J]. 农业经济问题, 2008 (12).

[185] 宋建晓. 闽台农业产业链整合的战略思考 [J]. 福建农林大学学报 (哲学社会科学版), 2007 (01).

[186] 宋美艳. 超市、合作社、农民, 农超对接评价研究 [D]. 河北农业大学, 2013.

[187] 宋明芳. 基于"互联网+"的农产品流通主体转型升级策略分析 [J]. 商业经济研究, 2017 (10).

[188] 宋瑛. 我国农产品流通体制演进回顾及思考 [J]. 商业时代, 2014 (07).

[189] 宋则, 张弘. 中国流通现代化评价指标体系研究 [J]. 商业时代, 2003 (11).

[190] 宋则, 依绍华. 我国流通体制改革面临的问题与对策研究 [J]. 价格理论与实践, 2013 (12).

[191] 苏威. 从蔬菜价格波动看我国农产品流通存在问题 [J]. 内蒙古财经学院学报, 2011 (04).

[192] 苏雪飞. 从信息化的角度探讨我国流通模式的创新 [J]. 时代金融, 2013 (05).

[193] 孙春华. 我国生鲜农产品冷链物流现状及发展对策分析 [J]. 江苏农业科学, 2013 (01).

[194] 孙迪迪. 农产品物流模式及其优化对策研究 [J]. 物流技术, 2013 (11).

[195] 孙剑. 我国农产品流通效率测评与演进趋势——基于 1998 ~ 2009 年面板数据的实证分析 [J]. 中国流通经济, 2011 (05).

[196] 孙金秀. 现代流通业效率指标体系的构建与评价——基于中国 30 个省际数据的比较分析 [J]. 商业经济与管理, 2014 (06).

[197] 孙敬平，胡善珍，钱立三．安徽省农产品流通体系建设对策研究 [J]．合作经济与科技，2011 (06).

[198] 孙敬平．安徽农产品流通体系发展现状及完善策略 [J]．商业时代，2010 (07).

[199] 孙韶华．建设统一市场，破解“条块分割”顽疾 [N]．经济参考报，2013-11-13 (003).

[200] 孙涛．我国农产品现代流通服务体系的构建及公共政策建议 [J]．现代经济探讨，2011 (12).

[201] 孙伟．电子商务环境下农产品流通的现状与对策 [J]．商业经济，2013 (01).

[202] 谭晶荣，温怀德．市场主体行为及农畜产品安全：基于生产流通及贸易环节的分析 [M]．中国农业出版社，2012.

[203] 谭砚文，杨重玉，陈丁薇等．中国粮食市场调控政策的实施绩效与评价 [J]．农业经济问题，2014 (05).

[204] 田维明．入世以来我国农业和农产品贸易发展情况及存在的突出问题分析 [J]．农业经济问题，2013 (11).

[205] 田新宇．农民奔小康 这关怎么闯——访农业部农村经济体制与经营管理司张红宇司长 [J]．领导文萃，2016 (12).

[206] 田野，赵晓飞．我国农产品现代流通体系构建 [J]．中国流通经济，2012 (10).

[207] 田野．基于流通视角的农户参与农民合作经济组织行为分析 [J]．农业技术经济，2013 (11).

[208] 涂传清．基于农户增收的生鲜农产品流通价值链分工与组织优化研究 [D]．华南理工大学，2014.

[209] 涂洪波．农产品流通现代化评价指标的实证遴选及应用 [J]．中国流通经济，2012 (06).

[210] 万俊毅．准纵向一体化、关系治理与合约履行 [J]．管理世界，2008 (12).

[211] 汪红驹．建立统一开放竞争有序的市场体系 [N]．经济日报（理论），2014-02-20 (14).

[212] 汪旭晖. 农产品流通体系现状与优化路径选择 [J]. 改革, 2008 (02).

[213] 王彬, 傅贤治, 张士康. 基于熵权 TOPSIS 模型的鲜活农产品供应商评价研究 [J]. 安徽农业科学, 2008 (36).

[214] 王晨依, 郭冬冬. 基于 APH 北京果蔬类农产品流通模式效率评价 [J]. 中国市场, 2012 (12).

[215] 王冲, 陈旭. 农产品价格上涨的原因与流通改革的思路探讨 [J]. 中国软科学, 2012 (04).

[216] 王川, 黄敏. 完善我国农产品价格形成机制的思考 [J]. 中国食物与营养, 2014 (11).

[217] 王德章, 周丹. 我国重要农产品流通体系建设与管理创新 [J]. 中国流通经济, 2013 (10).

[218] 王杜春. 如何构建黑龙江省农产品流通体系 [J]. 商业时代, 2007 (08).

[219] 王锋, 冯根福. 基于 DEA 窗口模型的中国省际能源与环境效率评估 [J]. 中国工业经济, 2013 (07).

[220] 王静. 现代物流产业链创新模式与运行机制——基于中国现代农产品物流需求与现行模式分析 [J]. 社会科学家, 2014 (06).

[221] 王军. 中国农民专业合作社社员机会主义行为的约束机制分析 [J]. 中国农村观察, 2011 (05).

[222] 王良举, 王永培. 我国农村流通产业技术效率及其影响因素——基于随机前沿模型的分析 [J]. 北京工商大学学报 (社会科学版), 2011 (3).

[223] 王林杰. 河南省农产品流通体系研究 [D]. 河南农业大学, 2009.

[224] 王明东. 山东省农产品流通体系研究 [D]. 中国海洋大学, 2009.

[225] 王娜, 张磊. 农产品流通效率的评价与提升对策研究——基于流通产业链视角的一个分析框架 [J]. 农村经济, 2016 (04).

[226] 王鹏飞, 陈春霞, 黄漫宇. "农餐对接" 流通模式: 发展动力及其推广 [J]. 理论研究, 2013 (01).

[227] 王萍. 构建农产品现代流通体系的对策与思考——以金华市为例 [J]. 经济研究导刊, 2011 (24).

[228] 王仁祥，孔德树．中国农产品流通效率评价模型构建及其应用[J]．辽宁大学学报（哲学社会科学版），2014（04）．

[229] 王维，林敏，齐秀辉．黑龙江省农产品流通体系存在的问题与对策[J]．中国农学通报，2011（06）．

[230] 王伟新，祁春节．我国农产品流通现代化评价指标体系的构建与测算[J]．经济问题探索，2013（01）．

[231] 王先庆．深化流通革命推进更高水平现代市场体系建设[J]．经济论坛，2017（09）．

[232] 王祥瑞．产业链过窄过短是农业增效农民增收的最大障碍[J]．农业经济，2002（09）．

[233] 王向阳．多功能农业与财政支农补贴政策评价[J]．经济研究参考，2013（45）．

[234] 王晓东，王诗桪．中国商品流通效率及其影响因素测度——基于非线性流程的DEA模型改进[J]．财贸经济，2016（05）．

[235] 王晓红．我国农产品现代流通体系建设研究[J]．经济体制改革，2011（04）．

[236] 王晓红．农产品流通体系建设中的若干问题研究[J]．农村经济，2009（11）．

[237] 王孝松，谢申祥．国际农产品价格如何影响了中国农产品价格[J]．经济研究，2013（03）．

[238] 王新利，李世武．论我国农产品流通渠道再造[J]．商贸经济，2008（07）．

[239] 王秀杰．批发市场主导的蔬菜流通渠道的变革和创新[J]．经济与管理研究，2015（05）．

[240] 王勇．产业扩张、组织创新与农民专业合作社成长——基于山东省5个典型个案的研究[J]．中国农村观察，2010（02）．

[241] 魏国辰，刘沆艳，农产品物流运作模式研究[J]．物流技术，2013（03）．

[242] 魏国辰．基于供应链管理的农产品流通模式研究[M]．中国物资出版社，2009．

[243] 魏明侠，邵开丽，郑爽．基于全产业链的粮食网上交易意愿与行为研究［J］．商业研究，2016（04）．

[244] 温海涛，张凤莲．基于物联网技术建设农产品流通体系［J］．河南科技，2011（07）．

[245] 吴勇毅．以信息化带动农产品流通体系的现代化［J］．信息化博览，2011（07）．

[246] 夏春玉．中国农村流通体制改革研究［M］．经济科学出版社，2009．

[247] 向丽．提升农产品第三方物流增值服务水平的策略研究［J］．对外经贸，2011（08）．

[248] 肖文金，陈海波．发达国家农产品流通渠道的演化趋势及其启示［J］．江汉论坛，2011（10）．

[249] 谢高地，成升魁，肖玉等．新时期中国粮食供需平衡态势及粮食安全观的重构［J］．自然资源学报，2017（06）．

[250] 谢梅芳．浅析福建省农产品物流发展现状及对策［J］．物流工程与管理，2013（06）．

[251] 谢玉梅．美国有机农业发展及其政策效应分析［J］．农业经济问题，2013（05）．

[252] 徐从才，唐成伟．现代农产品流通体系的构建研究［J］．商业经济与管理，2012（04）．

[253] 徐洪波．中美日法农产品流通现代化关键指标之比较［J］．中国流通经济，2013（01）．

[254] 徐丽艳．现阶段我国农产品流通体制存在问题及完善对策［J］．商业时代，2010（21）．

[255] 徐丽艳．中国现阶段农产品流通体制的问题及解决对策［J］．经济研究导刊，2009（36）．

[256] 薛晓燕，张晓华，段晓宇．完善新发地农产品电子商务平台的对策建议［J］．北京农业职业学院学报，2012（03）．

[257] 闫成玉，张畅．城镇化与鲜活农产品流通体系［J］．市场现代化，2014（17）．

[258] 严靖华．农产品市场流通过程中的利益分配研究——基于古田食用菌案例研究 [D]．福建农林大学，2010.

[259] 晏宗新．商品流通空间论 [M]．社会科学文献出版社，2012.

[260] 杨春梅，王维，郑继兴．现代农产品流通体系现状及思考——以黑龙江省齐齐哈尔市为例 [J]．中国农学通报，2010 (23).

[261] 杨春梅，王维．现代农产品流通体系构建与运行机制研究 [J]．商业时代，2009 (16).

[262] 杨帆．农产品市场风险应对策略研究 [J]．中小企业管理与科技，2014 (03).

[263] 杨果．农产品生产与流通的协调机制研究——基于农业供给侧结构性改革的视角 [J]．农村经济，2017 (10).

[264] 杨辉鹏．基于网络的鲜活水产品流通模式创新研究 [J]．物流工程与管理，2012 (12).

[265] 杨军，王厚俊．农产品流通的交易费用分析——基于电子商务和非电子商务的理论比较 [J]．南方农村，2014 (08).

[266] 杨明洪．“公司 + 农户” 违约反应的静态理论模型 [J]．财经科学，2011 (03).

[267] 杨明洪．农业产业化：作为一种契约型组织的效率及其决定 [N]．四川大学学报（哲学社会科学版），2002 (04).

[268] 杨少文，熊启泉．中国农产品市场对外开放的适度性研究 [J]．华南农业大学学报（社会科学版），2016 (02).

[269] 杨薇．中美农产品流通政策比较研究 [D]．天津财经大学，2008.

[270] 杨再春．城乡统筹背景下农民专业合作社农产品“农居对接“模式创新 [J]．广东农业科学，2012 (20).

[271] 叶祥松，罗海平．社会主义新农村经济组织形式新探——“农联模式”及其运行机制 [J]．经济学家，2008 (01).

[272] 叶兴庆．向市场经济过渡时期的农产品市场体系 [J]．中国农村经济，1994 (04).

[273] 依绍华．完善我国“农超对接”模式的对策 [J]．中国流通经济，2013 (08).

[274] 尹云松等. 公司与农户间商品契约的类型及其稳定性考察——对5家农业产业化龙头企业的个案分析 [J]. 中国农村经济, 2003 (08).

[275] 喻国华. 我国农产品流通体系存在的问题及其对策 [J]. 商贸经济, 2005 (05).

[276] 袁永友, 周启红, 陈万卷. 中部地区农产品流通服务体系优化探讨 [J]. 武汉科技学院学报, 2009 (06).

[277] 原梅生, 弓志刚. 论现代农村商品流通体系的构建 [J]. 财贸经济, 2005 (03).

[278] 臧跃茹, 郭丽岩. 新时代亟待加快建设与现代经济体系相适应的现代市场体系 [J]. 中国物价, 2017 (12).

[279] 泽维尔. 维夫斯. 金融市场中的信息和学习——市场微观结构的影响 [M]. 社会科学文献出版社, 2011.

[280] 张爱莉. 后低价时代我国新型农产品流通体系构建 [J]. 商业时代, 2009 (32).

[281] 张丹. 我国农产品流通体系的现状与对策研究 [J]. 现代经济, 2009 (02).

[282] 张桂林. 复“关”前的中国农产品市场建设 [J]. 农业经济, 1993 (06).

[283] 张浩, 孙庆莉, 安玉发. 中国主要农产品批发市场的效率评价 [J]. 中国农村经济, 2009 (10).

[284] 张红程, 韩红莲. 基于供应链管理的我国鲜活农产品流通问题研究 [J]. 物流技术, 2013 (05).

[285] 张磊, 谭向勇, 王娜. 猪肉批发主体技术效率分析——基于北京市场猪肉二级批发商户的调查 [J]. 中国农村经济, 2009 (10).

[286] 张磊, 王娜, 赵爽. 中小城市居民消费行为与鲜活农产品零售终端布局研究——以山东省烟台市蔬菜零售终端为例 [J]. 农业经济问题, 2013 (06).

[287] 张利庠. 产业组织与产业链整合: 中国产业可持续发展研究 [J]. 管理世界, 2007 (04).

[288] 张利痒, 张喜才. 我国现代农业产业链整合研究 [J]. 教学与

研究，2007（10）.

[289] 张明玉. 中国农产品现代物流发展研究：战略·模式·机制[M]. 科学出版社，2010.

[290] 张琦，孙理军. 产业价值链密炼机理及优化模型研究[J]. 工业技术经济，2005（07）.

[291] 张黔珍. 农产品流通体系建设的国际经验及其启示[J]. 中国集体经济，2011（05）.

[292] 张琼. 三种农业经济组织形式的比较运用[J]. 农业经济问题研究，2007（06）.

[293] 张淑英. 中国农村市场调研报告2005[M]. 中国统计出版社，2006.

[294] 张文，李录堂. 农超对接的国际经验及其对中国农产品市场发展的启示[J]. 世界农业，2013（06）.

[295] 张雯丽，沈贵银，曹慧等. "十三五"时期我国重要农产品消费趋势、影响与对策[J]. 农业经济问题，2016（03）.

[296] 张西华，包中海. 农产品流通网络体系的构建与研究——基于浙江的实践与探索[J]. 经济研究导刊，2010（24）.

[297] 张喜才，杨谦. 鲜活农村流通链条中冷库节点及政府支持[J]. 中国流通经济，2012（03）.

[298] 张晓林. 我国农产品流通战略变革路径与对策[J]. 农村经济，2013（08）.

[299] 张晓琳，罗永泰. 基于全产业链的农产品流通困局与流通体系建设研究[J]. 商业经济与管理，2012（12）.

[300] 张晓琳，于战平. 农业产销体系创新的全产业链模式研究[J]. 中国工商大学学报，2013（09）.

[301] 张晓琳. 全产业链视角的农产品流通产业升级[J]. 中国流通经济，2013（05）.

[302] 张晓山. 农村的制度变革和组织创新[J]. 理论视野，2008（05）.

[303] 张晓山. 中国强农惠农富农新指向[J]. 人民论坛，2012（06）.

[304] 张晓山. 走向市场：农村的制度变迁和组织创新[M]. 经济

管理出版社，1996.

［305］张兴旺等．中国农产品市场景气指数编制与应用［M］．中国农业出版社，2013.

［306］张学兵．统购统销制度简论［J］．淮北煤炭师范学院学报，2004（02）.

［307］张永强，张晓飞，刘慧宇．我国农产品流通效率的测度指标及实证分析［J］．农村经济，2017（04）.

［308］张永喆．不同地域环境下农超对接的特点及发展建议——以广东省为例［J］．中南林业科技大学学报（社会科学版），2016（04）.

［309］张云雁．建立统一开放、竞争有序的市场体系［J］．理论探索，1995（05）.

［310］张长厚．发展农产品流通的瓶颈与思考［J］．中国流通经济，2012（04）.

［311］张卓元．论培育和发展统一、开放、竞争、有序的市场体系［J］．财贸经济，1993（10）.

［312］赵锋．农产品流通效率研究：综述与展望［J］．中国流通经济，2013（12）.

［313］赵红雷．我国粮食损失的发生机制与治理举措分析［J］．中国农业资源与区划，2016（11）.

［314］赵建欣，刘东英，赵永刚．我国安全农产品流通：一个总体框架［J］．中国流通经济，2014（11）.

［315］赵姜，吴敬学，杨巍，王志丹．我国鲜活农产品价格波动特征与调控政策建议［J］．中国软科学，2013（05）.

［316］赵利梅．农业产业化发展与农产品流通体系建设［J］．农村经济，2007（07）.

［317］赵熙哲，邹亮．供应链视角下我国农产品流通体系的优化建议［J］．商业经济，2013（11）.

［318］赵晓飞，李崇光．农产品流通渠道变革：演进规律、动力机制与发展趋势［J］．管理世界，2012（03）.

［319］赵晓飞，田野．我国农产品流通渠道模式创新研究［J］．商业

经济与管理，2009（02）.

[320] 赵晓飞．农产品渠道联盟体系的构建及其运行机制研究 [J]. 云南财经大学学报，2011（5）.

[321] 赵晓飞．我国现代农产品供应链体系构建研究 [J]. 农业经济问题，2012（01）.

[322] 赵绪福．农业产业链的增值效应与拓展优化 [N]. 中南民族大学学报（人文社会科学版），2004（04）.

[323] 郑立新．从制度上更好发挥市场在资源配置中的基础性作用 [N]. 人民日报（理论），2007-11-09（9）.

[324] 郑鹏，李崇光．农业现代化背景下农产品流通现代化的路径选择——一个理论分析框架 [J]. 中国流通经济，2012（05）.

[325] 郑伟．农产品流通体制研究 [J]. 经济研究导刊，2017（4）：27-28.

[326] 中共中央、国务院．关于加快发展现代农业进一步增强农村活力的若干意见 [Z]. 2012-12-31.

[327] 中共中央、国务院．关于加快推进农业科技创新持续增强农产品供给保障能力的若干意见 [Z]. 2012-02-01.

[328] 中共中央、国务院．关于全面深化农村改革加快推进农业现代化的若干意见 [Z]. 2014-01-09.

[329] 中共中央十八届中央委员会．中共中央关于全面深化改革若干重大问题的决定 [Z]. 2013-11-15.

[330] 周丹，杨晓玉，姜鹏．中国重要农产品流通现代化水平测度与实证研究——基于 2000—2014 年度省际面板数据 [J]. 贵州财经大学学报，2016（05）.

[331] 周发明．构建新型农产品营销体系的研究 [M]. 社会科学文献出版社，2009.

[332] 周静，李珍．水果批发市场技术效率及影响因素研究——基于对经营商户的调查 [J]. 阳农业大学学报，2014（03）.

[333] 周立群，曹利群．农村经济组织形态的演变与创新——山东省莱阳市农业产业化调查报告 [J]. 经济研究，2001（01）.

［334］周立群，曹利群．商品契约优于要素契约——以农业产业化经营中的契约选择为例［J］．经济研究，2002（01）．

［335］周立群，邓宏图．为什么选择了“准一体化”的基地合约——来自塞飞亚公司与农户签约的证据［J］．中国农村观察，2004（03）．

［336］周树华，张正洋，张艺华．构建连锁超市生鲜农产品供应链的信息管理体系探讨［J］．管理世界，2011（03）．

［337］周伟．拍卖交易模式在农产品流通中的应用［J］．中国流通经济，2012（01）．

［338］周新德．我国小宗农产品价格怪圈治理——基于对大蒜价格异常波动的分析与思考［J］．价格理论与实践，2013（10）．

［339］朱品文．基于创新视角的我国农产品流通渠道机制研究［J］．价格月刊，2015（09）．

［340］朱毅华，王凯．农产品供应链整合绩效实证研究——以江苏地区为例［N］．南京农业大学学报（社会科学版），2004（02）．

［341］朱忠贵．我国农业产业结构调整中存在的问题及对策［J］．北京农业职业学院学报，2003（02）．

［342］庄晋财，黄群峰．供应链视角下我国农产品流通体系建设的政策导向与实现模式［J］．农业经济问题，2009（06）．

［343］邹小梅．电子商务环境下湖南省农产品物流体系构建研究［J］．电子商务，2013（02）．

［344］曾欣龙，圣海忠，姜元，朱述斌．中国农产品流通体制改革六十年回顾与展望［J］．江西农业大学学报，2011（01）．

［345］曾寅初，吕亚荣，陈卫平，朱勇，王滔，王志刚，庞晓鹏，周立．中国农产品流通的制度变迁——制度变迁过程的描述性整理［J］．WTO与东亚农业发展，2004（03）．

［346］王磊，梁俊．中国现代市场体系建设进程评价研究［J］．经济纵横，2021（02）．

［347］姚涛．互联网驱动下我国农产品批发市场体系的优化路径［J］．商业经济研究，2019（18）．

［348］韩喜艳，高志峰，刘伟．全产业链模式促进农产品流通的作用

机理：理论模型与案例实证 [J]. 农业技术经济, 2019 (04).

[349] 钱煜昊, 罗乐添, 王金秋. 突发公共事件下的粮食流通体系优化 [J]. 西北农林科技大学学报 (社会科学版), 2020 (06).

[350] 肖文金. 风险社会视角下突发疫情对生鲜农产品流通的影响及对策 [J]. 经济与管理评论, 2020 (04).

[351] 李超凡. 产业互联网背景下的农产品流通数字化变革：理论与对策 [J]. 中国流通经济, 2021 (10).

[352] 叶俊, 顾波军, 付雨芳. 不同贸易模式下生鲜农产品供应链冷链物流服务与定价决策 [J]. 中国管理科学: 1-12.

[353] 张益丰, 刘纪荣. 区块链嵌入 "双 H" 型农产品供应链的架构设计及实现对策 [J]. 中州学刊, 2021 (03).

[354] 赵晓飞, 付中麒. 大数据背景下我国农产品流通渠道变革实现路径与保障机制 [J]. 中国流通经济, 2020 (12).

[355] 王磊. 新零售驱动的 "互联网 +" 农超对接模式探讨 [J]. 商业经济研究, 2021 (04).

[356] 王帅, 赵秀梅. 中国粮食流通与粮食安全：关键节点的风险识别 [J]. 西北农林科技大学学报 (社会科学版), 2019 (02).

[357] 冷霄汉, 戴安然, 李季芳. 我国农产品供应链信任培育机制研究 [J]. 山东社会科学, 2019 (05).

[358] 曾伟. 构建适宜的农产品价格波动风险防控网 [J]. 人民论坛, 2020 (04).

[359] 段宏磊. 农产品流通竞争环境的现状审视与反垄断法规制改进 [J]. 法学论坛, 2019 (02).

[360] 韩杨. 中美农业支持政策的演变与完善——基于 WTO《农业协定》影响的对比 [J]. 国际经济评论, 2021 (06).